反导预警作战仿真模型服务体系与方法

Model Service Architecture and Method for Antimissile Early – Warning System Operational Simulation

李宏权　郑国杰　裴兰珍　赵倩　王洪林　编著

国防工业出版社

·北京·

内容简介

信息化条件下的反导预警作战是基于信息系统的体系作战。反导预警作战体系是一个有其自身特殊性的军事系统，呈现体系化、顶层化和信息主导等特点。传统的建模仿真方法难以完全适用，急需在建模仿真和模型服务方法上取得突破。本书以完善空军作战仿真模型体系为牵引，以服务空军作战仿真实验为目标，以支撑反导预警作战体系仿真研究为切入点，应用理论研究与仿真实验分析相结合的方法，提出了基于体系结构建模和模型驱动体系的反导预警作战体系建模仿真框架以及基于云计算技术的模型服务方法。基于反导预警体系作战建模仿真及模型服务框架，按照建模仿真与模型服务需求分析、作战体系概念建模、数学逻辑建模、模型服务实现、仿真系统实现与仿真实验分析的步骤对反导预警作战体系建模仿真及模型服务全过程进行了深入研究。

本书可作为军种战役、军事训练和军事运筹学学科博士和硕士研究生的教学参考用书，也可作为从事战略预警、战役训练、作战模拟仿真系统教学和科研工作人员的参考书。同时，也为部队信息化建设的规划和顶层设计提供借鉴。

图书在版编目(CIP)数据

反导预警作战仿真模型服务体系与方法/李宏权等
编著. —北京:国防工业出版社,2015.2
ISBN 978-7-118-09622-4

Ⅰ.①反... Ⅱ.①李... Ⅲ.①反导弹—作战模拟—仿真模型 Ⅳ.①E83

中国版本图书馆 CIP 数据核字(2015)第 024351 号

※

国防工业出版社出版发行

(北京市海淀区紫竹院南路23号 邮政编码100048)
北京嘉恒彩色印刷有限责任公司
新华书店经售

*

开本710×1000 1/16 印张15½ 字数276千字
2015 年 2 月第 1 版第 1 次印刷 印数 1 - 2500 册 定价 48.00 元

(本书如有印装错误,我社负责调换)

国防书店: (010)88540777 发行邮购: (010)88540776
发行传真: (010)88540755 发行业务: (010)88540717

前　　言

　　随着信息技术在军事领域的广泛应用,信息化战场正逐步向陆、海、空、天、电一体化方向扩展,弹道导弹、巡航导弹、四代战机、空天飞机等现代空袭兵器的威胁日益严重。弹道导弹因其突防率高、射程远、防御困难,是国家战略安全的最大隐患。空天防御尤其是弹道导弹防御将逐步成为未来空军作战的主要任务之一。加强反导预警作战仿真研究,促进其在模拟训练和作战仿真实验等方面应用的需求极为迫切。为了满足部队对反导预警作战模拟训练和作战仿真实验系统的需求,降低系统的开发成本、提高系统的开发效率,增强仿真系统的灵活性和可扩展性要求,急需一种能够有效支撑反导预警作战仿真的建模与模型共享服务的方法和手段。

　　反导预警作战仿真模型体系与服务方法的目标:以服务的方式解决反导预警作战仿真模型共享的问题,努力实现把反导预警作战模型整合起来,给各种仿真应用使用,实现资源的共享和面向用户的透明服务。这里的资源包括计算资源、存储资源、网络资源、数据资源和对于作战仿真最重要的模型资源。作战仿真模型服务的核心理念是服务,以反导预警作战仿真需求为中心,研究反导预警作战仿真模型服务体系与方法,可以为用户提供更多、更优、更方便的模型服务。

　　本书除倾注了作者的辛勤劳动外,还要特别感谢空军指挥学院的毕长剑教授,他对本书提出了许多宝贵的意见。同时,空军指挥学院的邓桂龙副教授,空军预警学院的熊家军教授、闫世强教授、丁健江教授、田康生教授、周俊教授、岳明光副教授对本书给予了指导意见。最后,还要感谢空军预警学院预警情报组网实验室的金宏斌主任,感谢他对本书工作上的帮助。

空军预警学院科研创新基金支持,课题编号:2013ZDJC0101。

　　尽管我们做出了最大的努力,但由于该书内容涉及多个学科专业,知识面宽,有些还处于不断发展之中,难免存在疏漏之处,恳请同行专家和广大读者批评指正。

作　者

目 录

第1章 绪 论

随着信息技术在军事领域的广泛应用,信息化战场已经从陆地和航空空间向航天空间扩展,弹道导弹、巡航导弹、四代战机、空天飞机等现代空袭兵器的威胁日益严重。弹道导弹因其突防率高、射程远、防御困难,是国家战略安全的最大隐患。近年来,由于弹道导弹技术的进一步扩散,拥有和谋求拥有弹道导弹的国家和地区越来越多,各国和地区都在不断提高其弹道导弹作战能力。空天防御尤其是弹道导弹防御将逐步成为未来空天作战的主要任务。反导预警体系建设作为新型空天作战力量建设的一个重要内容,加强其建模与仿真研究势在必行。

1.1 反导预警仿真模型服务相关概念

随着弹道导弹防御技术的发展,反导预警作战的概念也不断地发生变化,因此有必要对于反导预警作战仿真及模型服务的相关概念进行科学准确地界定。

1.1.1 弹道导弹

弹道导弹是指一类除一小段为有动力飞行并有制导的弹道外,大部分为沿着无动力的自由抛物体弹道飞行的导弹[1]。弹道导弹在火箭发动机的推力作用下或利用弹射装置发射并按程序飞行,当运动参数(高度、速度、弹道倾角)达到命中目标所要求的参数值时发动机关机,随后与弹体分离的弹头(或整个导弹)在地球引力的作用下沿着近似椭圆轨迹或在制导系统的控制下飞行。

弹道导弹可以从不同的角度进行分类[2]:①按照作战任务,可分为战略弹道导弹(Strategical Ballistic Missile,SBM)和战术弹道导弹(Tactical Ballistic Missile,TBM)。SBM 是一种威慑力量,战争中用于毁伤敌方重要战略目标,包括远程弹道导弹和潜地导弹等,通常都带有核弹头。TBM 一般指近程地地弹道导弹,用于毁伤敌方战役战术纵深内的目标。②按照射程大小,可分为近程弹道导弹(射程小于 1000km)、中程弹道导弹(射程为 1000 ~ 5000km)、远程弹道导弹(射程为 5000 ~ 8000km)和洲际弹道导弹(射程大于 8000km)。③按弹头装药,可分为核导弹和常规导弹。④按发射位置,可分为陆基弹道导弹和潜射弹道导弹。⑤按主发动机推进剂,可分为液体弹道导弹和固体弹道导弹。⑥按级数,可分为单级和多级弹道导弹。

1.1.2　反导作战

反导作战有广义和狭义两个范畴。通常,反导作战一般指针对弹道导弹的作战。随着导弹技术的发展,导弹的类型越来越多,在不同的应用场合,反导作战的概念也有了一定的扩展。反导作战通用的定义是"使用反导弹武器拦截来袭导弹或使其失效的作战行动。主要包括战略反导、战区反导和战术反导。"因此,广义的反导作战除针对弹道导弹的作战外,还包括对巡航导弹、空地导弹以及反辐射导弹等防空范围内导弹的作战。

从狭义上看,反导作战即指针对弹道导弹的作战,又称弹道导弹防御。反导作战的使命任务是使用反导预警探测装备探测、跟踪、识别来袭的各类弹道导弹目标,利用动能拦截武器、激光拦截武器等手段,摧毁来袭的弹道导弹目标或使其丧失对预定目标的攻击能力,从而确保我方安全[4]。

反导作战的武器系统是弹道导弹防御系统,又称反弹道导弹系统,通常由打击(拦截)分系统、预警分系统、指挥控制和通信分系统等组成。其中:打击(拦截)分系统又可以分为助推段拦截、中段拦截和末段拦截(包括末段高层拦截和末段低层拦截)三个层次;预警分系统,也称目标探测分系统,是弹道导弹防御系统的"眼睛",为弹道导弹防御提供目标情报;指挥控制和通信分系统是弹道导弹防御系统的"大脑"和"神经",它可以将防御系统的各个组成部分连接成一个有机整体,协调控制分系统的运行,共同完成反导作战任务。

本书中的反导指狭义的反导作战,即针对弹道导弹的反导作战。

1.1.3　反导预警

反导预警是对敌方弹道导弹发射征候和来袭情况进行侦察、探测,并发出警报的活动,分为战略导弹预警和战术导弹预警。

从定义上看,反导预警作战是综合利用各种探测、监视和通信手段,对来袭的弹道导弹进行早期发现、连续跟踪、目标识别、弹道和落点预报,为拦截武器系统提供目标指示信息并对拦截效果进行评估的作战行动[4]。

反导预警作战的依托是反导预警系统。反导预警系统是反导作战中对弹道导弹目标实施预警探测任务的系统,是战略预警系统的一部分。

1.1.4　反导预警作战体系

反导预警作战体系(Ballistic Missile Early Warning Operational System,BME-

WOS),是指在空天战场环境中,为达成反导作战目的,各种地(海)基、空基和天基反导预警作战力量,按照一定的组织结构,在指挥信息系统的指挥控制下,以信息网络为支撑通过统一的行为而形成的有机整体。

1.1.5　作战模型

作战模型是对作战行动过程的一种抽象和类比表示。通常,在军事上以作战为目的用来研究作战问题的模型都可称为作战模型。但在多数情况下作战模型是针对作战模拟而言的,因此也称为作战模拟模型。作战模型是反导预警作战仿真系统构成的核心要素。

1.1.6　模型共享

模型共享是指模型作为一种资源,实现用户的共同分享。用于反导预警作战仿真的军事模型主要是以知识或软件代码的形式存在,其作为一种特殊的资源,不会因为共享人数的增多而导致数量上的减少。相反,一个模型共享人数越多,就越能提高模型的自身价值,也有利于及时发现军事模型存在的问题和错误,提高模型的正确性和健壮性。

1.1.7　模型服务

模型服务的含义是模型主动履行职能。模型服务是模型共享功能的进一步延伸,模型共享是被动的,用户需要主动去了解模型的功能、用途、接口等属性,增加了模型使用的难度。模型服务是主动的,它将根据用户的需求,主动为用户提供模拟训练所需的模型服务。

1.2　相关领域的国内外研究与发展现状

反导预警作战仿真模型服务的相关领域有很多,本书重点从基于体系结构分析的体系建模仿真、基于复杂系统的作战体系建模仿真、反导预警体系建模仿真、体系对抗建模仿真以及作战仿真模型服务等五个方面,分析相关领域的国内外研究与发展现状。

1.2.1　基于体系结构分析的体系建模仿真

体系作战能力分析与评估是仿真技术在军事领域的一大应用。为了保证分析、评估结果可用、可靠,需要从体系对抗的角度出发,对敌我双方的作战体系从概念、功能和能力等方面进行精确建模。建模过程中主要存在两个方面的问题[5]:一是作战体系中各实体在不同的仿真应用中由不同的模型表示,并且在功能和行为的表达上存在不一致,从而导致不同仿真应用之间在模型语义层面上的互操作存在问题;二是作战体系的实体能力、作战概念、方案和流程等信息难以一致地反映到仿真应用中,从而导致仿真结论的可信度不高,作战效能评估的有效性难以保证。产生上述问题的原因在于,对建模仿真中体系对抗双方的作战对象缺乏整体的、全局的、一致的设计。

引入基于体系结构分析的体系建模仿真思想进行体系建模仿真设计,是应对上述难题的一种解决方案。美国国防部于2004年正式颁布了DoDAF 1.0的体系结构框架标准。2011年9月,颁布了最新的DoDAF 2.0框架。美国国防部将DoDAF作为指导武器装备体系结构开发的纲领性规范强制推行。规范描述的模型包含了从体系的需求、功能、结构、技术标准到体系作战运用等全领域和全视图的要素,在客观上为装备性能、体系效能及体系对抗仿真提供了完备的信息输入源,为解决体系建模仿真问题提供了良好的技术支撑。

虽然,体系结构建模实现了复杂系统的抽象,为我们提供了一个把握研究对象特性的可视化方法;但是由于大部分体系结构框架只能得到静态的模型产品,这些模型的描述均采用图形、文字等静态的格式化表现形式,难以对体系在特定领域作战环境中的行为机制、执行性能和整体效能做出合理的动态分析,且难以证明和验证[6]。为了能仿真、动态观察、验证作战体系,国内外对可执行体系结构的研究应运而生。

1. 可执行体系结构仿真分析方法

在国外,MITRE公司提出了"可执行体系结构分析方法"来分析、评估DoDAF体系结构[7],其基本思想是将体系结构开发工具开发的DoDAF中的关键产品导入成可执行的形式,把业务过程模型、通信网络模型以及作战仿真环境通过仿真平台连接起来,形成一个统一的执行体,对体系结构表示的系统以及能力进行动态分析。乔治·梅森大学的系统体系结构实验室正在进行体系结构建模、设计、评估方面的研究,并正在开发用于表示体系结构和组织的可执行模型以及一套体系结构验证与评估软件CAESAR[8]。

2. 基于过程模型的体系结构可执行化仿真方法

该方法的基本思想是将体系结构的核心业务过程进行可执行设计,并把业务过程分配给不同组织的角色来执行。在业务过程执行中,角色具有不同的权利和职责,要消耗一定的时间等资源来完成特定的工作。过程模型的执行可以是IDEF①过程模型,也可以是业务流程建模语言(Business Process Modeling No-

---

① IDEF是1981年美国空军公布的一整套用于企业分析、建模与设计的结构化分析方法。

tation,BPMN)表示的业务过程模型,再使用 Popkin 公司的 System Architect 来实现基于过程模型的可执行体系结构方法[9]。该方法最大的优点是可以很好地仿真业务流程以及资源的使用情况,为业务决策提供依据。

3. 基于可执行体系结构定义语言的体系结构仿真方法

可执行体系结构定义语言 xUML 是 UML 语言和行为描述形式化语言的综合集成运用,其目的是为了能够精确定义各种模型语言的静态语义和行为语义。在可执行方面,它运用行为描述语言来精确地定义系统的动态行为。基于 xUML 的可执行体系结构方法主要是应用可执行体系结构定义语言对体系结构在系统视图方面的特性进行建模仿真。它能有效地对系统功能建模,评估系统体系结构设计的优劣[10];但该方法得到的是系统的异步视图,且集中于独立对象的相对行为,缺乏和作战视图的一致性联系,无法驱动系统视图的功能执行,也无法形成一个内部一致的执行体,从整体上来评估体系结构、验证作战概念。

4. 体系结构产品动态可执行化仿真设计

体系结构产品动态可执行化设计主要是通过对 DoDAF 体系结构产品的扩展,形成反映企业业务需求、系统运行特征的可执行体系结构产品,在体系结构执行框架支持下得到体系的动态特征。文献[11]对可执行体系结构做了深入研究和应用尝试,为可执行体系结构设计了包括使命、任务、场景、对象、业务活动等 22 个核心元素,从三个视图来描述可执行体系结构,用可执行性体系结构描述框架来设计仿真模型,便于参与仿真研究的各方人员交流,也便于对仿真模型进行有效性检验。

5. 基于 Petri 网的体系结构可执行化仿真方法

目前可执行体系结构还不成熟,单一的建模工具还不能够得到体系动态行为的规范、表示、执行和分析。因此,必须综合多个建模工具进行体系结构的可执行化设计。

IDEF、UML 或 SysML① 使用严格的语法和丰富的语义来说明系统规范,可以用于表示体系的形式化模型,但得到的只是静态模型。为此,美国空军科学顾问 Levis 教授引入了 Petri 网建模方法来解决可执行化的问题[12]。面向对象 Petri 网(Object – based Petri Nets,OPN)和着色 Petri 网(Colored Petri Nets,CPN)都可以用来得到可执行模型,它们提供了形式化动态语义和行为建模与分析,是形式化体系结构描述的有益补充。为了将 IDEF、UML/SysML 表示的体系结构模型映射到 OPN 或 CPN 的元素,需要开发一个形式化的过程来完成此映射。

---

① SysML 是系统工程国际委员会(INCOSE)和对象管理组织(OMG)在 UML 语言基础上提出的一种新的系统建模语言。

图 1-1表示了一个可执行体系结构框架的建立过程[6]。

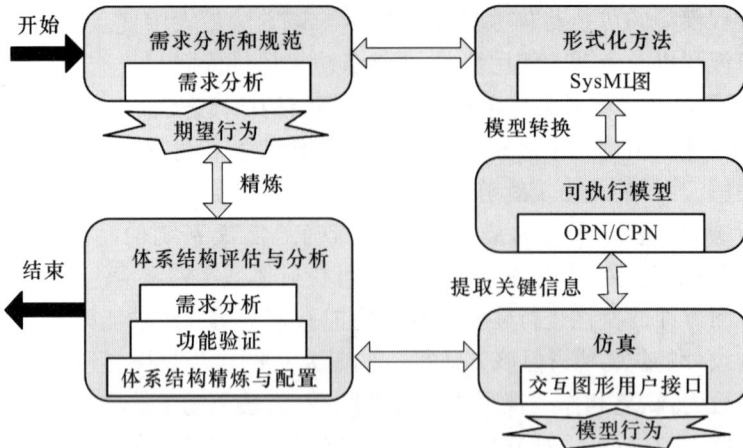

图 1-1　可执行体系结构框架

　　可执行体系结构框架是一个迭代过程,从需求分析和规范开始,该过程要捕获体系所期望的行为。可执行模型(OPN/CPN)是由静态模型(UML/SysML 图)开发得到的,能够产生动态行为。通过仿真可以提取关键信息,从而支持体系结构的评估与分析验证。

　　国内外对基于 Petri 网的体系结构可执行化方法做了诸多研究:文献[13]指出从 UML 活动图中抽取语义信息建立 CPN 可执行模型的基本思路;文献[14]给出由 SysML 语言描述的体系结构产品建立 CPN 可执行模型的方法;国防科学技术大学 C⁴ISR 技术重点实验室以体系结构框架为基础,利用 IDFE0 描述作战活动模型,并结合基于 OPN 的建模仿真环境,研究了从 IDEF 模型到 OPN 模型的转换算法[15]。

　　由于 IDEF、UML 和 SysML 等形式化描述语言中缺少对输入数据、输出数据等时序关系的描述,因此,在生成的 Petri 网模型中缺少相关信息,需要人工干预的因素较多,对于仿真运行时模型动态性的表达能力不足,对于结构和行为发生变化的系统,模型描述能力不够完善,尤其是不能描述系统状态之间的时间特性,在实际应用时还存在很多问题。

　　6. 体系结构可执行化仿真的总结

　　以上的可执行体系结构方法,分别从可执行体系结构定义语言、可执行体系结构产品设计和可执行化转换等几个方面来进行基于体系结构分析的体系建模仿真。文献[16]还把这种可执行体系结构方法称为架构驱动的仿真。但是,从目前来看,可执行体系结构的研究还处于探索阶段,许多相关的概念和方法不是

6

很成熟,缺乏统一的认识和标准。例如:对可执行体系结构缺乏明确的定义;没有规范的可执行体系结构描述方法;没有一致的可执行体系结构设计与分析方法;缺乏可执行体系结构的执行机制和执行环境;等等。

更为重要的是,对于作战体系而言,虽然通过建模可以得到体系的可视化表示,通过将形式化的体系结构表示转换成可执行模式,可以对系统动态特征进行一定程度的研究,但是要全面准确把握体系的动态特征,能够得到体系结构的验证和确认,并能够支撑作战体系的战法研究及模拟训练还得借助于模拟仿真,尤其是分布交互式仿真的手段。

1.2.2 基于复杂系统的作战体系建模仿真

作战体系是成千上万个作战、指挥、通信等实体经由网络连接而形成的复杂巨系统。发生于作战体系之间的作战对抗关系就是体系对抗。基于复杂系统的作战体系建模仿真就是从拓扑角度,把作战体系抽象为一个以作战、指控、通信、感知实体为节点,以各实体间的信息、物质、能量交互为连边而形成的庞大的复杂网络。因而,以复杂系统,尤其是复杂网络理论为基础,以多 Agent 建模仿真为支撑技术,构建基于复杂网络的体系对抗模型,进行体系对抗建模仿真实验,探索信息化战争作战体系形成、演化与两大敌对体系对抗的特点、规律,进而揭示信息化战争的科学本质与调控机理,已经成为基于信息系统的体系作战能力研究的前沿课题之一[22]。

1. 作战体系复杂系统的主要研究内容

1)作战体系的复杂网络特性研究

主要是分析作战体系的网络化特性、生成及演化机制,建立反映作战体系特性的网络拓扑模型与算法。通过基于复杂网络的体系仿真,分析体系网络的脆性与防护方法,发现制约体系能力生成的瓶颈,找出体系网络的破坏机制与防御手段。

2)作战体系中指挥控制的复杂系统建模仿真

主要包括指挥控制系统复杂网络的拓扑特性与行为机理研究,基于 Agent 的指挥控制过程及实体行为建模。通过构造指挥控制系统网络化模型,对指挥控制网络拓扑特性和指挥控制智能行为进行仿真,验证指挥控制系统的结构与功能合理性。

3)体系对抗中的复杂系统特性建模

主要研究具有同构或异构拓扑特性的两大对抗体系之间的交战过程与方法。研究体系网络拓扑结构如何影响体系对抗作战行为,以及网络拓扑结构与体系作战个体行为的相互影响过程。

4）作战体系复杂网络仿真实验

主要研究作战体系复杂网络的仿真实验手段与分析方法，开发作战体系网络仿真分析系统，对体系网络的生成、破击、防御机制进行仿真实验。通过对体系对抗仿真原理与方法的探索，构建基于复杂网络的体系对抗仿真系统，发现体系对抗交战模式下作战体系演化的动力学机制，总结、提炼体系对抗的作战理论与方法。

2. 国内外作战体系复杂系统研究进展

国内外都基于复杂系统理论对作战体系进行了相关的研究。在基于多智能体系统(MAS)和复杂网络的作战体系建模仿真等方面取得了一定的成果。

国外，澳大利亚防务科学与技术中心的 Dekker[17] 提出一种对作战系统进行网络化分析的 FINC(Force Intelligence,Network,and C2)方法。该方法将作战组织抽象为由作战、情报、指挥等三种不同类型的网络节点和描述各类节点间通信关联及通信能力的边构成的作战系统网络模型。美国海军信息时代战争研究专家 Jeffery[18] 分析了现有的网络中心战模型的特点和不足，基于复杂网络理论，提出了一种信息时代作战模型，并详细讨论了模型的数学结构、动态性和演化。

国内，李德毅院士[19] 引入复杂网络的研究成果，分析了网络化战争中网络拓扑结构演化规律，指出了其在不同粒度、不同时间、不同视图下的自相似性。谭东风[20] 和沈寿林[21] 等人利用复杂网络模型与邻接矩阵特征值描述方法对作战网络特性进行了研究，取得了一定的研究成果。金伟新[45] 将基于复杂网络与多 Agent 建模结合起来提出了网络化战争体系对抗通用建模与仿真框架，指出了微观基于实体自适应 Agent 交互机制进行建模，宏观基于复杂网络约束的 Multi – Agent 交互多层协同进行建模的思路。

3. 作战体系复杂系统研究总结

基于复杂系统的作战体系建模与仿真通常把作战体系中的各个组成部分抽象为同构的，具有相同功能和特征的节点集合，这样虽然便于对作战系统的整体规律进行描述，但是难以表现出实际作战体系中各个组成部分之间功能的差异性以及由此带来的对作战的不同影响。另外，目前基于复杂系统的作战体系建模仿真研究理论还在发展中，在模型的校核验证以及对分布交互式仿真的支持等方面还有很多不足。

1.2.3 反导预警体系建模仿真

自从弹道导弹问世以来，世界军事大国一直在寻找各种对付弹道导弹的途径，发展反导防御系统，积极开展反导预警体系的建模仿真，在反导预警系统建模、仿真实验和装备效能评估等方法取得了一些成果。

1. 国外的反导预警仿真现状

美国等军事强国历来重视采用建模与仿真技术对弹道导弹防御问题进行研究。通过建立各种先进的反导预警和弹道导弹防御仿真研究设施,开展包括反导预警体系、弹道导弹防御以及弹道导弹突防方案的仿真研究和论证。

1) 建设弹道导弹防御仿真试验台[23,24]

许多国家都把开展弹道导弹攻防对抗仿真研究放在十分重要的地位,先后研制和建立了各种类型的攻防仿真试验台,在系统研制、仿真应用和模拟训练等方面发挥了巨大作用。

美国早在20世纪80年代开展星球大战计划(SDI)研究过程中,就把服务于对抗研究的建模和仿真作为一项国防关键技术,在SDI重点投资建设的国家试验台、战区试验台中,集成了多种类型的模型和仿真模块,如战略预警与反应模块(SWARM)、陆军多层交战模块(AMEM)、防御技术评估码(DETEC)、核对光学和雷达系统的影响分析(NORSE)、合成场景生成模型软件(SSGM)等。相关研究成果已经对提升反导预警能力起到举足轻重的作用,并已经部分嵌入到实物作战系统。

法国建立了"希姆巴德"(SIMBAD)弹道导弹仿真试验台,能够进行复杂的攻防对抗仿真,在模拟包括反导预警在内的战区导弹防御方面的表现尤为突出。

英国参与了SDI中仿真试验台的研究工作,它们建立的"扩展防空试验台"可以模拟弹道导弹威胁程度,各种重要武器装备的作战等,经过不断发展,现已成为英国发展导弹防御系统的一个重要决策工具。

2) 弹道导弹防御装备体系研制论证与验证评估

美国审计署对导弹防御体系进行全面评估后指出:导弹防御系统未经过实战检验,实战能力尚不确定;飞行试验费用高昂,可进行的靶场飞行试验次数非常有限,不能充分检验导弹防御系统性能;导弹防御系统效能评估应主要通过大量仿真试验来实现,仿真模型的验模则要充分依托有限的飞行试验[25]。美国在导弹防御武器研制过程中,建立了由联合国家试验中心(JNIC)林肯实验室、利弗莫尔实验室、霍普金斯大学应用物理实验室、埃格林导弹仿真实验室、陆军高级仿真中心和海军半实物仿真实验室等,以及白沙靶场、太平洋靶场、范登堡空军基地、夸贾林环礁靶场和阿拉斯加反导试验基地等组成的大规模的体系与系统设计、仿真、测试与评估环境,通过该环境对导弹防御系统、导弹预警系统及其各单元进行了性能评估和集成测试,包括数字仿真、半实物仿真、集成测试试验等。通过这些地面试验,收集了反导系统的大量数据,对反导系统设计的正确性进行了验证,极大减少了飞行试验风险,加快了反导武器研制进度。

3）分布式弹道导弹防御仿真实验

美军在作战仿真系统研制和仿真实验方面走在世界的前列,已经拥有了较为成熟的反导预警作战仿真系统,是美国作战实验室的重要组成部分。美军的反导预警作战仿真系统是建立在国家导弹防御(NMD)系统和战区导弹防御(TMD)系统装备架构基础上的,反导预警系统作战仿真融入整个弹道导弹防御作战仿真体系之中,已形成了大规模的系统设计、仿真评估环境,并将承担不同任务的和位于世界范围内不同国家的作战仿真系统进行联网,组成一体化的综合作战仿真试验设施,具备了体系级作战仿真试验能力。

由此可见,对反导预警体系的仿真试验,应通过建立攻防对抗体系仿真平台和综合试验平台,以支持复杂的弹道导弹防御体系对抗仿真系统的快速构建、高效仿真试验和分析评估,实现对反导预警体系的有效仿真。

2. 国内的反导预警体系仿真

反导预警体系仿真作为反导预警装备发展、反导预警作战仿真的关键支撑技术受到了广泛重视。

在反导预警体系仿真建模方面:文献[26]研究了反导预警探测系统作战体系结构的构成要素,分析了反导预警探测系统作战体系结构及其效能指标;文献[27]对反 TBM 攻防对抗作战建模、区域反 TBM 预警体系结构以及作战效能评估等问题进行了研究;文献[28-31]分别用 UML、Petri 网、IDEF 和 DoDAF 等系统建模方法对反导攻防作战的军事概念模型进行了形式化描述,并对反导预警体系构成、实体和行为模型进行了分析和建模。这些文献的研究为反导预警体系建模提供了一定的借鉴思路,为反导预警体系的效能分析和仿真研究打下了良好的基础。

在反导预警体系仿真实验方面:文献[32]对反导预警雷达,尤其是对相控阵雷达天线方向图、信号处理、信息处理、任务调度等进行了建模,并基于 HLA 平台构建了弹道导弹攻防仿真系统;文献[33-37]基于 HLA 技术,采用面向对象的仿真设计方法对弹道导弹攻防对抗进行了建模仿真;文献[38]对弹道导弹攻防对抗作战的概念建模方法、弹道导弹作战效能评估和仿真技术在导弹攻防中的应用等问题进行了较系统全面的分析。上述这些研究为反导预警体系对抗仿真实验系统设计提供了一定的借鉴。

总体上看,在反导预警体系仿真的研究方面,还存在一些不足:一方面,现有的研究大多以装备体系仿真为主,以服务武器系统的研制与设计为目的,针对的多是武器系统性能评估,建模与仿真对象主要集中在系统级甚至是单元级,针对的多是对单一预警作战平台,单一作战过程的建模与仿真,缺乏对整个反导预警作战体系以及体系作战能力的系统研究;另一方面,目前在预警作战仿真领域还缺乏一个支撑反导预警体系建模与仿真的一体化框架,以支持从体系对抗的角度进行预警作战体系的建模与仿真,在反导预警体系作战的信息域和认知域建模上还存在很多不足。为了实现对 BMEWOS 的有效仿真,迫切需要从体系建模仿真层次和建模仿真方法等方面寻求突破。

1.2.4　体系对抗建模仿真

信息化战争的一个显著特点是体系对体系的对抗。作战体系作为战争体系对抗的焦点,具有边界的模糊性、环境的不确定性以及整体的涌现性和对抗性。如何揭示体系对抗的规律,认识体系和体系对抗,分析和评估作战体系对抗能力,提高体系谋划、体系构建和体系制胜能力,把握体系对抗的特征和演化规律等,是体系对抗运筹理论必须回答的基本问题[39]。但传统的作战模拟基本上是建立在实体之间火力对抗基础之上的,对作战系统及作战体系的描述非常不够。特别是对非火力对抗的因素,例如信息优势的建立、指挥控制的作用、通信网络的沟通、保障部队的行动等表达得不够充分,在模拟过程中难以体现出它们在战争中的作用和系统之间对抗的效果[42]。

体系对抗建模仿真是针对传统作战模拟的上述不足提出的建模与仿真方法体系。应用复杂系统理论,建立体系对抗系统模型,通过给定体系对抗边界条件,运行体系对抗仿真模型来仿真体系对抗过程,获得体系对抗效能的仿真方法称为体系对抗仿真[40]。

1. 体系对抗仿真与传统仿真的不同

信息化作战模拟必须以体系对抗为基础,重视在信息作用下的系统整体建模。而传统作战模拟是以火力对抗建模为基础。两者之间在以下几个方面存在不同[41,42]:

从仿真域上看:体系对抗仿真要求对物理域、信息域和认知域进行全面描述;而传统的作战模拟主要描述物理域中可见的元素,而对信息域、认知域建模较少涉及,相对于信息域、认知域而言,建模相对容易,易于描述和度量。

从建模对象上看:体系对抗仿真要求对武器装备、信息系统、组织机构和信息流的整体建模;而传统的作战模拟主要进行武器装备建模,大多以武器平台和传感器建模为基础,而忽视对信息、信息流和指挥系统的整体建模。

从效能评估上看:体系对抗仿真要求对兵力损耗、信息度量、软杀伤等的整体评估;而传统的作战模拟系统主要进行兵力损耗的评估,由于缺乏统一的体系结构、统一的建模框架以及统一的评估方法和手段,不能够完全支持信息化战争作战效能评估。

2. 体系对抗建模仿真框架

1）基于 HLA 的体系对抗建模仿真框架

1996 年，美国国防部发布了针对建模仿真领域的通用技术框架，该框架由任务空间概念模型（CMMS）、建模与仿真高层体系结构（HLA）和一系列的数据标准（DS）三部分组成[43]。2001 年，美国国防部建模仿真办公室又针对不断发展的建模仿真需求，提出了使命空间功能描述（FDMS，又称使命空间概念模型）的思想，旨在全面提高模型和仿真的重用性、互操作性，实现模型和仿真的柔性快速组合。HLA 的核心思想是互操作和重用，通过运行支撑框架（RTI），提供通用的、相对独立的支撑服务程序，将仿真应用同底层的支撑环境分开，将具体的仿真实现、仿真运行管理和底层通信传输三者分离，屏蔽了各自的实现细节，从而使各部分可以相对独立地进行开发，并能充分利用各自领域的先进技术。因此，它能将构造仿真、虚拟仿真、实况仿真集成在一起，可提供更大规模的综合仿真环境，实现各类仿真系统间的互联、互操作、动态管理以及系统和部件的重用。

HLA 定义了一个通用的技术框架，在这个技术框架下，可以接受现有的各类仿真过程的共同加入，并实现彼此的互操作。每一个描述了一定功能的仿真过程称为 HLA 的一个联邦成员（简称邦员）。每个邦员可以包含若干个对象。为实现某种特定的仿真目的而进行交互作用的若干邦员的集合称为联邦。整个演练过程被称为联邦运行。在 HLA 框架下，联邦成员通过 RTI 构成一个开放性的分布式仿真系统，整个系统具有可扩充性。其中，联邦成员可以是真实实体系统、构造或虚拟仿真系统以及一些辅助性的仿真应用。

目前，军内外众多机构基于 HLA 的仿真框架开发了大量的体系对抗仿真系统。鉴于基于 HLA 的仿真系统设计方法的成熟性和优越性，目前仍然是体系对抗仿真设计框架的首选。本书第 8 章实现的仿真原型系统也是基于 HLA 框架设计的。

2）基于多 Agent 的体系对抗建模与仿真框架

基于 Agent 的建模与仿真是研究大量 Agent 之间的交互以及交互所出现的宏观行为的一种方法。该方法将复杂系统中各个仿真实体用 Agent 的思想来建模，通过对 Agent 的个体行为及其之间交互关系的刻画来描述复杂系统。Agent 思想在各个领域，如经济、军事、社会和工业的研究已经非常广泛，不单单是一种具体的技术方案，已经成为建模思维方式，一种用于复杂系统建模与仿真的方法论[45]。

基于 Agent 的建模与仿真继承了从抽象提取，建立相应模型到计算机实验，最后进行实践检验的一般仿真思路，但是它与传统的仿真存在本质的区别。传统仿真是通过对系统整体结构与功能的分析，寻找其中规律，建立确定的逻辑模型,并使模型沿着某一变量(如时间)进行逐步演算得到仿真结果。而多 Agent 仿真采用自下而上的研究方法,通过对系统个体特征和行为的研究,建立个体的特征和行为模型,将个体抽象为 Agent,利用 Agent 间的自治、推理、通信和协作机制,模拟个体间既相互独立又交互作用的现象,从而研究系统的整体结构和功能[44]。采用基于多 Agent 的建模与仿真方法是一种取得了大量成果,并具有较好前景的研究思路。

目前,基于 Agent 的仿真主流平台,既包括通用平台,如 SWARM、Netlogo、MASON、Repast 等,也包括专用平台,如 EINSTein、WISDOM Ⅱ、MANA、Bactowars 等[45]。

3)基于 SMP 的体系对抗仿真框架

2004 年,欧洲航天局借鉴模型驱动体系(MDA)思想,提出了仿真模型可移植规范 SMP 2.0,采用平台无关模型(PIM)和平台相关模型(CPSM)提高仿真模型的可移植性,并基于平台无关模型提高了仿真模型的可组合能力,代表了仿真模型可组合应用的最新发展[46]。

SMP 2.0 建立了元模型规范,利用仿真模型定义语言(SMDL)为模型设计、模型实例集成和模型实例调度提供了平台无关机制。SMP 还提供了模型集成开发环境,以图形化的方式表现开发过程,能够按照 SMDL 所规定的格式产生模型设计文档、模型装配文档和事件调试文档。集成开发环境能够自动根据 SMP2 C++映射文档中所规定的规则来将模型设计文档所定义的元素映射为模型运行组件代码框架,最终导出仿真代码,支持仿真运行。

目前,基于 SMP 作战仿真主流平台以国防科学技术大学系统工程研究所研制的 Sim2000 为代表。Sim2000 是武器系统作战效能仿真评估工具环境,能提供层次化可组合建模框架,提供想定生成的体系层次建模工具、实体层次建模工具和行为层次建模工具,利用基于可扩展标记语言(XML)的体系对抗仿真语言进行模型和实验的表示,具备对武器系统进行作战效能仿真的较成熟的能力,可以作为武器装备体系对抗仿真评估系统[47]。

1.2.5 作战仿真模型服务

模型服务的研究正方兴未艾,本节分别从模型服务相关论述、模型服务采用的方法,以及需进一步解决的问题等方面进行详细的论述。

1. 模型服务相关论述

模型作为作战仿真系统的核心,有关模型的开发和使用问题的研究比较多,但针对模型服务的研究还依然很少。其中,也有一部分是专门针对模型服务器的论述。下面是有关模型服务的具有代表性的相关论述。

1）模型服务器

2001年6月，黄金才等人撰写的"广义模型服务器的设计与实现"一文[130]，设计和实现了一个广义模型服务器。它基于TCP/IP协议，采用三层客户服务器机制，对模型的表示和运行进行了规范化，并通过命令语言在客户端进行模型的管理和运行。该服务器可以对模型、算法、实例、工具等决策支持资源进行有效的管理。

2003年1月，魏继才等人撰写的"智能决策系统中模型服务器的设计与实现"一文[131]，运用从定性到定量综合集成的思想，在XOD（X On Demand）应用体系结构中，为满足决策系统中按需仿真的需要，建立了SOD（Simulation On Demand）模型服务体系，提出了模型服务器的概念，分析了综合集成环境中模型服务器的功能和作用。同时，论述了模型服务器的内涵、组成。

模型服务器的研究对促进作战仿真系统的发展起到了积极作用，但是由于模型服务器的针对性较强，服务器中的模型通用性较差，模型服务器与作战仿真系统依然是紧耦合，各种模型服务器的应用范围较窄，无法实现模型与系统的有效分离。

2）模型支持库

2004年7月，张震撰写的"作战仿真模型库系统研究"一文[132]，分析了仿真系统模型库的用户类型和结构，提出了模型库系统针对不同用户的基本功能，初步实现了支持模型建立、验证、入库和使用的模型库系统。

2007年4月，葛艳等人撰写的"基于Web Services的模型库系统设计方案"一文[133]，在对Web Services技术进行简单总结的基础上，给出了基于Web Services的可重用模型库体系结构的设计方案，分析了模型的Web Services表示、模型服务发布、发现、调用以及模型服务查询等问题。

3）模型服务技术

2003年5月，彭英武等人撰写的"分布式环境中模型服务实现中的若干关键技术"一文[134]，针对访问C/S结构模型过程中需要解决的若干关键技术进行讨论并给出了解决方法。

2010年1月，胡晶晶等撰写的"基于多Agent协作的服务选择模型"一文[135]，构建了基于多Agent协作的服务选择模型，设计了多Agent通信原语，实现了服务选择多Agent间的交互协作，提出了基于模糊匹配的评价算法。

4）模型服务体系

2006年，毕长剑等人撰写的"作战仿真军事模型服务研究"一文，结合作战仿真研究和模型体系建设需求，提出了军事模型服务建设的指导思想、基本原则、分类体系结构以及相关的内容。

2006年8月,赵倩等人撰写的"基于网络的军事模型服务体系结构"一文[136],采用面向服务的方式建立的军事模型服务可以有效地实现军事模型计算过程和结果的共享。应用网格技术建立的军事模型服务,其结构在逻辑上分为服务基础设施层、服务接口描述层、服务存储与管理层和服务应用层。通过一个军事模型实例,说明了建立服务的实际方法。

2008年4月,黄继杰等人撰写的"网格中自适应模型服务的研究"一文[137],针对在网格环境下采用面向服务的技术进行分布仿真时,网格服务所处环境的变化易使仿真无法继续运行的问题,为仿真引入容错机制。因为网格通信传输延迟较大,这使得局域网环境下的容错技术难以满足这一要求,将模型设计为自适应的模型服务,并引入一个监测代理,有效解决了这一难题。该代理使自适应模型服务有了感知服务器硬件资源利用率的能力。当利用率达到临界值后,自适应模型服务采取迁移接口执行的访法来调整其服务策略。

包括上述三篇文章在内,关于模型服务体系的论述为实现模型服务奠定了一定的理论基础。本书将在前人研究的基础上,对模型服务问题进行深入的论述,提出采用云计算技术,构建模型服务的体系框架,从宽度和广度上解决模型服务的问题。

2. 当前模型服务采用的方法

为适应模型的重用与共享,最大限度地提高模型的使用效率,模型服务分为模型下载服务、全仿真在线服务、在线接口式服务和多功能的模型服务等不同的方法。

1)模型下载服务

静态服务以模型的研发单位为主要服务对象,为训练模拟系统的开发提供模型支持。共享的模型可以通过网络下载方式得到,或是直接向模型服务中心申领模型电子文档或纸制文档。这类服务中还包括那些为领域建模提供帮助信息的网站。这类服务仅仅利用计算机网络技术实现了模型的网络发布、管理及辅助开发。例如,一些仿真软件在互联网上提供的可下载库,就是进行这种模型服务的例子。

2)全仿真在线服务

全仿真在线服务的使用单位为军事训练单位,主要以模型服务器的形式存在。模型服务器运行完整的仿真应用,为客户端提供仿真运行结果。这是目前最常见的模型服务器类型。例如,Poses++软件系统,在客户端建立仿真模型并编译成为二进制文件格式,由模型服务端负责实际仿真运行,将运行结果返回给客户端。北京大学数字地球工作室开发的GIS系统,由数据服务器、模型服务器和视图服务器构成Web-GIS系统,为用户提供多方面的地理信息服务。

3）在线接口式服务

在线接口式服务以模型的使用单位为主要服务对象，为军事训练单位在训练中提供模型运算服务。在线接口式服务分为连续服务和离散服务两种模式。连续服务中模型的运行贯穿于训练的一个较长的阶段，例如，汽车上的 GPS 导航模型在整个驾驶过程中始终在运行。离散服务又称为一次性服务，即提出模型服务请求后，得到模型结果是一次性的，例如，某型导弹的命中概率计算，模型在输出结果后即停止运行。

4）多功能的模型服务

多功能的模型服务具有包括提供模型服务在内的多种功能。如美国 Argonne实验室开发的杜拉维特集成应用系统（Dynamic Information Architecture System，DIAS），是集仿真模型开发、模型集成、仿真运行等功能于一身的多功能仿真开发平台框架。目前，DIAS 框架系统已经在多个领域内获得应用，包括地形与天气对军事移动目标的影响、土地管理、动态虚拟海洋环境、后勤医疗保健诊断、鸟类社会行为和数量动态、美索不达米亚地区农业在环境压力下的可持续性研究等。尽管这种平台具有多种服务功能，但其对外模型服务形式仍与全仿真在线服务和在线接口式服务类似。

3. 当前模型服务需进一步解决的问题

前面所介绍的模型服务最明显的特征是输入、输出都在仿真开始与仿真结束时进行的，在仿真运行过程中，模型服务器与仿真应用用户之间的信息交互很少。因此，这些模型服务适用于应用边界清晰、内容比较独立的应用领域。目前的模型服务大多是针对特定应用领域设计的，模型自身的功能不具有通用性，如果将它们移植到其他应用领域，开发和维护成本会很高。

以面向服务的方式实现作战仿真模型资源的共享与重用已成为大家的共识，但是面对大量的各种各样的反导预警模型建设成果，人们却共享无门。一方面是已经存在的模型建设成果构成了作战仿真模型丰富的资源，另一方面是作战仿真系统建设对作战仿真模型有着迫切的需求，特别是希望能够共享高质量的成熟模型，以及跨领域、跨专业的模型，至今在这两个方面之间仍然缺少应用层面可操作的连接桥梁，无法实现模型的有效共享。究其原因，主要有以下几个方面：

1）标准化程度不高，模型资源无法重用

沙基昌在"关于规范化的模型描述、建模、仿真一体化环境建设"一文中提出了标准化建模的思想。目前在模型开发方面制定了一系列作战仿真模型的开发标准，这些标准的建立对模型的开发具有一定的规范作用。但已建立的模型开发标准多是定性的、指导性的、粗线条的描述，在模型实际开发的过程中，约束力不强,使得开发出来的模型标准化程度不高,模型资源无法重用。另外,我们国家目前模型开发标准化的执行力不够,经常出现有标准,但依然各行其是,有标准不执行的现象很普遍。

2）版权得不到保护,资源共享难以实现

在现有的作战仿真系统中,仿真模型、地理信息、各种数据都是具有自主版权的专用资源和信息安全敏感的特有资源,不利于跨军兵种单位、跨地理域的广泛共享。当涉及大规模分布式交互仿真尤其军兵种作战协同训练时,在模型所有者的权益得不到有效保护的情况下,这种跨平台、跨地域仿真资源的共享问题就成为制约联合作战仿真系统协同运行共享资源的瓶颈。

3）评估手段单一,无法保证模型的权威性

目前,对军事模型的评估主要还是采用专家打分的方法。事实上,对军事模型的评估单靠专家的一次或几次集中打分是很难保证模型的权威性。为了保证模型的正确性和权威性,应建立一套相应的模型评估的标准和模型评估的平台,提供相应的模型校验、验证和确认的功能,实现模型评估的科学化水平。同时通过军事模型评估平台的建立,也可实现军事模型的动态评估。

4）服务方法单一,缺少模型服务支撑平台

目前,模型服务主要实现的是按照模型目录存储的模型资源共享。这种服务方式要求用户必须根据自己的需求,提供相对精确的模型定位条件,才能检索并获得所需模型。而现代信息化条件下的军事训练,不同军兵种模型种类数目繁多,作战环境、作战对象、作战样式、作战行动规则(战法)、作战装备战技性能各不相同,这就需要一个强大的作战仿真模型服务平台作为支撑,提高模型服务系统的服务效率。

由于目前缺少军事模型服务综合管理系统的支撑,模型的服务主要采用“借阅”的方式进行。军事模型的服务不是模型的简单堆积和分发,而是要实现模型资源的可重用、可重构性。为实现模型资源、计算资源、存储资源和网络资源的共享,需要利用包括云计算在内的多种计算机技术,按照 SOA 技术理念,建立具有对模型能按需查询、调用和运行控制功能的模型服务运行支撑平台,提高模型服务系统的服务效率,使模型服务体系更好地贴近作战训练的实际需求,为作战仿真服务。

4. 当前模型服务问题解决方法

军事模型服务是一项基础性和专业性很强的工作。近年来,随着高速网格、普适计算和云计算等技术的迅速发展,基于 SOA 技术理念的模型服务越来越成为大家共同期盼的目标。作战仿真模型服务体系的研究就是为实现模型服务这一目标,解决模型服务所存在的问题。它主要从以下几个方面着手:

1）做好模型服务的顶层设计

模型服务顶层设计既是一个发展规划的问题,更是一个艰苦细致的分析、研究和论证的过程。如果没有顶层设计,各单位、各作战仿真系统各行其是,必然会造成模型的专有化,从而将严重影响模型的可重用性。如果不把顶层设计的有关问题搞清楚,而是在模型服务实际建设过程中出现问题时再来研究解决,头痛医头、脚痛医脚,不仅达不到避免模型在低水平上重复开发,提高作战仿真系统开发效率的目的,而且还可能走弯路,影响作战仿真模型服务的建设进程。在作战仿真模型服务建设的顶层设计中,必须从作战仿真模拟系统的建设需求出发,加强组织领导和理论研究,立足武器装备和作战指挥系统的发展及人才培养的需要,进行统筹规划。另外,还应充分考虑信息化建设的现状和条件、国防科技实力和可能的经费投入等因素,以确保作战仿真模型服务的顶层设计具有科学性和可行性。

2）制定建模标准,开发通用建模工具

一座高楼的建设需要钢筋、方砖、水泥等建筑材料的有机结合,建设大楼的原材料必须是按照相应标准生产的。作战仿真模型服务的基础材料主要是各种作战仿真模型,模型开发的标准化是其共享服务的基础,通用建模工具是实现模型开发标准化的重要支撑。目前,已制定的模型服务相关标准对模型的开发具有一定的指导作用,但离模型的共享服务还有一定的距离,对于模型的开发约束力不够。需要进一步研究在操作层面更具约束力的建模标准,指导和规范建模人员开发出高质量的军事模型。同时,为了保证用于作战仿真领域服务的模型具有正确性、通用性、动态性、可操作性和安全性等特点,需要依据建模标准开发通用建模工具。通用建模工具提供图形化的用户界面,包括模型与应用连接的图形化用户接口,通过自动处理图形参数的编辑操作,利用每一个模型类所具有自己特定的图形用户界面,规范建模过程,尽量减少开发人员主观理解的歧义性,通过少量的程序开发,完成建模的工作,提高模型开发效率。

3）建设作战仿真模型服务资源库

关于军事模型资源库的建立在许多文章中进行过论述,模型资源库主要包括数据库、模型库和知识库三部分。模型库及其管理系统的设计是建立反导预警作战仿真模型资源库的难点。为了给用户提供友好的网络界面,更好地实现模型资源共享,提高模型的重用性,应在分析仿真模型库功能要求及其组成模块间的关系基础上,综合运用面向对象技术和层次化建模技术,研究反导预警作战仿真的基础模型库的组织与管理方法。建模与仿真的结果是产生可编程的对象,实现问题域与仿真域中相一致的对象属性表示,并使这些对象能为决策者和建模者所理解,从而实现应用需求所允许的在所有层次上的互操作。实现这一目标的基础是建立合理的模型类体系,其目的是使用标准的模型对象类和在将来的仿真系统中使用的模型对象类属性定义,为模型资源的重用与扩展打下基础。

4)构建作战仿真模型服务运行管理系统

作战仿真模型服务运行管理系统,也称为模型服务引擎,它从模型服务资源库中提取模型和相关数据,独立于模拟系统在服务端运行。它可能运行在一台计算机上,也可能运行在多台计算机上。系统主要实现的功能有需求解析、模拟方法管理、脚本引擎服务、模型实例管理、模型实体和执行管理、军事模型运行记录和信息处理服务等。当前,模型服务运行管理系统普遍采用框架结构实现,即利用面向对象的分析技术,对建模仿真的相关因素进行分析和建模,研究如何利用泛化、关联、多态等分析方法,划分模拟系统中各种仿真对象和对象之间的相互关系,进而建立建模仿真的对象模型框架。例如,美军的军事建模框架(Military Modeling Framework,MMF),主要目的是对联合模拟系统(Joint Simulation System,JSIMS)中所涉及的各类模型进行有效的分类管理,以支持模型的重用工作。一个通用的体系框架,是实现模型服务和作战模拟互操作的关键。

1.3 本书的主要研究内容及组织

本书以反导预警建模仿真及模型服务为研究对象,提出以基于"体系主导、模型驱动"(SD‒MD)思想的作战体系建模与仿真框架及基于云计算的支撑作战仿真的模型服务网络平台共同支撑的反导预警作战仿真的模型服务体系与方法。通过对反导预警作战进行概念建模、数学/逻辑建模、模型服务框架设计及作战仿真实验,支持空军作战仿真模型服务体系建设以及反导预警作战仿真研究。

1.3.1 本书的主要研究内容

本书的研究对象是反导预警作战仿真。反导预警作战是弹道导弹防御体系的组成部分,弹道导弹防御体系的其他部分,如打击系统、反导指控系统等不作为本书的研究内容。但是由于预警体系与它们之间存在组织结构关系和信息交互关系,因此,本书在研究预警体系的作战结构和信息流程时会涉及其中的部分内容。同时,反导武器系统的制导雷达属于打击系统的作战单元,本书在研究预警装备体系构成时也不把它作为研究对象。

本书主要研究和解决以下几个问题:

(1)反导预警体系构成及建模仿真需求研究。构建作战体系分析框架,并以框架为指导,对 BMEWOS 进行全面分析,并在此基础上,提出其在建模仿真框架设计、模型服务框架、模型体系构建和仿真平台建设等方面的需求。

（2）反导预警体系作战仿真模型服务框架研究。对模型服务云平台的特征、研究目标和服务模型进行分析,提出采用云计算技术,进一步融合网格、普适计算和高性能计算等技术,构建一种新的基于云计算的模型服务会平台（MSCP）。

（3）反导预警体系分层多视图概念建模方法研究。在分析传统军事概念建模方法的特点、建模过程及其不足的基础上,提出作战体系分层多视图概念建模方法,设计作战体系概念建模相关视图产品,对 BMEWOS 进行多视图概念建模和基于 SysML 语言的形式化描述。

（4）反导预警体系仿真模型体系设计。分析目前模型体系建设中的不足,指出反导预警体系对抗仿真模型体系与军事训练模型体系的关系,设计反导预警体系对抗仿真模型体系架构,重点构建反导预警体系对抗的信息域、认知域和体系效能评估模型。

（5）反导预警体系作战仿真模型服务资源管理。重点解决模型服务体系中"管"的问题。模型服务的资源包括模型资源、计算资源、存储资源、数据资源和通信资源等。主要论述基于云计算的硬件资源管理、模型资源全生命周期管理、基础数据资源管理和任务调度管理等核心管理功能。

（6）反导预警体系作战模型服务实现方法。重点解决模型服务体系中"用"的问题,也就是模型服务方法的问题。提出基于 MSCP 的反导预警作战模式和反导预警作战流程。结合反导预警作战的一般组织流程,给出反导预警作战仿真流程中的关键技术实现方法。

1.3.2　本书的内容组织

本书的结构安排如图 1 – 2 所示,本书共分 8 章,按照提出问题、分析问题、解决问题、总结问题的思路进行论述。

第 1 章绪论。对反导预警体系的相关概念和本书的研究对象进行界定,分析国内外在相关领域的研究现状,并阐述本书研究的技术路线、研究内容和本书架构。

第 2 章反导预警作战仿真建模与模型服务需求。设计作战体系分析框架,深入分析反导预警体系的作战使命、作战任务、作战能力和体系构成,并论述 BMEWOS 建模仿真及模型服务需求。

第 3 章反导预警作战仿真模型服务框架。对模型服务云平台的特征、研究目标和服务模型进行分析,提出采用云计算技术,进一步融合网格、普适计算和高性能计算等技术,构建一种新的基于云计算的模型服务云平台。

第 4 章反导预警作战多视图概念建模体系。概述军事概念模型、建模过程及其不足,分析作战体系概念建模要素,提出 BMEWOS 分层多视图概念建模方法,设计 BMEWOS 概念建模视图产品集,并基于 SysML 语言对 BMEWOS 概念模型进行形式化描述。

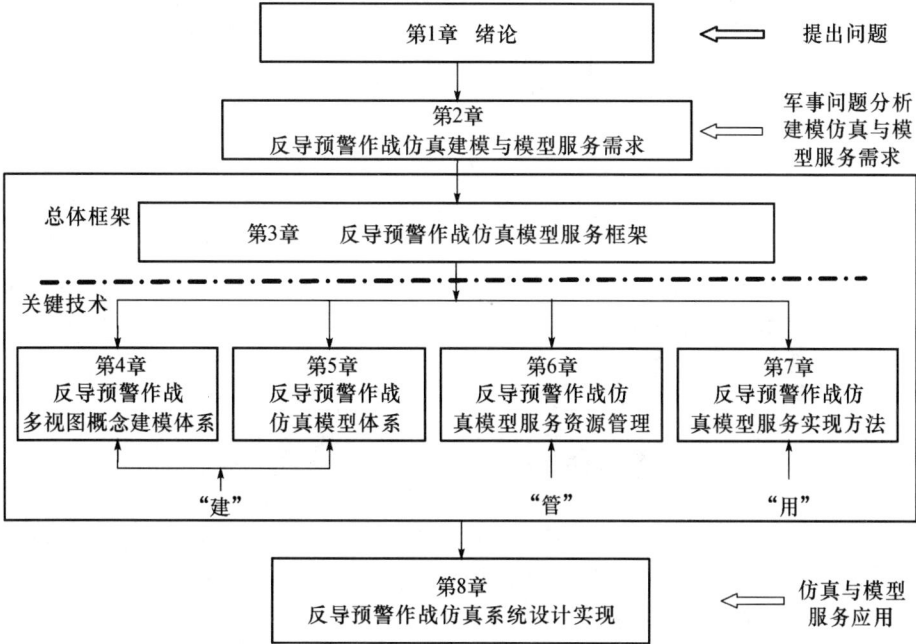

图 1-2　本书的组织结构

第5章反导预警作战仿真模型体系。分析反导预警作战体系对抗仿真模型体系与军事训练模型体系的关系,设计 BMEWOS 仿真模型体系结构,重点对 BMEWOS 体系对抗仿真的信息域和认知域模型进行建模。

第6章反导预警作战仿真模型服务资源管理。重点论述 MSCP 的硬件资源管理、模型资源管理、基础数据资源管理和任务调度管理方法。提出采用资源池技术的硬件资源管理方法;对模型资源提出全生命周期管理的理论;阐述 MSCP 任务调度管理的算法实现。

第7章反导预警作战仿真模型服务实现方法。从反导预警作战仿真系统的技术实现角度,论述从需求编辑到模拟执行的全过程实现。重点论述作战仿真需求编辑方法、模型服务组件的装配方法、模型服务的选择算法和模型服务的执行过程。

第8章反导预警作战仿真系统设计实现。提出"体系主导、模型驱动"的反导预警体系作战建模与仿真框架,在反导预警体系作战仿真模型服务架构的支撑下,基于 HLA 框架设计实现 BMEWOS 体系作战仿真原型系统,并利用原型系统进行仿真实验分析和体系效能评估,验证体系建模仿真和模型服务方法的正确性。

21

第2章　反导预警作战仿真建模与模型服务需求

反导预警作为一个作战体系,对其分析需要采取科学的分析方法,才能全面把握它的使命任务、作战能力和体系构成,为建模仿真提供军事问题空间的全面描述。本章概述作战体系的含义和特点,给出作战体系的分析框架,在全面分析反导预警作战仿真军事架构的基础上,提出其建模仿真与模型服务的需求。

2.1　作战体系及其分析框架

作战体系的本质是体系,体系具有一定的体系结构。要真正认识事物的运行规律和行为模式,必须明晰其体系构成和结构关系,这是科学、准确地认识和把握复杂系统的基本前提。

2.1.1　体系与体系结构

要理解作战体系的内涵,首先要明确体系与体系结构的含义。

体系是系统的更高阶段和形式,是由多个系统组成的大系统,是系统的系统[48]。

体系结构又称架构,目前,在系统工程和信息系统工程领域还没有一个能被学者们普遍接受的体系结构定义。其代表性的定义有:

定义 1[①]　系统各部件的结构、它们之间的关系以及制约它们设计和随时间演化的原则和指南。

定义 2[49]　用来明确信息系统组成单元的结构及其关系,以及指导系统设计和演进的原则与指南,涵盖了系统组成单元的结构,组成单元之间的交互关系、约束、行为,以及系统的设计、演化原则等方面的内容。

---

① C⁴ISR Architecture Working Group. C⁴ISR Architecture Framework Version 2.0. The UnitedStates: Department of Defense,1997。

2.1.2 作战体系

作战体系是把体系引入作战理论研究领域后的产物。对于作战体系,不同的专家学者给出了不同的定义。

定义 1 作战体系是由各种作战系统按照一定的指挥关系、组织关系和运行机制构成的有机整体。如信息化作战体系是以网络化信息系统为基础、多种作战系统有机组合,具有指挥控制一体、多维对抗联动、综合保障高效等特征的有机整体。

定义 2[50] 作战体系是指按一定的战略、战役目的将人员和武器装备系统通过 C^4ISR 有机连接起来的一个整体系统。

定义 3[48] 作为被赋予了作战使命和任务而存在的体系,作战体系是指由各种作战要素、作战单元、作战系统按一定的结构进行组织连接起来,并按相应机理实施运作的整体系统。

可见,作战体系是一个庞大、复杂、多层次的综合体系,是由相互联系、相互作用、相互关联的若干作战要素和作战单元综合集成的具有特定功能的有机整体。其基本特点包括[52]:第一,作战体系的主体是与作战相关的系统。与作战相关的系统不仅包括作战力量,还包括保障力量,以及由各种战场空间组成的战场系统;第二,作战体系的行为指向是为达成特定的作战目的;第三,作战体系是具有一定组织结构的有机整体,并具有统一的行为,不是简单的加和性系统,而是通过相互作用可以涌现出原有系统所不具备的特征;第四,作战体系处于动态复杂的战场环境之中,属于典型的复杂系统。

2.1.3 作战体系与装备体系辨析

从仿真的目标来看,军事领域的体系主要分为武器装备体系和作战体系两类[42]。武器装备体系是由功能上相互联系、性能上相互补充的各类武器装备系统,按一定结构综合集成的更高层次的武器系统。简单来说,武器装备体系就是按一定的作战目的,将一定数量、不同种类与型号的主战装备系统、信息装备系统、保障装备系统和一定数量的人员通过信息交互手段有机连接起来的一个整体。而作战体系是按一定的战略、战役、战术目的,以一定的编配方案、组织结构和指挥关系,通过各种指挥控制系统,将各军兵种的不同种类、不同数量的作战系统或建制单位有机组织起来的一个整体。

关于作战体系与装备体系的关系有两种观点[53]:第一种观点认为,武器装备体系是一个由既相互联系又相互制约的各个武器装备系统所构成的复杂的有机整体,是作战体的重要组成部分;第二种观点认为,武器装备体系是为完成一定作战任务,由功能上相互联系、相互作用、火力信息一体的各种武器装备系统组成的更高层次的大系统,是作战体系的物质技术基础。

这两种观点都有一定的道理,要正确理解作战体系,需要把握二者的不同:

(1) 二者的着眼点不同。武器装备体系以武器装备为主要着眼点,强调由武器装备形成的整体;而作战体系则是以作战为主要着眼点,强调武器装备与作战要素结合形成的整体。从应用上看,武器装备体系应该服从于作战体系的需求,属于上下层体系的关系。

(2) 二者赖以存在的基础不同。武器装备体系的基础是武器装备,如部队主战装备、信息装备和保障装备共同构成了信息化条件下的武器装备体系。作战体系的基础是兵力,兵力的基础是人员、武器装备、编制编成及作战条令。美军认为战斗力只存在于体系之中,这实际上强调了武器装备、人员及作战理论相结合的重要性。

(3) 二者研究的侧重点不同。武器装备体系更加注重研究武器装备的性能、组合和作战运用,即武器装备的编配组合或性能改进对作战任务的影响。而作战体系更注重整体力量构成、组织协调及使用策略的研究。作战体系定义中强调组织结构、流程和网络系统,通过对作战体系内部系统间组织结构、信息流程的改变来提高作战体系的效能。

综上所述,本书认为武器装备体系是作战体系的重要构成,是体系作战能力的基础。此外,信息作战条件下,指挥关系、保障关系等也非常重要。这些作战要素共同构成了作战体系。因此,对作战体系的理解应该着眼于其组织结构、逻辑和功能的抽象,通过构建分析框架,采用层次化的方法对其进行全面的把握。

2.1.4 作战体系分析框架

作战体系关联要素包含作战使命、作战任务、作战能力、体系架构与作战系统。对作战体系进行分析,可以依据图2-1所示的分析框架,按照使命层、任务层、能力层、体系层和系统层的顺序逐层分解,全面系统分析,以达到对作战体系的整体认识。

作战体系分析的目标是为作战体系建模与仿真提供一个军事架构,为作战体系的概念建模提供仿真建模背景和领域知识的输入。作战体系分析可采用自顶向下、逐层分解的方式进行。战略提出使命,使命赋予任务、任务呼唤能力、能力催生体系、体系源自系统。

作战体系的分析步骤如下:

(1) 作战使命分析。作战使命是作战体系形成与发展演化的驱动力,是赋予作战体系活力的第一要素。作战使命来源于国家或军队的战略方针和战略构

使命层　使命目标 → 作战环境 → 作战样式　作战使命分析

任务层　作战任务 → 任务标准 → 任务序列　作战任务分析

能力层　能力需求 → 能力标准 → 能力结构　作战能力分析

体系层　作战体系 → 体系结构 → 体系能力　体系构成分析

系统层　装备系统 → 指挥系统 → 保障系统　作战系统分析

使命到任务　任务到能力　能力到体系　体系到系统

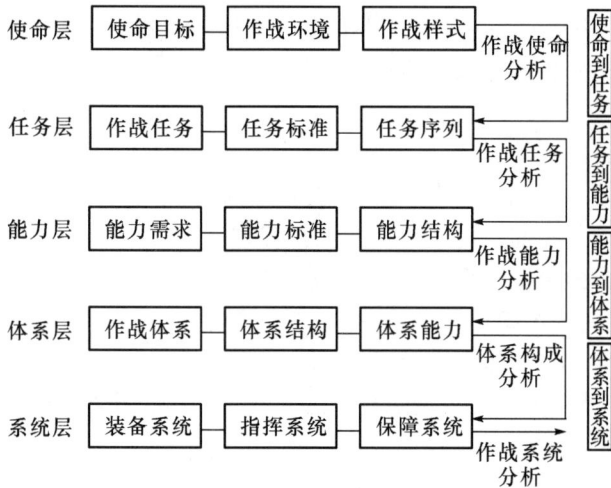

图 2-1　作战体系分析框架

想。使命分析主要分析在一定的战略构想下,作战体系要承担的作战使命内容。

（2）作战任务分析。作战任务是作战使命的分解和细化,是作战系统分布与协作的基础,是作战力量形成的直接动力。抽象的作战使命经过解释与分解细化后得到具体的可执行的任务。作战体系的使命是宏观的,使命的执行需要分解到任务系统。

（3）作战能力分析。作战能力是作战体系在完成一定的作战任务时所表现出来的功用和效能。作战能力分析是对作战使命驱动下完成规定作战任务所需功能和具备能力的解析。

（4）体系构成分析。作战体系是作战系统的集成,也是体系作战能力形成的基础。体系构成分析是对完成一定作战任务的作战体系构成的分析,即在一定的作战能力需求下对体系结构和体系构成组分的分析。确定体系的作战构成是体系运作分析的前提和基础。

（5）作战系统分析。作战体系中的作战系统是独立运作的个体,是模块化的兵力单元。作战系统具备独立运作的能力,是作战能力的载体,作战系统的聚集形成作战力量。根据建模仿真分辨率的不同,作战系统还可以进一步分解为作战单元。作战单元是作战系统的组成成分,作战单元并不能代替作战系统,作战单元的有机组合才能形成功能化的作战系统。

2.2　反导预警作战军事架构分析

反导预警作战是空天作战体系的有机组成部分和重要支撑,它以情报信息的形式参与空天作战行动,是空天作战不可或缺的作战要素。下面依据作战体系分析框架对反导预警作战的军事架构进行全面分析。

2.2.1 作战使命分析

反导预警体系是综合利用侦察、监视和探测手段,对来自空天的战略袭击武器和威胁目标进行早期发现、跟踪、识别和实时报知,并引导防御武器拦截摧毁威胁目标的综合预警探测系统,其使命是及时发现、准确掌握各种弹道导弹和其他空间威胁目标,为组织反导作战、反卫与空间攻防和战略反击等作战行动提供实时预警信息保障。具体而言,其作战使命如下:

第一,基本使命是保障空天防御作战。空天防御是指抵御和抗击来自空天和经过空天的军事威胁所采取的一切行动与措施,主要包括防空作战、反导作战、反卫与空间攻防行动,以及针对空天威胁所采取的防护措施。空天防御是防空作战的拓展,反导预警也是防空预警的拓展,都是战争形态发展的历史必然。

第二,核心使命是提供反导预警情报信息。空天防御作战是高度信息化、精确化的防御作战,需要实时、准确、不间断的反导预警信息保障,有了导弹预警情报的支持,就可以与导弹防御打击系统一起,拦截摧毁高速、机动、多种突防手段的来袭弹道导弹等空天兵器和威胁目标。有了导弹预警情报的支持,就能反推导弹发点位置,为战略核常反击决策和打击提供直接情报依据,使“预警即反击”成为可能。

第三,拓展使命是统筹战略核常反击、空天进攻等多种军事行动的需求。空天防御作战把航空与航天空间作为一个整体,综合运用诸军兵种的地、海、空、天、电攻防力量,以主动性防御、攻防一体作战,抵御和遏制强敌进攻的行动。反导预警可以为组织实施空天防御作战提供信息保障,为战略核常反击、空天进攻、军事航空航天等多种军事行动提供信息保障,可以严密监视掌握有关国家弹道导弹、卫星发射试验情况以及空间武器运行动态,为国家的政治、外交斗争提供情报支持。

2.2.2 作战任务分析

反导预警作战的主要作战任务:一是探测弹道导弹、中低轨军事航天器,对各类威胁目标位置、特征和敌我整体态势进行实时报知;二是兼顾探测临近空间飞行器、隐身飞机等空中目标;三是保障反导作战、反卫与空间攻防行动和战略核常反击作战行动;四是担负反导预警指挥控制与协同,空天目标预警信息接收、处理和分发等任务。

2.2.3 作战能力分析

反导预警作战应能够为遏制敌方在空天领域的战略威慑和应对周边潜在对手的弹道导弹威胁提供有效的预警情报保障,具体的能力要求包括早期预警能力、全空域探测能力、全时域监视能力和多探测源相互印证能力[4]。

1. 早期预警能力

弹道导弹飞行速度快,飞行时间短,留给反导作战的准备时间有限,且拦截困难,因此,只有尽早发现来袭目标,为反导火力系统、指挥控制系统提供尽可能多的反导准备时间,才能通过多次拦截的方式提高反导作战的成功率。使命任务要求 BMEWOS 要形成陆、海、空、天有机衔接,覆盖全球主要区域的反导预警监视网,能够在弹道导弹发射后尽快提供告警,提供发射阵位、飞行方向等信息;对来袭的中程、远程和洲际弹道导弹提供尽可能多的预警时间,能够全向预警、跟踪识别,保障反导武器对有限规模、多弹头弹道导弹攻击进行中段拦截和末段高、低两层拦截。

2. 全空域探测能力

战区、远程和洲际弹道导弹飞行过程横跨多个空域,如射程为 3000km 的战区弹道导弹最大飞行高度为 700km,横跨空中、临近空间和空间,射程越远,最大飞行高度越高。因此,反导预警体系必须具备对全空域的探测能力,才能实现对弹道导弹的早期发现和连续跟踪,从而为反导预警提供强有力的预警情报信息支援。

3. 全时域监视能力

首先,反导预警作战除为反导作战提供早期预警情报外,还应为反导作战提供目标指示信息,引导拦截火力实施反导作战,实现分段多次拦截,因此,反导预警体系必须具备对弹道导弹飞行全程的连续跟踪监视能力;其次,弹道导弹的发射通常采取发射井发射、机动发射和潜射的方式,决定了实施弹道导弹攻击具备突然性的特点,所以不仅是战时,平时也必须对敌方弹道导弹发射阵位实施不间断的连续监视,才能及时发现弹道导弹发射征兆。可见,反导预警作战系统应具备对威胁目标的全时域监视能力。

4. 多探测源信息相互印证能力

弹道导弹从初段到中段再到末段,各段特征不同,靠单一探测手段难以实现全程连续跟踪监视。而且弹道导弹在飞行中段通常伴有假目标诱饵,这些诱饵通过模仿弹道导弹的红外、雷达反射和外形等特性,达到以假乱真,欺骗反导预警体系的目的。对此,反导预警体系必须具备对弹道导弹目标特性的多种探测手段,才能通过对多种特性的综合分析,去伪存真,识别真实目标,为反导作战提供准确的目标指示信息。因此,反导预警作战系统必须具备多探测源信息印证能力,才能全程为反导作战提供准确的目标信息情报。

2.2.4 体系构成分析

构成反导预警作战体的要素很多,体系构成的划分也不尽相同,通常以基本要素来考察其组成的子系统和体系,尤其要定量研究作战体系,必须合理取舍体系组成的要素,研究主要和基本的体系构成。本书从装备体系、指挥体系和保障体系三个维度来分析反导预警作战体系的结构,如图 2 - 2 所示。合理构建和分析反导预警作战体系的总体结构是反导预警作战仿真发挥效能与作战运用的基础和保证。

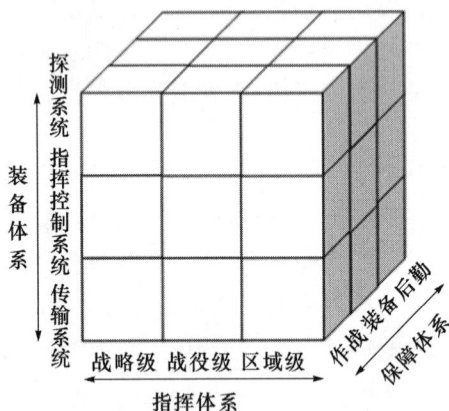

图 2 - 2　反导预警作战体系总体结构

1. 装备体系

反导预警装备体系是由天基情报网、空基情报网和地基情报网组成探测系统,由通信卫星、通信网和相应通信交换枢纽等组成的宽带信息通信网为信息传输系统,通过指挥控制系统的统一协调管理,构成一体化的多元立体预警体系,其结构如图 2 - 3 所示。

1) 探测系统

反导预警探测系统由天基红外预警系统、远程相控阵预警雷达系统、多功能地基雷达系统和天波超视距雷达系统等装备系统组成,如图 2 - 4 所示。

(1) 天基红外预警系统用于对弹道导弹助推段的预警探测,其红外探测器可发现助推段飞行的弹道导弹尾焰,可以近实时地提供弹道导弹发射的粗略预警信息,使导弹防御系统有足够时间做出反应。同时,它还为远程相控阵雷达探测提供初始化信息,以便进一步跟踪。弹道导弹助推段的时间一般在十几秒到

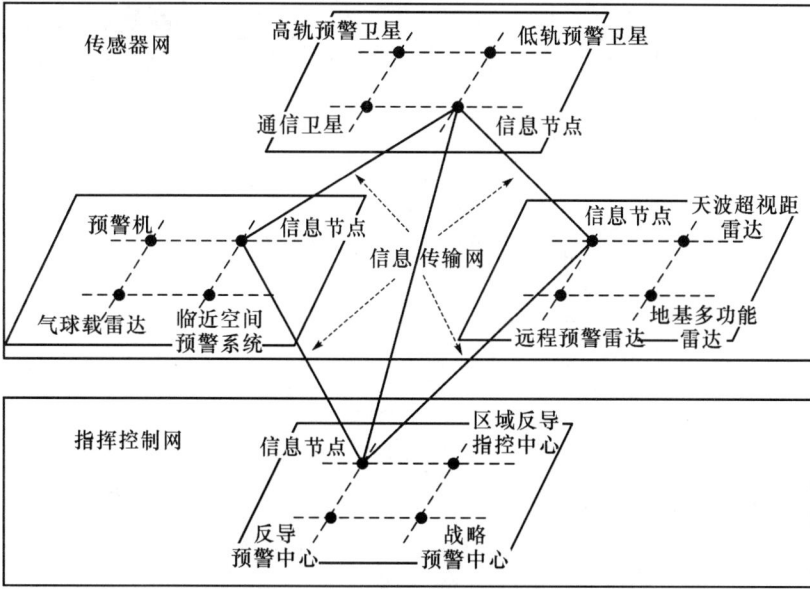

图 2 - 3　反导预警装备体系结构

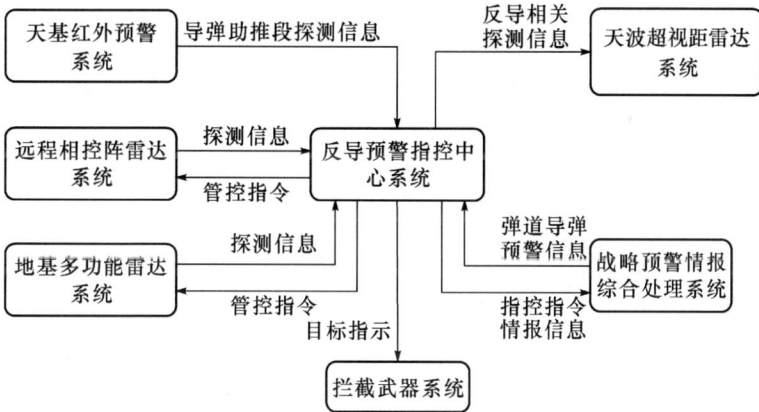

图 2 - 4　反导预警探测系统组成

几百秒范围,其关机点位置及速度对导弹的射程和落点起着决定性作用,是天基红外预警系统重点要掌握的情报信息。

天基红外预警系统基本组成如图 2 - 5 所示,可由若干颗大椭圆轨道红外预警卫星和静止轨道红外预警卫星组成,以形成对全球弹道导弹发射和助推段飞行的探测能力。预警中心信息处理系统对卫星发回地面的信号进行分析处理,可计算弹道导弹的方位、位置等信息。

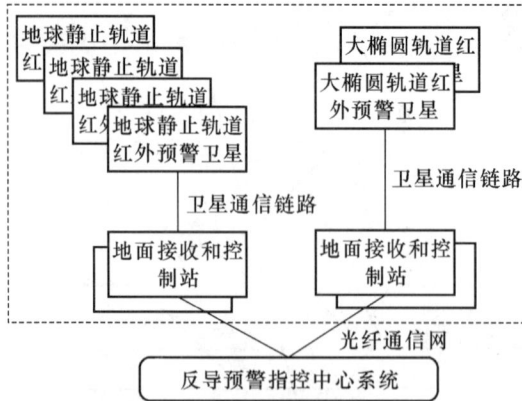

图 2 – 5 天基红外预警系统组成

（2）远程相控阵预警雷达用于探测雷达视距内飞行的弹道导弹,是地面最早发现来袭弹道导弹的装备,并可兼顾对空间目标的监视。如图 2 – 6 所示,雷达地面站与远程相控阵雷达配套建设,其作用是对雷达直接管理和控制,并对雷达探测到的原始数据进行初步的处理,生成的数据和信息通过光纤通信网传送给反导预警指挥控制中心系统。

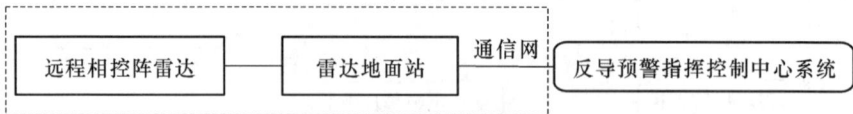

图 2 – 6 远程相控阵预警雷达系统组成

反导预警中心系统根据天基红外预警系统探测到的导弹上升段信息以及其他情报信息、弹道导弹资料库数据,对弹道导弹飞行轨迹进行预测,产生对远程相控阵雷达的控制指令,使其对指定区域进行重点扫描,以较大的概率尽早发现目标。

（3）多功能地基雷达系统主要用于在远程相控阵预警雷达或导弹预警卫星预警信息引导下,精确跟踪和识别中段飞行的弹道导弹。其结构如图 2 – 7 所示,由多功能地基雷达、雷达地面站以及通信系统组成。雷达地面站与地面多功能雷达配套建设,其作用是对雷达直接管理和控制,并对雷达探测到原始数据进行初步的处理,生成的数据和信息通过光纤通信网传送给反导预警指挥控制中心系统;同时根据反导预警指挥控制中心的指令,可通过数据链将雷达信息实时传给武器系统,对拦截武器进行目标指示,实现地基多功能雷达与武器系统的交联。

图 2-7 多功能地基雷达系统组成

（4）天波超视距雷达系统主要用于远程防空预警,也可担负弹道导弹主动段探测任务。在反导预警体系内,天波超视距雷达在导弹预警卫星预警信息引导下,探测主动段飞行的弹道导弹,为预警指挥控制中心提供弹道导弹早期预警情报。如图 2-8 所示,天波超视距雷达系统主要由发射站、接收站、中控站和监测站四大部分组成。发射站的作用主要是产生与发射方向和频率均可变的大功率高频信号作为雷达的探测波束,并结合监测站提供的电离层情况,自动选择发射机的工作频率,实现对预定空域的最佳探测。接收站的作用主要是选择接收和放大目标散射的微弱回波,并从中提取出目标的有效信息送到中控站。监测站的作用主要是对电离层状况进行探测,为雷达选频和目标精确测量提供依据。中控站主要担负着天波雷达的指挥、控制和通信中枢的作用,对雷达探测到原始数据进行初步的处理,生成的数据和信息通过光纤通信网传送给反导预警指挥控制中心系统。

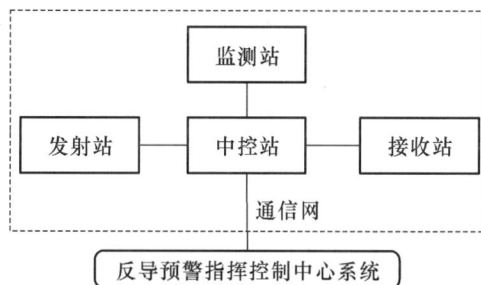

图 2-8 天波超视距雷达系统组成

2）反导预警指挥控制中心系统

反导预警指挥控制中心系统是整个反导预警装备体系的中枢,接收各类传感器的数据,并按照预警任务要求对数据进行处理,生成预警态势。同时反导预警指挥控制中心系统还担负对天基红外预警系统、远程相控阵预警雷达、多功能地基雷达的指挥控制,实现传感器资源的最优配置。反导预警指挥控制中心既可以单独配置,也可以和反导作战管理指挥控制中心（BM/C^{3}I）配置在一起。它能够接收各传感器提供的目标数据,进行处理、融合,综合分析,进而进行威胁判断,确定目标威胁程度和等级,向各作战单元分发预警信息,进行网络管理以及任务交接等。反导预警指挥控制中心系统组成如图2-9所示。

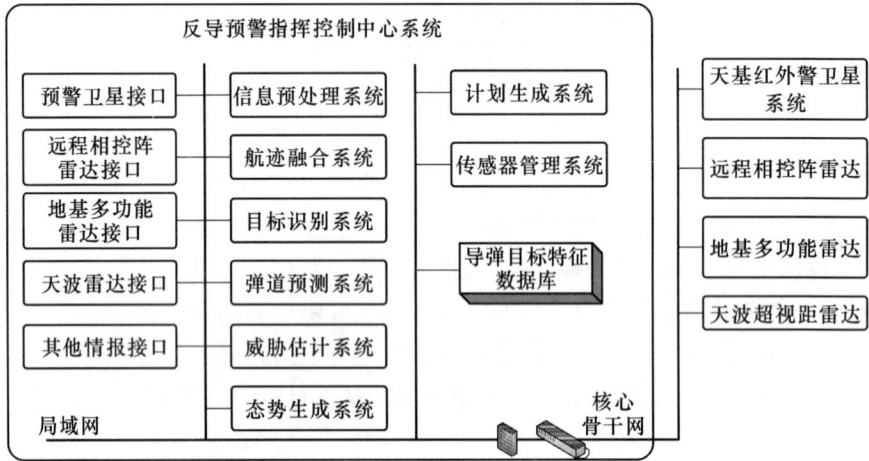

图2-9 反导预警指挥控制中心系统组成

3) 信息传输系统

信息传输系统是作战体系的"神经",是作战体系信息化的重要标志,对作战体系的构建与运行发挥着关键性的作用。它利用天基、空基、地基等多维化的信息传输系统与卫星、有线、无线等多样化的信息传输方式,将作战体系的各个系统、有形无形的节点,有机地编织在统一的网络之内,形成覆盖全维空间,无缝隙、大容量、高速率的网络大系统,使作战体系的各要素和系统间实现无缝隙连接,实现预警信息的快速传递,指挥控制命令的及时传达以及态势信息的迅速分发。

2. 指挥体系

反导预警指挥体系按战略级、战役级、区域级三级建立,主要担负预警指挥控制、信息融合分发、威胁判断、态势生成和战勤管理等职能。依托一体化指挥系统和预警信息网络,实现反导预警体系内各系统的综合集成。

反导预警指挥体系的指挥控制关系如图2-10所示。反导预警指挥体系由战略级的战略预警中心、战役级的反导预警中心和区域级的地基反导预警部队组成。战略预警中心负责组织战略预警体系的运行和管理,统一调配预警资源,指挥重大预警行动。反导预警中心负责反导预警系统的战勤管理和行动指挥控制。地基反导预警部队负责具体指挥控制所属、配属部(分)队的战术行动。

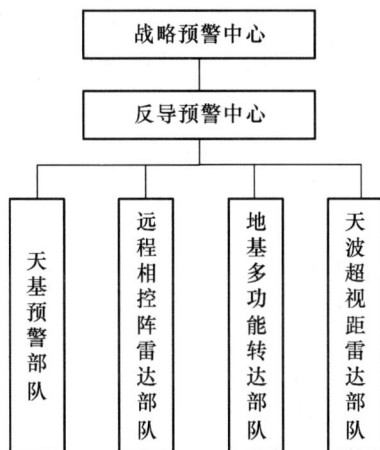

图 2-10　反导预警指挥体系的指挥控制关系

3. 保障体系

反导预警体系作战全域性、精确性、实时性等特点,以及其作战环境的复杂性、力量的多元性,要求建立网络化、可视化、精确化的综合保障系统,实现迅速、精确的保障,以满足反导预警作战保障精度高、时效性强等要求。反导预警保障体系按照功能可以划分为作战保障、后勤保障、装备保障等系统。

作战保障系统以信息化、网络化为基本特征,主要担负情报、通信、气象、阵地等方面的保障以及战场防护等。由情报、通信、气象等部门和专业队伍组成。

后勤保障系统由财务、军需、营房、运输、物资、油料、卫生等部门和专业后勤队伍组成,包括物资保障、生活保障、卫生保障、运输保障等分系统。

装备保障系统由部队装备保障力量,装备科研部门,地方航空航天、电子工业部门的专业技术队伍和保障设备系统等组成。装备保障系统的主要任务是根据反导预警作战的需要,对作战和保障装备实施调配、维护、修理和改装等。

2.3　反导预警作战仿真与模型服务需求分析

反导预警作为一个作战体系,呈现复杂系统的许多特性,对建模方法、仿真平台和仿真应用都提出了新的需求。分析这些需求,用需求来牵引反导预警建模仿真过程,是实现反导预警作战建模仿真有效性的基础。

2.3.1　作战体系建模仿真需求

作战体系建模与仿真是根据作战需求,通过体系建模分析与体系对抗仿真,

33

优化作战体系诸要素及系统结构,寻求作战体系最佳制胜功能的过程。作战体系建模仿真的特点和要点具有共性,是反导预警作战建模仿真时需要考虑和解决的。

1. 作战体系建模仿真特点

总体上看,作战体系建模与仿真要突出基于信息系统的体系作战能力的相关特点:

(1)体现出信息网络对体系作战能力的聚合作用。即反映出信息火力一体、指挥控制方式、作战空间环境、作战应用流程、综合保障配套和形成体系作战能力的过程。

(2)体现信息流对物质流和能量流主导控制作用。即反映出以信息流为主线,通过控制物质流,能量流的流向、流速、流量,体现作战体系的融合、作战资源的分配、作战行动的协调和作战能量的释放过程。

(3)体现基于信息系统的体系作战能力的作用机理。即反映出在信息域、认知域和物理域中体系作战能力的运用过程。

2. 作战体系建模仿真要点

(1)作战体系的静态结构。以体系结构和信息流程的表现形式,分别对组织结构网络、信息网络和指挥控制网络进行重点建模,反映组织结构、网络的拓扑结构和信息/指控流向。

(2)体系作战的动态过程。对作战实体的动态行为逻辑从多作用域展开建模,包括对物理域的交战行动、信息域的信息处理过程、认知域的指挥决策行为的建模,准确表现体系作战动态过程。

(3)体系效能评价。通过交互模型,包括物理域的探测、毁伤效果计算模型,信息域的网络评估模型,认知域的行为效果影响模型以及综合效能评估模型对作战体系的整体效能进行评价。

2.3.2 反导预警作战建模仿真需求

反导预警作战是一个复杂巨系统,具有区别于其他作战体系的显著特点:一是涵盖领域广,空间范围大,从地面、海面到空中、空间都有作战平台,覆盖的科技领域宽,技术含量高;二是组分种类多,不仅包括装备体系,而且包括指挥体系和保障体系,每一个子体系下又都包含诸多的作战系统;三是涉及的范围宽,不仅战略性突出,而且具有战役战术层面的问题;四是作战活动内容多,包括方案制定、力量使用、情报组织、指挥控制、协同支援、综合保障等过程;五是作战时效性强,作战活动从开始到结束往往只有几分钟到几十分钟的时间,对指挥流程和作战准备要求高;六是体系对抗剧烈,反导预警作战是反导预警作战与弹道导弹体系之间的体系对抗,涉及电子对抗、诱饵干扰、信息对抗等过程。反导预警体系作战的这些特点都对建模仿真的理论、方法和技术提出了更高的需求。这些需求主要包括以下方面。

1. 一体化的建模仿真框架支持

建模仿真框架规范了建模方法、建模过程、模型的组合方式,对仿真平台架构和仿真运行框架有指导作用。高效的建模仿真框架能够提高模型重用性和互操作性,便于有效地开发和使用建模仿真资源,有利于促进仿真应用过程。

反导预警作战建模仿真的复杂性决定了它需要一个通用的建模仿真框架的支持。这个通用的建模仿真框架应包括仿真概念建模框架、仿真模型体系框架、仿真模型驱动框架和仿真实现运行框架,能够有效实现反导预警作战从问题域到仿真域的仿真过程。

仿真概念建模框架,主要用于确立体系概念模型的建立方法,能够表达反导预警作战的结构、过程和功能等,提供对问题域使命空间的一致性描述,为领域专家描述作战体系的结构化特性、体系应用过程以及过程中实体间交互提供了基本的建模框架,为精确定义作战体系的结构、功能及过程提供概念建模方法及工具支持。

仿真模型体系框架,主要用于概述仿真模型的体系结构,提供对支撑反导预警体系对抗仿真的模型分类、层次结构及其相互关系的描述。模型体系既要能够抽象出全战争作用域内的特征实体,又要能够表现体系在作战过程中的运行规律。

仿真模型驱动框架,主要用于规范不同层次的仿真模型转换过程,设计平台无关模型到平台相关模型,平台相关模型到程序模型的映射规则和转换框架,实现从概念模型到仿真运行模型的自动化过程,提高仿真模型的重用性和开发效率。

仿真实现运行框架,用于解决如何将模型开发框架形成的模型部署到特定的仿真平台,设计实现仿真系统架构,确定其仿真策略,支持仿真运行和仿真实验过程。

2. 模型独立于仿真平台

由于反导预警作战是典型的多领域联合建模仿真,不同领域使用的仿真平台可能具有较大差异,平台底层提供的各种服务通常与领域建模目的无关,模型独立于仿真平台可以增强仿真模型的重用性及可移植性,提高模型开发的效率。这就要求建模时,建立领域高层抽象模型,提供基本的模型元素和开发工具,辅助不同领域的人员开发各个层次模型,并设计相应的模型映射规则和转换框架,减少模型开发与集成的难度,以保证模型能够采取统一的机制与其他模型进行转换和集成。模型的平台无关性还可以使用户专注于领域模型的核心功能和算法的开发,而不是把主要精力放在底层技术细节的实现上。因此,反导预警作战建模仿真应该符合模型驱动过程,使用模型来直接引导体系仿真的理解、设计、建立、部署、运行和维护流程,提高反导预警作战仿真系统开发效率。

3. 完备的体系对抗仿真模型体系

反导预警作战过程复杂、面临的战场环境多变,涉及的实体多,关系复杂,更加需要有完备、可信、成体系的仿真模型,以支持反导预警作战模拟训练、装备体系论证和作战战法研究。因此,其建模仿真需要构建一个涵盖物理域、信息域和认识域,并且能够支持体系效能评估的完备的体系对抗仿真模型体系。仿真模型体系要包括众多的不同层次、不同领域的仿真模型,能够从整体上来描述预警体系对抗仿真中所包含的模型及相互关系,为仿真平台的设计、实现奠定研究基础。在仿真过程上,反导预警作战模型体系应包括概念模型、数学逻辑模型和程序模型等各抽象层次的模型。在应用上,反导预警作战仿真模型体系应包括仿真域内能够保证仿真可信性所需的各种模型类型,主要有:

(1)体系结构模型。采用多视图的方式和建模语言对反导预警作战的体系结构进行形式化的表达,主要描述作战体系的组织结构、作战节点的连接关系、作战信息流程、作战时序关系和信息交互关系等。

(2)实体对象模型。描述体系节点对应的实体对象的属性及作战特性,主要包括天波超距雷达模型、远程相控阵雷达模型、地基多功能雷达模型、红外预警卫星和弹道导弹模型等,对作战节点实体对象的工作模式、应用时机、工作特性和作战能力等进行描述。

(3)指挥行为模型。描述反导预警作战指挥决策过程,主要包括目标综合识别、目标威胁估计、弹道预报、情报协同和情报处理模型等指挥决策过程模型。

(4)装备行动模型。主要描述弹道导弹及反导预警装备的作战活动过程。主要有:预警探测模型,包括反导预警装备对目标的搜索、跟踪和监视模型;弹道导弹突防模型,包括飞行弹道模型,诱饵施放模型和电子干扰模型等。

(5)实体交互模型。主要描述作战节点实体对象间的信息交换,反映节点实体之间的相互感知或影响。主要包括:指挥控制交互模型,描述反导预警装备系统与指挥控制系统间的信息传递与响应;信息对抗模型,描述弹道导弹突防时与预警探测装备间的信息对抗交互情况。

(6)体系效能评估模型。主要包括:设计反导预警作战效能评估指标体系,建立指标量化模型和选择效能评估方法。

4. 功能完善的仿真实验平台

根据反导预警体系作战仿真需要,仿真实验平台要面向特定的仿真目的,支持仿真运行并收集相应的运行数据,以支持仿真实验分析等仿真应用,具备想定开发、体系作战过程仿真、仿真运行控制与管理、信息管理和多维态势显示等主要功能。

（1）想定开发提供想定框架生成、想定编辑以及想定资源管理等方面的功能。想定框架生成提供想定开发环境,与想定编辑一起共同支持用户建立或修改仿真想定;想定资源管理主要用于管理面向不同仿真实验任务的想定文件,便于用户分析、管理想定。

（2）体系作战过程仿真。能够对远程相控阵预警雷达、多功能地基雷达、红外预警卫星等装备体系实体和弹道导弹的探测活动过程进行仿真,对指挥体系在反导预警作战中的指挥决策过程进行仿真。

（3）仿真运行控制与管理。主要包括运行控制、数据管理、实验数据分析等。运行控制主要执行仿真系统的启/停、模型加载、过程回放和运行干预等功能。仿真运行期间会产生大量的数据,数据管理为实验分析人员提供了控制、过滤无关数据的手段,并支持运行数据存储与表现。实验数据分析则为用户提供数据分析、融合的方法,辅助用户对数据进行分析与评估。

（4）信息管理。主要用于提供统一的信息管理方法,管理不同格式、不同形式的信息数据。提供数据编辑功能,支持用户以直观的方式管理系统信息;提供信息的多种样式显示,支持信息浏览功能;为仿真实验和数据分析提供数据访问接口,便于其他系统在使用实验数据时保持实验、分析和评估的一致性。

2.3.3　反导预警体系作战仿真模型服务需求

从满足作战仿真系统建设对各类军事模型的需求出发,兼顾模拟训练系统及作战实验系统的建设,模型服务中心应具备以下功能。

1. 建立作战仿真模型对象体系

通过作战仿真模型服务,统一军事模型开发标准,明确模型交互接口规范,实现模型的标准化。进行模型开发统筹管理,在依据反导预警作战仿真系统对军事模型需求所制定军事模型建模标准的基础之上,对模型可进行合理的分类和分层,明确模型间相互的关系,科学制定规划,部署模型开发任务,通过合理的调配军事模型建设资源,提高建模效率,避免低水平的重复研究。实现这一目标的基础是建立合理的模型对象体系,其目的是使用标准的模型对象类和在将来的仿真系统中使用的模型对象类属性定义兼容,为模型资源的重用与扩展打下基础。

2. 能够提供虚拟化的硬件资源管理

硬件资源管理是模型服务中心的一项基础功能,为减少系统硬件投资的成本,硬件资源的有效共享也是作战仿真模型服务的重要目标之一。硬件资源的管理包括对计算资源的管理、存储资源的管理、网络资源的管理等。这些资源在物理上以分布式的共享方式存在,但最终在逻辑上以虚拟单一整体的形式呈现。

3. 能够提供作战仿真模型全生命周期管理

模型资源的管理又称为模型的全生命周期管理,功能包括从模型立项、过程开发、验证评审、模型注册入库、信息发布、信息查询、模型动态评估、模型的远程服务调用和最后的模型注销等一系列的模型服务管理功能。模型只有管好,才能服务好。管是前提,服务是目的。

4. 能够提供方便快捷的计算服务

计算服务包含两种方式:一种是直接在模型服务器上进行计算,适用于集中存储的公共基础模型;另一种是系统将用户的计算请求通过系统的注册请求服务器分发到模型开发者的模型服务器上,该服务器根据模型的保密等级、用户的使用权限等进行计算,然后再将计算结果返回给用户,适用于分布存储的版权等级较高的专业模型。

5. 能够提供作战仿真模型运行服务

模型运行服务,即为模型引擎,它从作战层模拟的基础模型库中提取模型,引擎独立于仿真应用,仿真的所有的与应用有关的部分都在引擎的外面。模型运行服务改变传统的下载复制式的静态共享方式,通过提供模型服务运行平台,使模型使用者不需要关心模型在哪里、归属于谁、模型的内部实现细节,也不需要提供模型的运行计算环境等,只需掌握调用模型的接口及参数,通过网络异地提出服务要求,即可获得模型的运行结果。同时这种共享方式避免了传统下载共享带来的模型开发知识产权问题,可有效地保护开发者的权益。模型计算服务包括模型资源发现、服务聚合、服务运行等。

6. 能够提供工作流管理

工作流包括工作流结构、工作流模型、工作流组合以及 QoS 约束四个关键因素。一个工作流是由多个人物依据他们相互之间的依赖关系连接而成的,工作流模型描述了工作流的任务定义和结构定义,工作流组合是指把多个组件装配成为一个工作流。

7. 能够提供网络安全管理

安全服务是最基本的网络服务之一。关于网络安全管理,本书不做更深入的论述,系统将采用成熟的网络安全管理技术来实现。

第3章　反导预警作战仿真模型服务框架

目前,"云计算"正成为信息领域研究的热点,它在用户通过网络及云计算平台随时随地按需获得计算服务能力方面取得了较大进展。本章将对模型服务平台的特征、研究目标和服务模型进行分析,提出采用云计算技术,进一步融合网格、普适计算和高性能计算等技术,构建一种新的基于云计算的支撑反导预警作战仿真的模型服务云平台。

3.1　基于对象模型的典型仿真框架分析

基于对象模型的仿真框架,是利用面向对象的分析技术,对建模仿真的相关因素进行分析和建模,研究如何利用泛化、关联、多态等分析方法,划分仿真系统中各种仿真对象和对象之间的相互关系,进而建立建模仿真的对象模型框架。在对 MSCP 框架结构进行论述前,首先了解国外几个典型的模型仿真框架。

3.1.1　FLAMES 系统及其对象模型体系框架

柔性分析建模和训练系统(Flexible Analysis Modeling and Exercise System,FLAMES)是一个商业化的开放体系的仿真框架,可以用于行为仿真开发和应用的所有方面。FLAMES 是一个框架,可以为多种类型的系统进行行为建模。这个框架是一个容易使用的、开放体系和高度定制化的产品。FLAMES 的体系结构如图 3 - 1 所示。

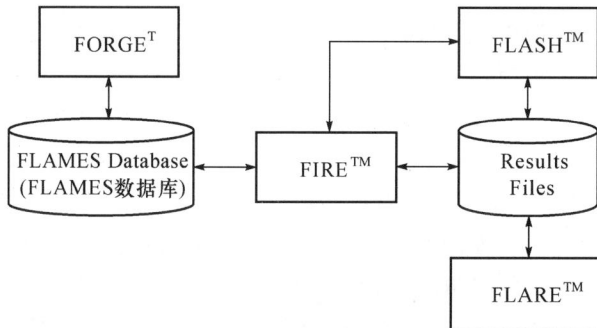

图 3 - 1　FLAMES 的体系结构

FORGE(The FLAMES Operational Requirements Graphical Editor)相当于想定编辑器,用于创建和编辑 FLAMES 的想定。FORGE 使用友好的图形用户界面,极大地简化了输入想定数据的任务。另外,二维和三维的颜色显示使得用户能够可视地创建想定。FORGE 将用户输入的数据存储到 FLAMES 的想定数据库中,这个数据库是常驻硬盘的数据库,由 FLAMES 的内核管理。提供了基于电子地图的图形化编辑界面,可导入 ArciInfo 的 SHP、MapInfo、DTED、DEM 等商业格式。

FIRE(The FLAMES Interactive Runtime Executable)相当于仿真引擎,是 FLAMES 的核心程序。FIRE 从 FLAMES 的数据库中提取想定,运行在想定中定义的模型。这些模型对环境、平台运动、传感器探测、干扰、通信处理、武器交互和人的行为和决策过程等方面进行仿真。通过严格地使用面向对象的编程原理和技术,引擎独立于仿真的应用,仿真的所有的与应用有关的部分都在引擎的外面。

FLASH(The FLAMES Scenario Highlighter)是仿真过程的回放器。

FLARE(The FLAMES Analysis and Reduction Nvironment)相当于资源库和分析系统。一个想定的输入可以指导 FIRE 有选择的记录运行结果,将结果记录在一个硬盘上的数据文件中。

FLAMES 内核是一系列软件服务的集合,提供了所有基于 FLAMES 的应用程序的基本构建块。这些服务包括管理计算机内存,创建和操作图形用户界面,管理存储在 FLAMES 想定数据库中的数据,创建和管理所有的建模对象,执行创建、运行和分析想定的必要操作。FLAMES 内核还定义了一个大的基类集合,所有的 FLAMES 模型从这些基类继承。这些基类包括环境模型、物理装备和人的认知模型。

3.1.2 JSIMS 仿真及其军事建模框架

美军联合作战模拟系统(Joint SIMulition System,JSIMS)是面向 21 世纪的联合作战而建立的训练模拟系统,其目的是:建立一个包括实兵模拟、虚拟模拟和结构模拟能力的综合的公共框架,使之最终能满足训练、检验和分析的需求;提供能适应战略和战术需要包括空间、运输和情报的实际作战水平的训练环境;建立公共模拟支持结构,协调模拟资源、程序和结果的共享;使用户能方便地生成和访问模拟环境以满足他们的需求,能在指挥系统、支持和被支持的组织以及其他模拟中心和用户之间自由地进行交互作用。

JSIMS 为高级司令官及其下属,以及其他组织提供了易于使用、可操作的联合训练演习环境,在这种合成环境中可以进行联合战勤训练、士兵和高级司令官的教育、制定和评估作战计划、确定作战需求、开发作战条令等。JSIMS 不仅提高了交互服务的可操作性,而且增强了联合作战司令官的联合作战参谋训练能力。

JSIMS 是单一的、分布式的无缝集成的模拟环境,由一个核心的基础设施和任务空间对象库组成。JSIMS 支持包括机动、部署、兵力运用、维持和再部署以及非战斗行动等军事作战的模拟训练。支持统一/特定指挥、分指挥以及联合特遣部队(JTF)的模拟训练。支持参联会通用联合任务清单(JSM3500.04)中所列出的国家战略、战区战略、作战和战术任务的特种训练需求。JSIMS 支持中等大小的战区,覆盖从战役到小队的大范围的作战空间。支持 2~30 个参与者参加模拟演习。向参加模拟的人提供二维或三维可视化的作战空间。对于分队级模拟提供三维可视化作战环境。

JSIMS 按照公共技术框架开发,其战场 C^4I 功能和设备的界面以及其他训练模拟系统在 HLA 意义下是兼容的,并使用任务空间概念模型和统一的数据标准。JSIMS 的核心对象和运行时所用的基础设施的构成和开发满足 HLA 要求。这些对象分别在海、陆、空各自的功能模块中开发。通过在联合合成作战空间(JSB)互操作生成综合的作战环境,该环境在战斗级别、事件同步和特定的联合训练想定的实现方面都是一致的。

JSIMS 是实际战场环境的镜像,其基本功能可分为三类:针对现有模拟系统的缺陷而要求的功能;适应用户的通用功能和核心功能;针对特定用户群的特殊要求而应具备的功能。

3.1.3 OneSAF 建模框架

OneSAF 对象系统(OneSAF Object System,OOS)主要支持未来美国军用领域对仿真的需求,为高级概念需求论证、训练/演习/军事行动和研究/开发/采办三类用户提供一个统一的综合仿真服务。OneSAF 系统包括一系列的作战行动、系统和控制过程,可以满足从单兵、平台到营级的仿真需求。

OneSAF 的开发工作分解为一系列的任务,包括事后回放、知识获取/知识工程、C^4I 接口和一些其他任务。部署任务负责设计和实现一个框架来整合其他任务的产品,并使系统的不同部分能够一起工作。集成框架必须开发一个综合的解决方案,包括完整的体系规范、系统需求说明书、一系列仿真服务的实现、项目过程和规范的开发。

集成框架实现了一系列的仿真服务,为 OneSAF 的开发提供了基础。图 3-2 显示了这些服务的划分。虽然图中没有清楚的显示接口界限,但是表明了基本的构成部分。最抽象的部分在上面,最基本的部分在底部。数据库服务提供基本的数据管理活动如存储、查询和版本控制等;通用组合服务包括坐标定义、登录服务、系统组合功能和其他整个系统通用的服务。仿真支撑层提供仿真服务如时间管理、事件回溯和对象分发等。

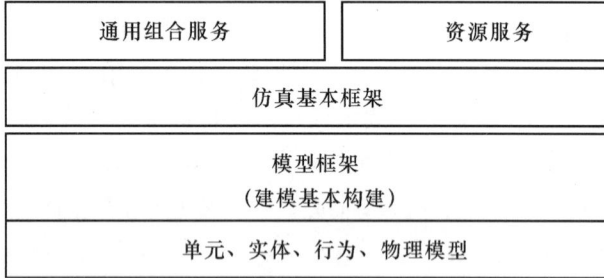

通用组合服务	资源服务
仿真基本框架	
模型框架 (建模基本构建)	
单元、实体、行为、物理模型	

图 3 - 2   OneSAF 中分层的接口视图

和许多以往的工作不同样,OneSAF 在开发建模框架和开发模型两者上做了彻底的区分。自从 2001 年 5 月以来,模型框架小组将开发建模框架作为集成框架工作的一部分,模型在另外的建模任务中开发。这种分离会得到更成熟的框架,也会使模型的开发更加有效和可信。

3.1.4 可扩展建模与仿真框架

目前,建立在互联网和 Web 技术之上的软件系统可以实现全球范围的互操作,一个基于 Web 的可扩展的框架能够为增强建模与仿真系统的功能提供可行的技术途径,从而满足训练、分析以及系统采办等方面的需求。通过采用 Web 技术作为一个共享的通信平台,目前的建模与仿真系统完全可以利用企业范围的软件开发模式及开发工具。鉴于此,美国海军研究生院(NPS)、乔治·梅森大学(GML)以及 SAIC 公司等组织机构的研究人员于 2002 年提出并启动了可扩展建模与仿真框架(eXtensible Modeling and Simulation Framework, XMSF)。XMSF 代表了未来建模与仿真的发展方向,其核心是使用通用的技术、标准和开放的体系结构促进建模与仿真应用在更大范围的互操作性和重用性。XMSF 使用各种开放标准(Web 服务、可扩展标记语言等)为未来的建模与仿真应用创造一个可扩展的框架。

可扩展建模与仿真框架定义为一组基于 Web 的建模与仿真的标准、描述以及推荐准则的集合。基于 XML 的标记语言、互联网技术与 Web 服务将促进新一代分布式建模与仿真应用的出现、发展与互操作。

3.2 反导预警作战仿真模型服务体系结构

作战仿真的发展水平与作战仿真系统的发展水平是密切相关的,传统的作战仿真系统的开发方法正制约着作战仿真水平的发展。随着模型服务技术的提高,模型远程运算式服务已成为可能。基于前面的分析,本书提出了"建、管、用"三分共平台的反导预警作战仿真模型服务体系。其根本目的是将用于作战仿真系统开发的关键要素——模型,分离出来。同时,集合主要用于作战仿真的硬件,实现资源的共享服务。

3.2.1 传统作战仿真系统开发过程分析

要真正了解模型服务体系是什么,能做什么,首先要了解作战仿真系统的开发流程。这里所介绍的作战仿真系统主要是指作战仿真软件系统。作战仿真软件工程过程的各个环节呈现阶梯式反馈循环的特征,如图3-3所示。

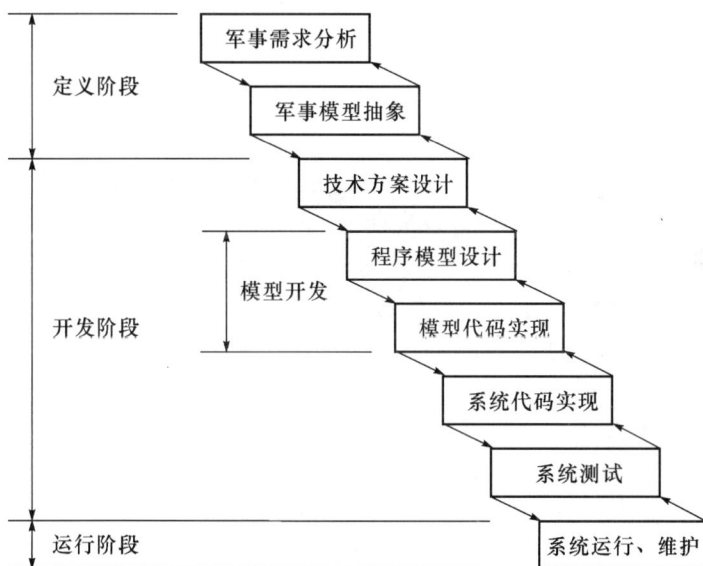

图 3-3 阶梯式反馈循环软件工程过程

作战仿真软件工程过程包括以下8个步骤:

(1)军事需求分析。根据军事需求,确定研制总目标,给出系统实现的功能,对系统的性能、可行性、成本/效益进行分析。

(2)军事模型抽象。按照模块化设计的思想,对军事需求要实现的功能进行军事模型抽象,规范军事模型抽象的粒度。

（3）技术方案设计。对系统实现将要采用的关键技术进行分析论述,给出系统实现的具体方案。

（4）程序模型设计。程序模型是军事概念模型的具体程序化,在此步骤将设定程序模型开发的技术标准,采用的开发语言以及程序模型的具体接口定义等。

（5）模型代码实现。此步骤是步骤(4)工作的继续,是在步骤(4)基础上的具体实现。

（6）系统代码实现。程序模型是作战仿真系统实现的基础和核心,有了模型后,接下来就是通过具体的编程技术实现作战仿真系统的开发。

（7）系统测试。测试过程集中于软件的内部逻辑(保证测试到所有语句)以及外部功能(引导测试去发现错误),并保证定义好的输入能够产生与预期结果相同的输出。

（8）系统运行、维护。模拟系统在交付使用后,当遇到错误或系统必须适应外部环境的变化(如战场环境及武器装备性能的变化)以及当用户希望增强功能或性能时都不可避免地要进行修改。系统维护重复以前的各个阶段,不同之处在于它是针对已有的程序问题,而非新程序。

3.2.2　CMS&P[①] 模型服务体系

阶梯式反馈循环开发方法是当前作战仿真系统普遍采用的流程,采用此方法进行反导预警作战仿真系统开发周期长、费用高、系统的灵活性和可扩展性较差,无法实现资源的有效共享。从图3-3可以看出,作战仿真系统的开发过程中包含军事模型的开发,模型作为对战场空间事物的存在方式和作战规则的描述,具有很高的可重用性。例如,雷达探测模型及情报处理模型,该模型不但空军的作战仿真需要,陆军、海军也需要,如果该模型能够由专业的模型开发人员来完成,然后提供给每一个需要的用户使用,不但会提高模型的开发质量,同时也可大大降低系统的开发费用、缩短开发周期。

"专业人员开发模型,然后供模拟系统开发使用",这是最原始的模型与系统分离的模型共享思想。按照模型与系统分离的思想,本书提出了"建、管、用"三分共平台的模型服务架构。模型服务体系架构如图3-4所示。

建:是指军事建模,主要是指反导预警作战仿真建模。领域模型是模型服务的基础,"建"主要是解决用于模型服务的原始材料的问题。领域建模的步骤包括:模型需求、需求分析、粒度分解、标准建模和模型入库五个方面。在这一过程

---

① "建、管、用"三分共平台的模型服务架构。

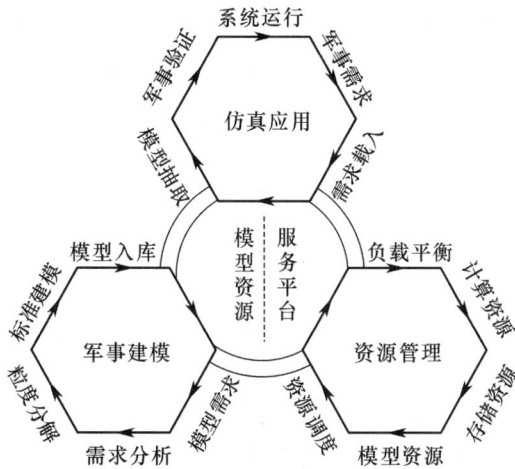

图 3-4　模型服务体系架构

中,重点要解决两个问题:一个是建什么模型;二是怎么建模型。建什么模型要解决的是模型结构空间的问题。怎么建模型是建模方法的问题,本书后续章节将对反导预警仿真建模进行深入的论述。

管:是指资源管理,主要包括模型资源的管理、计算资源的管理、存储资源的管理等,"管"是模型服务的重要保障。资源管理的建设主要包括两个方面的内容:一是模型服务的组织结构;二模型服务资源管理的技术实现。实现的功能包括模型的全寿命周期管理、计算机的计算资源和存储资源的调度、负载平衡等。这一问题将在第 6 章进行详细论述。

用:是指仿真应用,它是反导预警作战仿真模型服务的具体体现。本书的"用"与传统的"用"有所不同:传统的"用"是指开发人员将开发好的模拟训练系统提交给用户,用户直接用于模拟训练或模拟演练等;这里的"用"与传统的"用"相比增加了一个工作,即用户根据需求抽取模型构建作战仿真系统。因此,新的模型服务体系结构增加了用户的复杂度和工作量。为降低用户的复杂度和工作量,必须要有一个通用的问题解决环境(PSE)来实现降低复杂度。

共平台:是模型服务体系建设的重点,也是本书研究的重点。本书在云计算的基础上,综合采用网格技术、普适计算技术、Web Service 技术等,构建基于云计算思想的反导预警作战仿真模型服务云平台,简称模型服务云平台,它是"建、管、用"功能实现的共同依托。

3.2.3　模型服务体系实现的重难点

反导预警作战仿真模型服务体系结构方法,其中一个重要的思想是实现模型和系统的分离,开发者按照模型体系所规定的需求专心去开发军事训练模型,模型用户根据军事需求去构建作战仿真系统。要实现这一思想,重点需要解决下面6个问题:

(1)构建模型服务平台框架。模型服务如果没有平台作为支撑,它只能停留在理论层,而服务真正需要的是操作层的实现。一个通用的体系框架,是实现模型服务的关键。

(2)制定粒度合理的模型空间。模型空间是指按照一定的需求规则,从需求的最顶端开始,逐步细化,最终生成一棵模型结构空间树。这棵模型结构空间树一方面用来指导模型开发人员进行模型开发,另一方面为模型的组装、调用和运行提供了可能。

(3)军事建模。关于建模的论述在相关的文献中都有详细的论述,目前并不缺少建模的手段和方法,缺少的是能够真正统一模型开发的标准。由于建模不是本书研究的重点,因此对建模问题不进行深入的论述。

(4)模型的全生命周期管理。模型管理是指对模型从立项、开发、评审、校验、入库、运行、注销等全寿命周期管理,模型的管理是模型服务的基础,只有管好,才能用好。

(5)资源的服务管理。CTMS中的服务资源包括计算机的硬件资源和模型资源。上面的模型管理是对模型入库前的管理,这里的管理主要是服务过程中的管理。本书论述的模型服务体系中的模型资源采用统一标准、分散开发、分散存储、分散管理和集中服务的方法。

(6)模型资源的定位重组及运行。这是模型服务的一项重要技术,用户提供军事需求,模型服务应能根据用户需求检索所需的模型,并根据需求将众多个模型复合成用户所需的模型或系统应用。

3.3 MSCP 分析

MSCP是一种新型的网络化建模、模型管理和服务的平台,是当前基于目录的模型共享方式的进一步发展。MSCP在作战仿真模型服务体系建设中处于非常重要的位置,鉴于MSCP的复杂性和理解上的不相同性,本节将对MSCP进行初步的分析,给出MSCP的特征,提出MSCP的研究目标,论述MSCP的服务模式。

3.3.1 MSCP 的特征

通过分析MSCP的特征,更深入分析MSCP,为提出MSCP的研究目标,论述

MSCP 的服务模式做准备。

1. MSCP 的设计思想

MSCP 按照云计算的思想设计。云计算包含这样一种思想:把力量联合起来,形成强大的功能,给其中的每一个成员使用,实现资源的共享和面向用户的透明服务。MSCP 就是要联合所有的作战仿真资源,包括计算资源、存储资源、网络资源、信息资源、数据资源和最重要的作战仿真模型资源,实现各项资源的优化组合,提高作战仿真的灵活性和可扩展性,缩短作战仿真系统的开发周期,节约作战仿真系统的开发费用。

2. MSCP 的技术实现

MSCP 以应用领域的需求为背景,基于云计算理念,综合应用各种技术,包括网格技术、高性能计算技术、先进分布仿真技术、现代网络技术、普适计算技术、产品全生命周期管理(PLM)技术及其应用领域有关的专业技术等,实现系统中各类资源(包括模型资源、计算资源、存储资源、网络资源、数据资源、知识资源、与应用相关的真实装备及仿真器等)安全地按需共享与重用,实现网上资源多用户按需协同互操作,以及系统动态优化调度运行,进而支持作战仿真领域内已有或设想的复杂作战仿真系统/项目进行论证、研究、分析、设计、加工生产、试验、运行、评估、维护和报废等(全生命周期)活动。目前关于云计算的相关论述较多,但是主要都集中在设计思想和体系结构的介绍,有关 Google 云服务平台、Amazon EC2 弹性计算云、IBM“蓝云”计算平台、微软 Windows Azure Platform 云计算平台等也多集中在其大的结构方面的介绍。云计算以“服务”概念为统一视点来组织计算机资源,具有松散耦合和间接寻址两个显著特点。云计算的实现主要采用基于标准的服务接口,其实现与具体的技术无关。

3. MSCP 的资源定义

计算机领域资源传统的定义主要是指硬件资源,而对于作战仿真系统而言,最主要的资源是用于作战仿真的各种军事模型和数据资源。在云计算中,资源已经不限定在诸如处理器、网络带宽等物理范畴,而是扩展到了软件平台、软件组件、Web 服务和应用程序的软件范畴。传统模式下自给自足的软件运用模式,在云计算中已经变成为分工专业、协同配合的运用模式。MSCP 的资源主要包括军事模型、军事规则、军事想定、基础数据、信息资源、计算资源、存储资源和网络资源等。MSCP 建设的目的是通过网络以服务的方式实现上述资源的有效共享。

4. MSCP 的资源服务

MSCP 中的资源可以根据需要进行动态扩展和配置,这些资源在物理上以分布式的共享方式存在,但最终在逻辑上以单一整体的形式呈现。作为作战仿真的用户,不需要关心哪一个模型运行在哪一个服务器上。作战仿真用户按需使用 MSCP 中资源的同时,而不需要去管理它们。

3.3.2　MSCP 的研究目标

MSCP 的研究目标是为作战仿真提供平台支撑,为模型服务提供模型的开发、资源的管理、模型的检索和复合、模型的运行服务等功能。用于解决模型共享和在线运行服务的问题。MSCP 搭建起连接建模和作战实验两者之间的桥梁,使分工更加专业,开发效率更加优化。MSCP 的研究目标如图 3 − 5 所示。

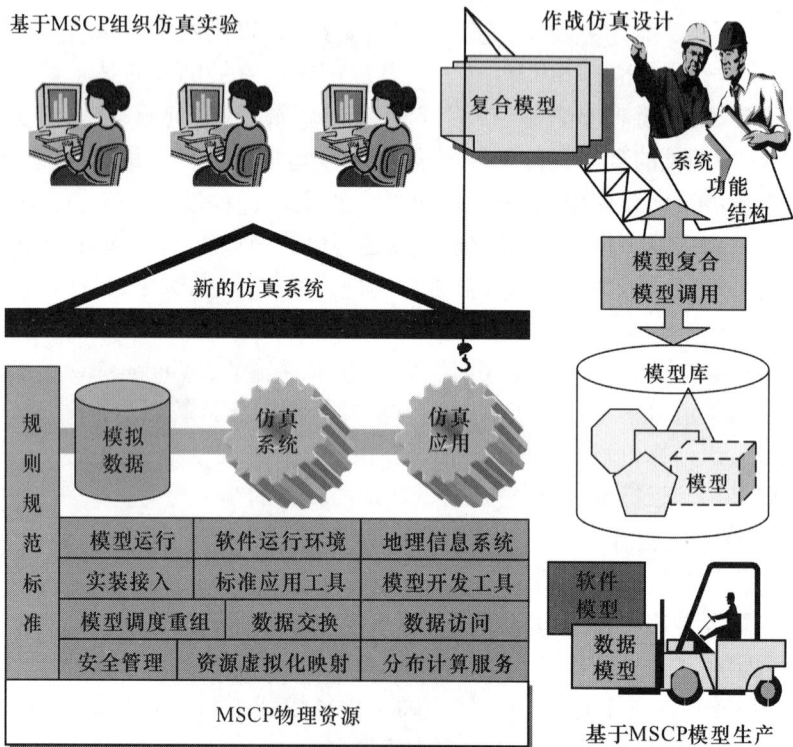

图 3 − 5　MSCP 的研究目标

在图 3 − 5 中,新模型生产和作战实验是作战仿真过程中的两个重要内容,传统的作战仿真系统开发,二者的工作都由同一个团队来完成,是紧耦合关联。在作战仿真服务体系中,基于 MSCP 的作战实验和新模型生产将由不同的团队按照共同的标准来完成,专业的人做专业的事,二者是松耦合关联。提高了模型开发的效益,降低了系统开发的费用,缩短了系统开发的周期,增强了作战仿真系统的灵活性和可扩展性。

3.3.3 MSCP 的服务模式

为适应模型的重用与共享,最大限度地提高模型的使用效率,基于 MSCP 的模型服务模式包括下载式服务、发布/订阅式服务、请求应答式服务和剧情干预式在线服务四种。

1. 下载式服务

下载式服务以模型及作战仿真系统的研发单位为主要服务对象,为作战仿真系统的开发提供模型支持。下载式服务的模型主要以电子文档的形式提供,用户从 MSCP 获取所需模型的名录,以下载的方式将该模型下载到本地应用,或是嵌入到作战仿真系统中,在本地编译运行。下载式服务模式如图 3 – 6 所示。这种服务方式用户是被动的,相当于生活中的自助餐。

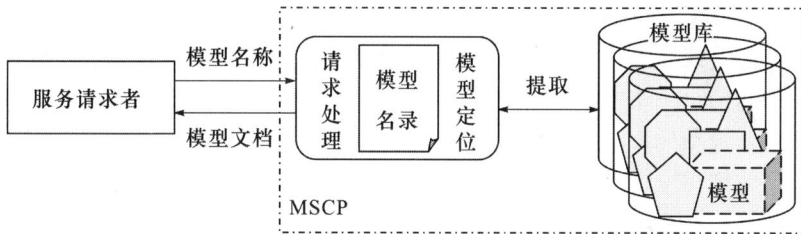

图 3 – 6   下载式服务模式

2. 发布/订阅式服务

近年来,在广域范围分布式系统中分发信息的发布/订阅式受到人们的广泛关注。发布/订阅式服务中的用户既可以作为模型资源的发布者向系统提交,也可以作为订阅者表达对特定类型的模型感兴趣。订阅者会收到与他们需要的模型相吻合的信息。与传统的模型共享方式相比,发布/订阅式机制的优点是:参与者不需要彼此知道;参与者不需要同时在线;发送/接收不会阻塞参与者。基于发布/订阅式机制能够构建一个多到多的通信环境,参与者可以摆脱时间和空间上的束缚,这符合广域分布应用松耦合的需求。因此,发布/订阅式机制被认为是基于信息分发与共享的一种有效方式。这种方式的缺点是共享的资源有限,未能实现在线服务。发布/订阅式服务模式如图 3 –7 所示。

这种服务方式用户拥有了一定的自主性,不再是简单的模型资源消费者,类似于生活中的"百家宴"。

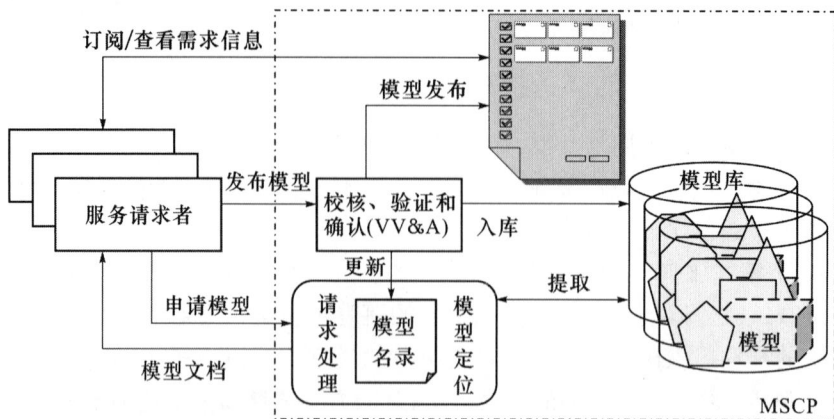

图 3-7　发布/订阅式服务模式

3. 请求应答式服务

请求应答式服务中,服务请求、模型发现、模型调用、模型复合、模型运行、结果返回和通信是一个完整的服务调用流程。服务请求者利用服务描述语言提交服务请求。模型的发现、调用由 MSCP 的模型检索模块完成。单个模型有时并不能满足应用需求,需要把多个模型组合起来,形成更高级的复合模型,模型复合功能则由 MSCP 的复合服务模块来完成。高级复合模型在 MSCP 的服务器上运行后,将计算结果返回给用户。服务通信实现服务消费者与提供者之间的可靠通信。请求应答式服务模式如图 3-8 所示。

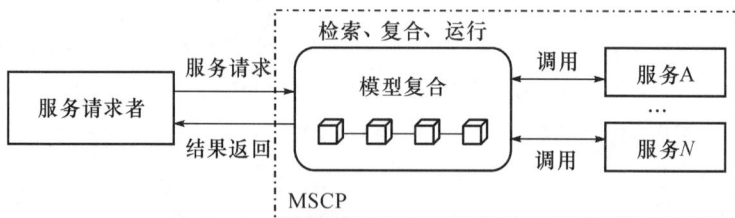

图 3-8　请求应答式服务模式

请求应答式服务实现了作战仿真功能的部分远端运行调用,提高了作战仿真软件的开发效率,由于程序的远端运行,减少了训练的硬件建设成本。由于服务的模型功能相对单一,服务能力有限,模型复合的粒度较低,并且对服务通信的可靠性要求较高。

4. 剧情干预式在线服务

剧情干预是指在戏剧的演出过程中,观众可以根据剧情的发展人为干预剧情的走向。一次作战仿真训练就如一场拉开的大戏,需要有导演、演员、剧本和舞台。导演就是组训者,演员就是指挥员及指挥机关的参谋人员,剧本就是作战想定,而舞台就是包括 MSCP 在内的各种反导预警作战仿真器材和设施。剧情干预式在线服务是基于 MSCP 的作战仿真实验研究的重点,也是难点。剧情干预式在线服务至少包括剧情规划、模型组合、实装接入、仿真生成、仿真运行、仿真控制、分析与回放等功能模拟。剧情干预式在线服务模式如图 3-9 所示。

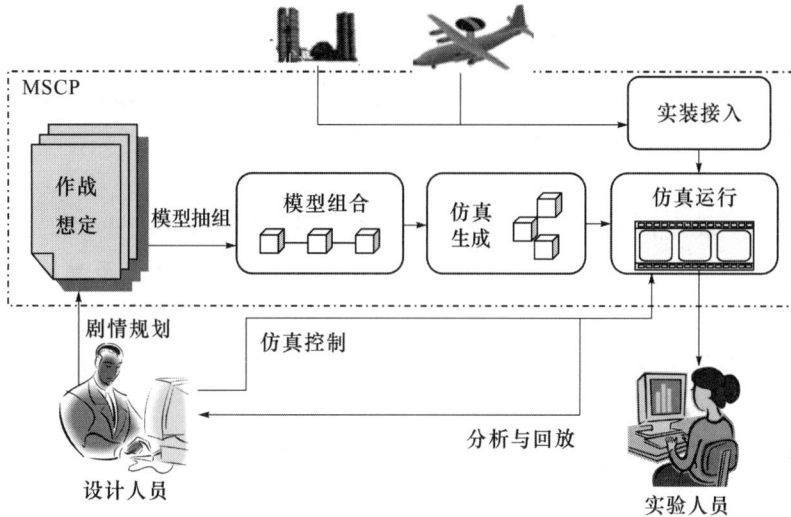

图 3—9 剧情干预式在线服务模式

1) 剧情规划

剧情规划支持组训者制定仿真训练规划,这些规划活动包括军事想定的开发(将要描述的军事作战任务)、环境数据库的开发(描述想定中所要进行的军事作战发生的区域)以及将原有数据进行导入和转化,实现在当前想定和环境下的重用。

2) 模型组合

模型组合实现从基础模型中创建模型组合,如组合单元、组合实体、组合行为或者组合环境元素。每一个基础模型组件包括提供模型组合器使用的元数据,以确保只有有效的组合可以被创建。

基础模型组件包括多种类型,如物理代理、行为代理、原子行为以及环境原子。所有这些原子元素在仿真内核中被规范,通过模型组合进行引用和组合。物理代理提供物理建模功能,如移动、传感、通信等;行为代理提供实体与单元行为的规划与执行功能;原子行为对基本行为任务进行编码;环境原子则提供了关于地形、大气、海洋或者空间的表达。

同样的,组合模型也存在多种类型,每一种模型均是由前面描述的基础模型构成。实体模型对应于战场上的参与者,如坦克、装甲车、士兵等。单元模型代表有组织的结构,如排、连、营等。行为模型描述原子行为序列,用于对单元与实体进行行为协调。环境模型则收集环境原子,表达地理区域。

3)实装接入

实装接入提供了 MSCP 与真实世界武器装备进行交互的接口。支持指挥信息系统消息传输、转换、连接和控制,对连接提供了创建、删除、修改和观看等通用操作,访问内核数据和模拟运行服务等。

4)仿真生成

仿真生成提供一种在 MSCP 内执行特定想定所需要的正确的地形信息、环境信息、兵力、交战关系、非作战组织、数据收集信息以及其他必备的元素等内容进行选择。这个选择过程通过对每类元素的元数据描述进行检查完成。模拟生成器可以独立适用,或者使用由事件规划器提供的军事想定声明作为扩展。它支持合成实体与基于地图的控制度量以及临时命令执行序列的关联。

5)仿真运行

仿真运行提供了单元、实体和环境的运行模拟。它集成了 MSCP 内核模型提供给开发人员,以实现对运行组件和模型执行进行诊断和监视。内核模型包括单元模型、实体模型、行为模型、物理模型和环境模型。

6)仿真控制

模拟控制在 MSCP 运行期间提供对设备、仪器、显示进行控制的功能,实现交互。显示包括基于地图的地形数据库表示,诸如用于仿真执行单位信息、平台信息、部署信息以及兵力支援信息等。

仿真控制提供对战场实体之间发生的交互以及直接行为进行控制。另外,仿真控制器产品在模拟执行过程中监视模拟性能,在需要的情况下,动态地对可执行程序进行关闭和重启。

7)分析与回放

分析与回放提供对模拟运行过程中的数据进行收集、回放、修改与分析的机

制。分析与回放主要完成下述功能:

(1) 执行数据收集功能,支持训练与分析。

(2) 根据观察人员/控制人员的观察对实验过程进行标注。

(3) 执行事后回放功能,对实验提供支撑。

(4) 执行认证与校验相关模型的分析处理。

3.4　MSCP 网络结构设计

随着信息化战争的发展,信息网络化的战场将把侦察、指挥、控制、通信、打击、毁伤评估等“作战职能”以及所有的作战力量连成一个有机的整体,使得陆、海、空、天、电战场上的每一个指挥官、每一个士兵、每一个作战平台均能获得战场信息共享。信息化条件下的联合训练是部队训练的发展趋势。基础网络是 MSCP 发展的基础,立足当前,着眼未来,本节提出了基于栅格技术的网络结构,并对如何构建一个科学、合理的 MSCP 网络结构进行论述。

3.4.1　栅格网络设计

栅格是“构筑在高速互联网上,将高性能计算机、大型数据库、传感器和远程设备等融为一体,为用户提供更多的资源、功能和交互服务的一组新兴技术。”[138]随着模型服务和各种作战仿真系统的数量和规模的不断增加,通信网络系统不断扩大,通信方式不断多样化,使得 MSCP 面临的网络结构越来越复杂。由于某些局限性和军事领域的特殊性,作战仿真模型服务在许多方面不能直接使用互联网技术和设备,这就需要构建一个先进的 MSCP 网络结构,使其能够适应未来作战仿真实验研究的需要。

军事信息栅格是按照栅格技术体系,在统一的框架和现有的通信条件下,依托指挥专网和各军兵种支线网,通过高性能的计算机网络将大型军事数据库、军兵种作战仿真中心、战役/战术训练基地、作战仿真平台、模型服务中心实现跨地域高速无缝链接,建立一个一体化、扁平式、安全、可靠、统一和互连、互通、互操作的信息基础平台,实现实装、作战仿真系统、模型服务中心的综合集成。MSCP 网络结构如图 3 - 10 所示。

从系统组成上看,MSCP 栅格网将系统分为物理层、网络层和标准转换层和服务层四个层次。

从体系结构上看,MSCP 栅格网改变大多数系统纵向一条线的链接模式。

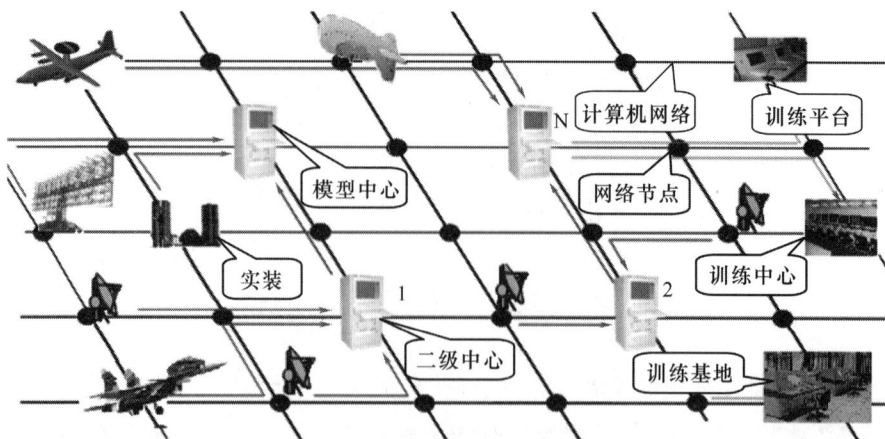

图 3 - 10   MSCP 网络结构

从技术体制上看,MSCP 栅格网包括多种专用或通用计算机系统及设备、各种软件(含军事模型、作战仿真系统)和数据,安全服务设备,以及有助于提高模型共享和服务水平的其他相关技术。

3.4.2   网络通信协议

五层沙漏模型[183]是栅格网络中典型的通信协议标准,它是一种以"协议"为中心的分层体系结构模型,定义了每一层的运行机制、接口、模式和协议等。尽管先进的栅格网络技术为信息传输构建了快速通道,但是由于系统与系统之间存在的异构性以及对分布式存储信息的集中访问等问题还没有一个彻底解决方法,造成了一个个孤立于网络之外的信息"孤岛",从而制约了信息之间的交流,因此需要在栅格网络协议的基础上,制定一种新的网络连接标准。它应当是基于模型服务的作战仿真体系中各类系统共同遵守的通信规则,以实现各类信息系统之间的互连、互通、互操作。

在作战仿真模型服务通信网络中,各军种战役仿真中心、战役战术训练基地、作战仿真平台、实装同模型服务中心之间的互连按照物理层、网络层、标准转换层和服务层四个层次进行。每一层遵照自身的协议标准,保证为其上层提供服务,其层次结构如图 3 - 11 所示。

1. 物理层

物理层是指用于传输信息的通信设施,主要包括光纤通信、无线通信、卫星通信和接入节点等,为系统提供有效的物理信道。负责完成直连节点之间通道的握手、建立和维护,为链路维护层提供有效通信信道。MSCP 网络可采用的物理层接口标准有：

（1）EIA/TIA－232，由 EIA/TIA 开发，是最常用的物理层接口标准，支持非平衡电路，速率最高达 64kb/s。

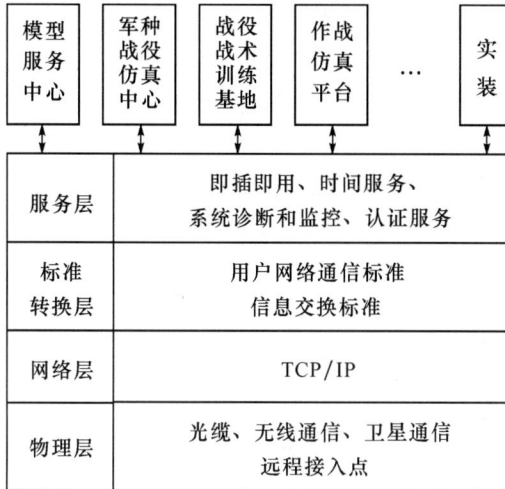

图 3－11　MSCP 网络通信协议结构

（2）V.35 是一种 ITU－T 的接口标准，用于定义网络访问设备和分组网的接口，V.35 的速率可达 4Mb/s。

（3）G.703/G.704，ITU－T 有关电话公司设备和 DTE 间的电气和机械标准，速率可达 4Mb/s。

（4）STM－1（OC－3）155Mb/s，IP over SDH（POS）。

（5）STM－4（OC－12）622Mb/s，IP over SDH。

（6）E1 电气特性符合 ITU－T G.703 建议，速率为 2Mb/s。

（7）Z 接口符合有关标准规定。

2. 网络层

MSCP 的网络层在有线方面可以采用 IEEE 802.3 网络传输标准，无线网络方面采用 IEEE 802.11 网络传输标准。系统选用 TCP/IP 作为统一网络传输协议。首先，IP 协议可横跨局域网、广域网，几乎所有局域网、广域网系统及设备均支持 IP 协议，是不同媒体传输方式的最佳协议。其次，IP 协议为数据报类协议，其传输的响应时间较好，协议交互少，较适合于数据高速传输的需要。目前广泛使用的是 IPv4 版，为了克服 IP 协议的一些不足，又发展了新的 IPv6 版。IPv6 版在原版本基础上改进端对端的安全，通过减少信息包的丢失，增强移动通信能力，扩展 IP 地址空间。

3. 标准转换层

当前各个系统都有自己的信息交互标准,为了保障各系统之间的互通,必须转换成统一的信息交换标准。模型服务总中心、模型服务二级中心、军兵种作战仿真、战役战术训练基地、部队实装等系统接入,必须进行信息标准的统一,否则接收到的情报无法识别处理。标准转换层将对接收到的不同系统的原始信息进行格式转换,生成反导预警作战模型服务网络中的内部通信标准,供上层传输使用。实时信息交换的通用数据报文格式如表3-1所列。

表 3-1 通用数据接口约定

报文长度	报文内容定义			
××位	报头	接口内核	报文标识	8 位
			报头长度	8 位
			正文长度	16 位
			格式类型	16 位
定长		版本扩展区	—	—
变长		可选区	—	—
变长	正文			—

有了统一的信息交换标准,仍然不能完全解决信息交换的问题。为了避免不同的开发人员对信息传输标准理解上的差异,还需要统一的、标准的网络传输软件来支持。目前,指挥信息系统中网络传输通用软件已经存在,因此,反导预警作战模型服务网络中各系统的网络传输软件统一采用已成熟的标准的网络传输软件。

4. 服务层

服务层是指利用通信和网络设施,接收标准转换层的数据,根据需要调用相应的服务为需要的各类用户服务。它主要包括用户快速入网的即插即用、时间服务、资源调度、系统诊断和监控以及对用户进行注册、认证、授权等管理。

3.4.3 网络接入方法

模型服务中心系统、各级各类作战仿真系统等的互连接入依靠军用基础通信资源,包括军事训练网、指挥信息系统网、电话自动交换网、数据交换网、卫星通信网及民用通信设施。主要提供两种互连方式:一种是系统通过路由器由光纤、无线通信设备接入作战仿真栅格网或其他系统,通过网络协议实现互连,满足 OSI/ISO 模型的要求,它支持 64kb/s ~155Mb/s 以上的高速互连,满足大容量的情报传输;另一种是拨号入网方式,它通过电话线接入作战仿真栅格网,使用极为方便,同样可实现基于 IP 的网络连接,但一般只支持 56k/bs 以下的速率,速度较低,用于快速机动、演习及不具备宽带通信条件下的实装机动仿真。作战仿真系统接入的主要接口如图 3 - 12 所示。

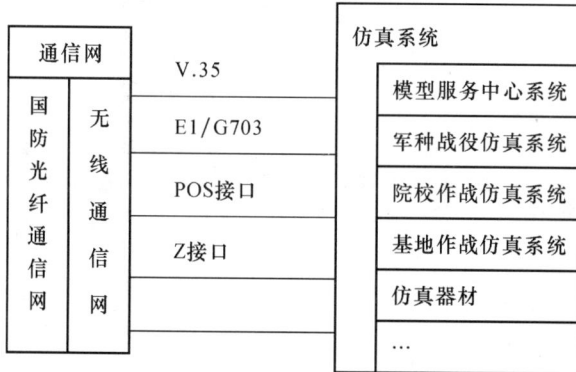

图 3 - 12　作战仿真系统接入的主要接口

1. 光纤入网

目前,多数部队、院校、科研院所已实现互连、互通,并拥有了较好的光纤通信网,具备了模型服务所需的网络通信条件。模型服务系统的建设主要借助于现役系统已有的网络交换、路由设备和通信接入设备,现役指挥自动化系统大部分以光纤进行互连。光纤入网连接如图 3 - 13 所示。

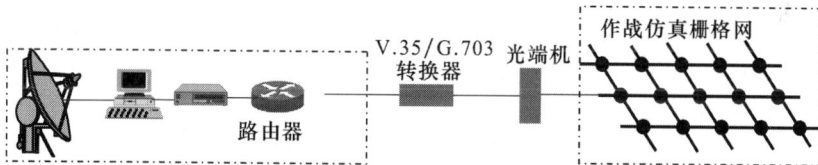

图 3 - 13　光纤入网连接

2Mb/s 光纤入网采用 HDLC 或 PPP 协议方式入网,物理层使用 V. 35、G. 703 接口。

155Mb/s 光缆接入一般在地处主干交换节点的系统,它入网采用 SDH 上跑 IP 协议的方式,用 POS 接口。

2. 拨号入网

PPP/SLIP 是在串行线路上实现的 IP,因此完整的 TCP /IP 协议可以运行在拨号线或专线上,这给使用低速线路的远程网络级互连提供了极大方便。由于省掉了一对路由器线路,也降低了成本,这在报文流量不是很大的机动装备(或独立的模拟装备)接入是很好的选择。为了提高性能,有些 UNIX 系统还为 SLIP 线路提供了 TCP 报头压缩和 ICMP 报文抑制选项。

电话网是最普及和廉价的通信资源。由于程控交换机的普及,国内民用电话线路已能支持相当高的数据率,如两端加上压缩的调制解调器可做到 28.8kb/s。军用电话线路也能支持××千比特每秒的速率,已能满足装备机动接入的一体化作战仿真。拨号入网连接如图 3 - 14 所示。

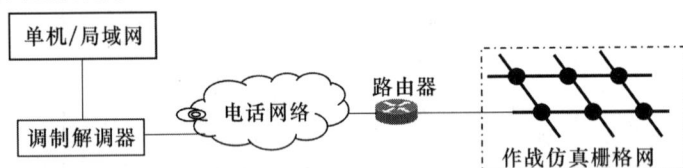

图 3 - 14　拨号入网连接

拨号入网作为备用或补充手段,拨号入网必须使用调制解调器。用户可以是一台计算机,也可以是一个计算机网络。拨号入网采用 SLIP/PPP 协议方式入网,物理层使用 RS - 232C 或 USB 接口。

3.5　MSCP 层次结构设计

网络硬件平台是作战仿真模型服务的基础,作战仿真模型服务是 MSCP 建设的主旨。从网络硬件到最终的服务,是一个复杂的软件实现过程。综合当前作战仿真系统建设的需求和计算机网络技术的发展趋势,特别是结合云计算的发展,本节提出了基于云计算思想作战仿真模型服务体系的层次结构,并将对此层次结构进行具体的论述。

3.5.1　云架构的基本层次结构分析

作为一种新兴的计算模式,云计算能够将各种各样的资源以服务的方式通过网络交付给用户。云架构的虚拟化、标准化和自动化的方式有机地整合了云中的硬件和软件资源,并通过网络将云中的服务交给用户。典型的云架构分为基础设施层、平台层和应用层三个基本层次,如图 3 - 15 所示。

基础设施层是经过虚拟化后的硬件资和相关管理功能的集合。其硬件资源包括单个或多个计算资源、存储资源、网络资源和各种基础数据、军事模型、模拟训练规则等服务器资源。基础设施层通过虚拟化技术对这些物理资源进行抽象,并且实现了内部流程自动化和资源管理优化,从而向外部提供动态、灵活的基础设施层即服务(Infrastructure as a Service,IaaS)。IaaS 向用户提供了虚拟化

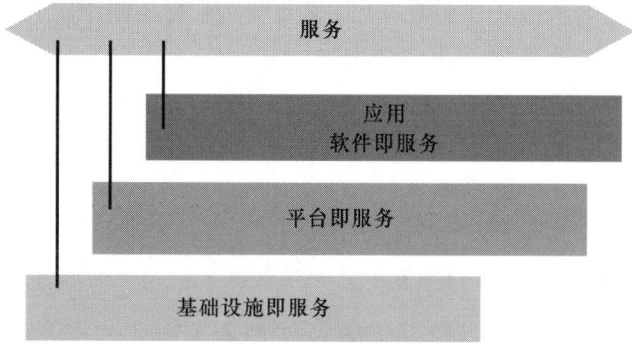

图 3 - 15 典型的云架构基本层次

的计算资源、存储资源和网络资源,这些资源能够根据用户的需要进行动态分配,相对于软件即服务和平台即服务,基础设施即服务所提供的服务都比较偏低层,但使用更为灵活。

平台层介于基础设施层和应用层之间,它是具有通用性和可复用性的软件资源的集合,为云应用提供开发、运行、管理和监控的环境。平台即服务(Platforms as a Service,PaaS)交给用户的是丰富的"云中间件"资源。这些资源包括模型调用、应用容器、数据库和消息处理等。平台即服务面向的不是普通的终端用户,而是软件开发人员,他们可以充分利用这些开放的资源来开发定制化的应用。基于 PaaS 的软件开发模式同传统的方法相比有着很大的优势:

(1)由于 PaaS 提供的高级编程接口简单易用,因此软件开发人员可以在较短时间内完成开发工作,从而缩短应用开发的时间。

(2)由于应用的开发和运行都是基于同样的平台,因此兼容性问题较少。

(3)开发者无须考虑应用的可伸缩性、服务容量等问题,因为平台即服务本身已帮助解决。

应用层是云上应用软件和对外服务可视化接口的集合,这些应用组件在基础设施层提供的资源和平台层提供的环境之上,通过网络交付给用户。软件即服务(Software as a Service,SaaS)交付给用户的是定制化的软件。提供方根据用户的需求,将软件或应用通过租用的形式提供给用户使用。软件即服务的三点特征:

(1)用户不需要在本地安装该软件的副本,也不需要维护相应的硬件资源,该软件部署并运行在云服务平台中。

(2)软件以服务的方式通过网络交付给用户,用户只需要打开浏览器或者某种客户端工具就可以使用服务。

(3)虽然软件即服务面向多个用户,但每个用户都感觉是独自占有该服务。

59

这种软件服务的模式比较适合基于某个领域的特殊的应用。将软件即服务的思想带入作战仿真领域,无论是在技术上还是在训练方式和方法上都是一个巨大的变革,未来的组训者不再需要关心反导预警作战仿真系统的安装和升级,开发者可以方便地进行软件的部署和升级,因此软件产品的生命周期不再明显,开发者甚至可以每天对软件进行多次升级。而对于用户来说这些操作都是透明的,他们感觉到的只是质量越来越完善的软件服务。另外,软件即服务更有利于知识产权的保护,因为软件的副本本身不会提供给客户,从而减少了反编译等恶意行为发生的可能。

位于云架构上层的云服务在为用户提供该层服务的同时,要实现该架构下层所必须具备的功能。虽然实现的方法和细节不尽相同,如 Salesforce.com 与 Amazon 可以采用不同的硬件抽象方法,但这些必备功能是使其服务可以被称为"云"的必要元素。

3.5.2 基于云计算的 MSCP 体系层次结构

面向作战仿真模型,采用云计算思想,建模人员、仿真人员和管理人员使用同一个环境,通过装载成熟的军事模型组件进行作战仿真或为作战仿真系统服务的软件平台,这个新的支撑作战仿真的平台称为模型服务云平台。

MSCP 的一个目标是允许模型开发者去创建正确的作战仿真模型组件,作战实验的组训者按需去组合调用这些模型组件。采用云计算方式,以服务的形式为有状态的资源提供了标准化的接口,并且允许通过在松耦合的服务之间创建松耦合的流来聚合服务的功能,完成资源的共享、服务的互操作,在安全管理、信息代理等方面保留云计算原有的管理机制,作为模型云核心服务提供给其他服务调用。模型服务云平台的层次结构如图 3 - 16 所示,它是一种面向服务的层次化体系结构。

3.5.3 MSCP 基础设施层设计

MSCP 基础设施层又称为资源层,是作战仿真模型服务平台管理和使用的所有资源的聚合,并且将资源封装后以有状态的虚拟资源的形式为上层提供服务。该层又可分成物理资源层和虚拟资源层。

MSCP 的物理资源层是实际存在于各个模型服务中心的大型计算服务器、存储设备、模型服务器、作战仿真规则服务器、作战仿真方案服务器、作战仿真想定服务器、基础数据服务器和分散在各地的作战仿真设备等。网络也属于物理资源层,并且起着关键作用,将各种物理资源在物理上构成一个互连、互通的分布式的计算环境。

应用服务层 / 云应用层 / 云平台层 / 基础设施层（云资源层）

作战仿真试验　　模拟演练　　效能评估

云应用服务可视化接口

MSCP建模中心	MSCP运行服务中心	MSCP管理中心

工具层

| 模型需求发布工具 | 模型体系标准发布 | 模型制作辅助工具 | 模型测试验证工具 | 模型注册工具 | 仿真想定编辑工具 | 仿真想定装载工具 | 作战计划编辑工具 | 作战仿真服务聚合 | 作战仿真进程控制 | 仿真分析评估工具 | 作战仿真回放工具 | 硬件管理部署工具 | 模型管理工具 | 仿真规则管理工具 | 数据管理工具 | 用户注册管理工具 | 安全管理工具 |

平台服务支撑层

- 代码库 / 开发工具 / 测试工具 —— 开发环境
- 作战仿真应用运行 / 作战仿真应用伸缩 / 作战仿真应用隔离 —— 运行环境
- 支撑模拟接口 / 实装系统接入 / 组网训练接入 —— 外接接口
- 模型服务用户管理 / 作战仿真应用管理 / 作战仿真应用监控 —— 运行监管

平台管理层

硬件服务管理	模型服务管理	数据服务管理	工作流管理	安全管理
计算资源服务调用 存储资源服务调用 网络资源服务调用 硬件资源注册管理	模型生命周期管理 军事模型调度 模型组件聚合 模型装载运行	数据资源服务调用 数据副本管理 可靠数据传输 数据访问集成	工作流设计 工作流调度 工作流管理 时间统一服务	

虚拟资源层

基础设施服务：资源部署与注册服务 / 资源管理服务 / 资源目录服务 / 资源监控

云资源服务描述

基础数据库　模型组件库　特征映射库　仿真方案库　仿真想定库　知识库

物理资源层

通　信　网　络

计算设备　存储设备　基础数据服务器　作战仿真模型服务器　模型规则服务器　仿真方案服务器　仿真想定服务器　仿真资料服务器　模拟设备

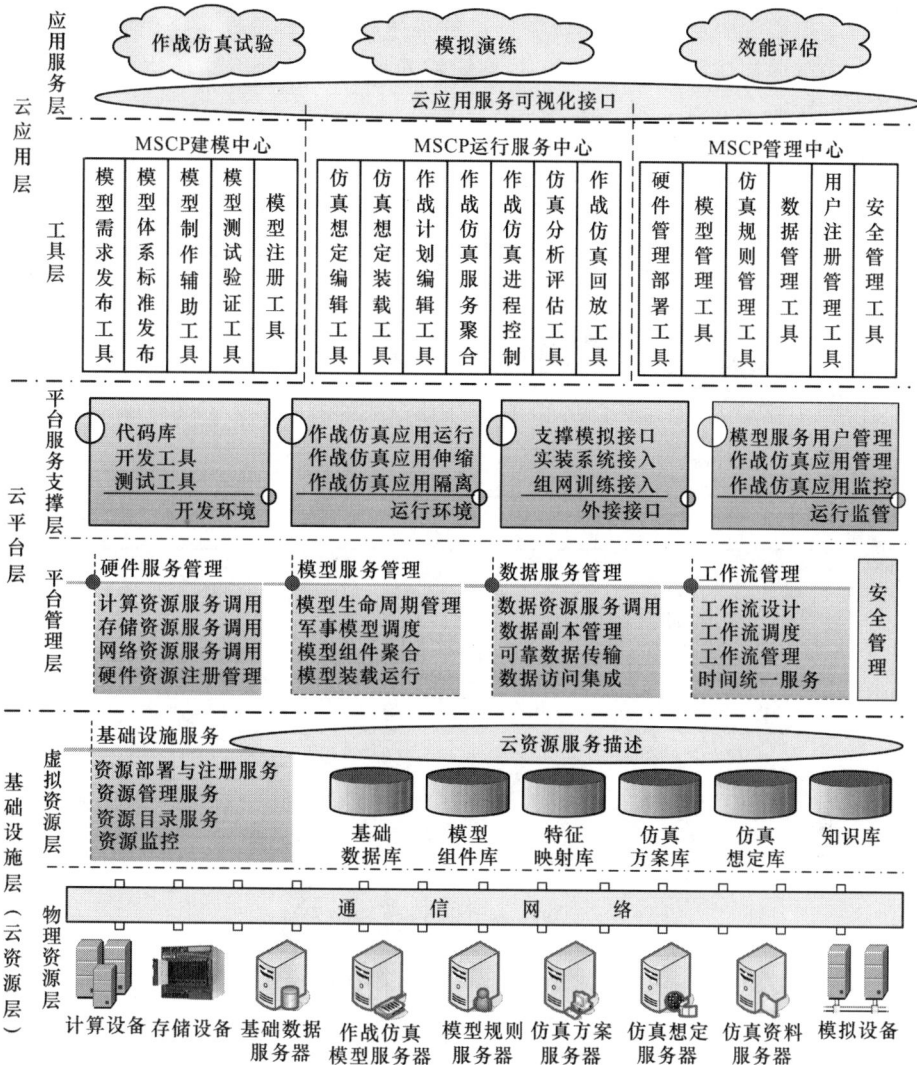

图 3 - 16　模型服务云平台的层次结构

　　MSCP 的虚拟资源层构建于物理资源层之上，是物理资源层中针对应用服务具体需求的逻辑视图，以资源封装后的服务形式存在，按照基础设施即服务的方式通过网络为上层提供服务和资源调用。虚拟化是 MSCP 基础设施层的技术核心，基于虚拟化技术的基础设施层逻辑结构如图 3 - 17 所示。在作战仿真模型服务体系中，该层包括虚拟的硬件资源和针对模型服务的模型资源、作战仿真规则库、作战仿真方案库和作战仿真想定库等。还包括散落在各个部队的仿真器材。虚拟资源服务层中的对资源特性的描述应该符合反导预警作战仿真系统的分布式资源描述所定义的标准,并且能够通过模型的数据转换格式在各个应用中进行转换。

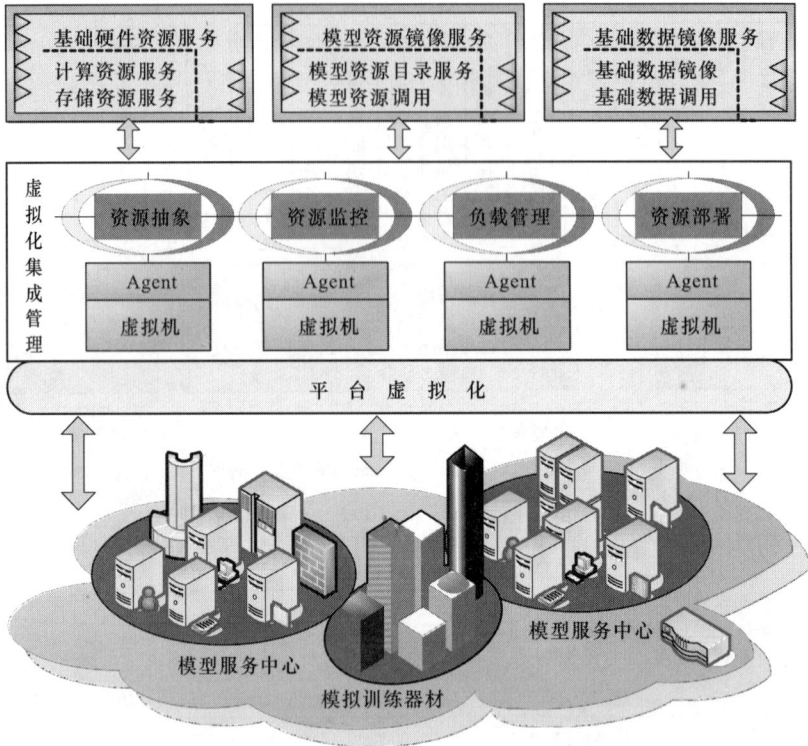

图 3 - 17　基于虚拟化技术的基础设施层

　　MSCP 的基础设施层针对不同应用,虚拟化的资源向上采用一致的资源描述方式来描述资源以屏蔽资源层的异构性,使得云平台服务层访问资源时能够消除平台和资源异构性。按照数据一致性的要求,数据可以分布式地存放在不同的模型服务中心,允许存在数据副本使网络环境中的数据能得到实时响应。物理资源经过虚拟化后的计算资源、存储资源、模型服务资源和网络资源虽然不同的开发者所提供的服务上有所差异,但是作为提供底层基础资源的服务,该层一般都具有资源抽象、资源监控、资源部署、负载管理、数据管理和安全管理等基本功能。

1. 资源抽象

　　在作战仿真模型服务体系中,有多个模型服务中心,以及众多的服务器资源、网络资源、模型资源和各种数据资源等。为了实现高层次的资源管理,必须对资源进行抽象,即对硬件资源进行虚拟化。服务器虚拟化是一种可以在一台物理服务器上运行多个逻辑服务器的技术,每个逻辑服务器称为一个虚拟机。不同的虚拟机之间相互隔离,可以运行不同的操作系统,使得硬件资源的复用成为可能。服务器虚拟化与存储虚拟化、网络虚拟化等一起奠定了基础设施层进行资源抽象的基础。

虚拟化的过程一方面需要屏蔽掉硬件产品上的差异,另一方面需要对每一种硬件资源提供统一的管理逻辑接口。值得注意的是,根据基础设施层实现的逻辑不同,同一类型资源的不同虚拟化方法可能存在着非常大的差异。目前,存储虚拟化方面主流的技术有 IBM SAM Volume Controller、IBM Tivoli Storage Manager(TSM)、Google File System、Hadoop Distributed File System 和 VMware Virtual Machine File System 等。另外,根据业务逻辑和基础设施层服务接口的需要,基础设施层资源的抽象往往是具有多个层次的。例如,目前业界提出的资源模型中就出现了虚拟机、集群、虚拟数据中心和云等若干层次分明的资源抽象。资源抽象为上层资源管理逻辑定义了操作的对象和粒度,是构建基础设施层的基础,如何对不同品牌和型号的物理资源进行抽象,以一个全局统一的资源池的方式进行管理并呈现给客户,是基础设施层必须解决的一个核心问题。

2. 资源监控

资源监控是保证基础设施层高效率工作的一个关键任务。资源监控是负载管理的前提,如果不能有效地对资源进行监控也就无法进行负载管理。基础设施层对不同类型的资源监控方法是不同的。对于 CPU,通常监控的是 CPU 的使用率。对于存储设备,除监控使用率,还会根据需要监控读写操作。对于网络,则需要对网络实时的输入、输出及路由状态进行监控。

基础设施层首先需要根据资源的抽象需求建立一个资源监控模型,用来描述资源监控的内容及其属性。Amazon 公司的 Cloud Watch 是一个提供给用户来监控 Amazon EC2 实例并负责负载均衡的 Web 服务。该服务定义了一组监控模型,使得用户可以基于模型使用监控工具对 Amazon EC2 实例进行实时监测,并在此基础上进行负载均衡决策。同时,资源监控还具有不同的粒度和抽象层次,一个典型的场景是对某个具体的解决方案整体进行资源监控。一个解决方案往往由多个虚拟资源组成,整体监控结果是对解决方案各个部分监控结果的整合。通过对结果进行分析,用户可以更加直观地监控到资源的使用情况及其对性能的影响,从而采取必要的操作对解决方案进行调整。

3. 资源部署

资源部署是指通过自动化部署流程将资源交付给上层应用的过程,即使基础设施层服务变成可用的过程。在应用程序环境构建初期,当所有虚拟化的硬件资源环境都已经准备就绪时,需要进行初始化过程的资源部署。另外,在应用运行过程中,往往会进行两次甚至更多次资源部署,从而满足上层服务对于基础设施层中资源的需求,也就是运行过程中的动态部署。

动态部署有多种应用场景,一个典型的场景是实现基础设施层的动态可伸缩性,也就是说云的应用可以在极短的时间内根据具体用户需求和服务状况的变化而调整。当用户服务的工作负载大时,用户可以非常容易也将自己的服务从数个扩展到数千个,并自动获得所需的资源。通常这种伸缩操作不但要在极短的时间内完成,还要保证操作复杂度不会随着规模的增加而增大。另外,一个典型场景是故障恢复和硬件维护。在云计算这样由众多服务器组成的大规模分布式系统中,硬件出现故障在所难免,在硬件维护时也需要将应用暂时移走,基础设施层需要能够复制该服务器的数据和运行环境,并通过动态资源部署在另外一个节点上建立起相同的环境,从而保证服务从故障中快速回复。

资源部署的方法也会随构建基础设施层所采用技术的不同而存在巨大的差异。使用服务器虚拟化技术构建的基础设施层和未使用这些技术的传统物理环境有很大的差别,前者的资源部署更多是虚拟机的部署和配置过程,而后者的资源部署则涉及了从操作系统到上层应用整个软件堆栈的自动化部署和配置。相比之下,采用虚拟化技术的基础设施层资源部署更容易实现。

4. 负载管理

在基础设施层,由多个模型服务中心构成的大规模的资源集群中,任何时刻所有节点的负载都不是均衡的。合理分配硬件资源是负载管理的主要功能,如果节点的资源利用率合理,将会大大减少硬件资源的投资,提高资源的利用率,降低反导预警作战仿真系统建设的成本。当集群中的节点资源利用率过低或者节点之间负载差异过大时,就会造成一系列突出的问题。一方面,如果太多节点负载较小,会造成资源上的浪费,这就需要基础设施层提供自动化的负载平衡机制将负载进行合并,提高资源使用率并且关闭负载整合后闲置的资源;另一方面,如果资源利用率差异过大,则会造成有些节点的负载过大上层服务的性能受到影响,而另外些节点的负载太小资源不能充分利用,这就需要基础设施层的自动化负载平衡机制将负载进行转移,即从负载过大的节点转移到负载过小的节点。从而使得所有的资源在整体负载和整体使用率上趋于平衡。

5. 数据管理

在云计算环境中,数据的完整性、可靠性和可管理性是对基础设施层数据管理的基本要求。现实中软件系统经过处理的数据可分为很多不同的种类,如结构化的 XML 数据、非结构化的二进制数及关系型的数据库数据等。不同的基础设施层所提供的功能也不同,使得数据管理由集群组成,甚至由若干不同数据中心的服务器集群组成。因此,数据的完整性、可靠性和可管理性都是极富挑战的。

完整性要求关系数据库的状态在任何时间都是确定的,并且可以通过操作使得数据在正常的情况下能够回复到一致的状态。因此,完整性要求在任何时候,数据都能够被正确地读取并且在写操作上进行适当的同步。

可靠性要求数据的损坏和丢失的概率降到最低,这通常需要对数据进行冗余备份。

可管理性要求数据能够被管理员及上层服务提供者以一种粗粒度和逻辑简单的方式管理。这通常要求基础设施层内部在数据管理上有充分、可靠的自动化管理流程。对于具体云的基础设施层,还有其他一些数据管理方面的要求。例如,在数据读取性能上的要求或者数据处理规模的要求,以及如何存储云计算环境中海量的数据等。

6. 安全管理

安全管理贯穿于整个运行阶段,不同层次的安全管理对于整个基础设施层的安全都非常重要。首先需要保护的是虚拟化平台的管理域。保护管理域的措施一般包括在管理域中只运行必要的服务、用防火墙控制对管理域的访问和禁止用户访问管理域等。对于本小节介绍的简化基础设施层示例来说,虚拟化集成管理器和代理的安全管理至关重要。对它们的访问需要通过安全认证,并且服务的消息中需要包含安全认证信息,从而对所有的访问进行有效的跟踪和记录。在虚拟机内部,不同软件的安全管理对于解决方案的安全同样重要,如数据库的安全配置会影响到业务数据的安全性。虚拟化集成管理器和代理的安全管理可以与虚拟机内部软件的安全管理相结合,从不同层次对服务和数据的访问进行控制,从而保证云基础设施层的安全。

3.5.4　MSCP 平台层设计

MSCP 平台层与传统的应用平台在所提供的服务方面有很多相似之处。传统的应用平台,如本地. Net 环境或 Java 环境都定义了平台的各项服务标准、应用模型标准、元数据标准等规范,并为遵循这些规范的应用软件提供了部署、运行和卸载等一系列流程的生命周期管理。传统应用平台一般是运行在一台 PC 或性能较好的服务器上,而 MSCP 则是运行在基于高速网络的云基础设施层上,是对传统应用平台在理论与实践上的一次升级。云基础设施层上丰富而又强大的软、硬件资源,为 MSCP 功能的提升提供了无限空间。MSCP 平台层又可分为平台管理层和平台服务支撑层。

1. 平台管理层

平台管理层又称为网络中间件层,它能屏蔽云计算资源的异构性,支持云资源的统一管理、分布调度和安全控制。因此,云平台管理技术在 MSCP 平台层中一直扮演着重要的角色。随着分布式作战仿真系统软、硬件资源的持续增长和分布式应用的不断发展,分布式计算环境的动态性、异构性、分布性、自治性更加明显,高质量模型服务的应用需求也日渐增多。传统的中间件技术在解决这些问题时遇到了各种困难,于是网络中间件技术应运而生。作为基础的网络功能,支持在广域、大范围、分布异构环境下的资源共享和协同问题解决。

平台管理层的核心服务包括硬件服务管理、模型服务管理、数据服务管理、工作流管理和安全管理等。硬件服务管理是平台层中的关键技术之一,实现大范围、异构、分布等网络环境下的硬件资源调度和共享;模型服务管理是平台层中的一个重要功能,其功能是为了实现模型的注册、发现和动态绑定,以实现模型服务的可重用性和保证服务调用的质量,模型服务直接通过资源管理层使用 MSCP 模型服务器中的模型资源,实现作战仿真模型服务的功能;数据服务管理主要功能有数据副本管理、可靠的数据(文件)传输以及数据访问与集成等,这些服务是以模型资源为核心的作战仿真模型服务的关键,数据副本管理,有助于提高资源的调度,提高系统资源间的负载均衡,获得最优的数据资源,提高数据的访问效率;工作流管理是指一系列预定义的作战仿真规则,文档和数据在参与方之间传播的自动过程,最终达到一个总目标。工作流管理包括工作流应用构建和运行两部分,前者主要关注工作流任务及其依赖关系的定义和建模,后者负责管理工作流的执行以及与网格资源的交互;安全管理主要负责颁发证书的证书中心和获得模型服务平台单点授权的入库授权服务,安全管理贯彻整个系统之中,任何对于模型服务资源的访问都需要获得安全服务的授权。

2. 平台服务支撑层

1) 开发测试环境

对于任何一个支持上层应用运行的平台系统来说,它都必须提供清晰的上层应用的开发工具,开发工具实现中一个非常重要的问题是如何描述其将要提供给外界的服务,以及该服务将要以何种方式来提供。无论采用何种方式,云应用中都必须包含对该服务接口的定义,以及描述该服务运行时配置信息的元数据,从而使得平台层能够在云应用部署的时候将该服务变成可用状态。云应用比较常见的服务提供方式有 REST(Representational State Transfer)和 SOAP(Simple Object Access Protocol)方式。REST 是面向资源的一种软件架构风格,通常对资源的操作有获取、创建、修改和删除。SOAP 是通过 HTTP 方式以 XML 格式交换信息的一种协议,有着完备而又复杂的封装机制和编码规则。

平台层所提供的代码库和其 API 对于应用的开发至关重要。定义清晰、功能丰富的代码库能够有效地减少重复工作,缩短开发周期。传统的应用平台通常提供自有的代码库,使用了这些代码库的应用只能在此唯一的平台上运行。在云计算中,某一个云提供商的平台层代码库可以包含由其他云提供商开发的第三方服务,这样的组合模式对用户的应用开发过程是透明的。

平台层需要为用户提供应用的开发和测试环境。通常,这样的环境有两种实现方式:一种是通过网络向软件开发者提供一个在线的应用开发测试环境,即一切的开发测试任务都在服务器端完成。这样做的好处是开发人员不需要安装和配置开发软件,但需要平台层提供良好的开发体验,而且要求开发人员所在的网络稳定且有足够的带宽。另一种是提供离线的集成开发环境,支持开发人员在本地进行开发调试。这种离线的模式更符合当前大多数开发人员的经验,也更容易获得良好的开发体验,在开发测试结束以后,开发人员需要将应用上传到云中,让它运行在平台上。

2)运行环境

完成开发测试工作以后,开发人员需要对应用进行部署运行。应用运行首先要将打包好的应用上传到作战仿真云平台上;之后,云平台通过解析元数据信息对应用进行配置,使应用能够正常访问其所依赖的平台服务。平台层的不同用户之间是完全独立的,不同的开发人员在创建应用时不可能对彼此应用的配置和他们将如何使用平台层进行提前约定,配置冲突可能导致应用不能正确运行。因此,在配置过程中需要加入必要的验证步骤,以避免发生冲突。配置完成后,将应用激活即可使其进入运行状态。为此,平台层与传统的应用运行环境相比,必须具备隔离性、可伸缩性和资源的可复用性三个重要的特征。

隔离性具有应用间隔离和用户间隔离两个方面的含义。应用间隔离是指不同应用之间在运行时不会相互干扰,包括对业务和数据的处理等各个方面。应用间隔离保证应用都运行在一个隔离的工作区内,平台层需要提供安全的管理机制对隔离的工作区进行访问控制。用户间隔离是指同一解决方案不同用户之间的相互隔离。

可伸缩性是指平台层分配给应用的处理、存储和带宽能够根据工作负载或业务规模的变化而变化,即工作负载或业务规模增大时,平台层分配给应用的处理能力增强。当工作负载或业务规模下降时,平台层分配给应用的处理能力相应减弱。比如,当应用需要处理和保存的数据量不断增大时,平台能够按需增强数据库的存储能力,从而满足应用对数据存储的需求。可伸缩性对于保障应用性能、避免资源浪费都是十分重要的。

当应用业务量提高,需要更多的资源时,它可以向平台层提出请求,让平台层为它分配更多的资源。当然,这并不是说平台层所拥有的资源是无限的,而是通过统计复用的办法使得资源足够充裕。能够保证应用在不同负载下可靠运行,使其感觉平台层的资源是无限的,它可以随时按需索取。这一方面需要平台层所能使用的资源数量本身是充足的,另一方面需要平台层能够高效利用各种资源,对不同应用所占有的资源根据其工作负载的变化来进行实时的、动态的调整和整合。

3. 外接接口

MSCP 的特点之一是其开放性,战役战术作战仿真需要不同系统的共同参与。MSCP 平台层的外接接口功能提供了支撑模拟接口、实装系统接入和组网仿真接入三种外接方式。

支撑模拟接口是作战仿真模型服务的主要接口,仿真人员利用作战仿真模型服务平台提供的作战仿真开发环境,进行作战仿真组织,模型服务平台将根据组训者的想定,为作战仿真提供系统支持,模型服务平台不提供作战仿真的席位,因此支撑模拟接口是服务平台与外部作战仿真席位链接的重要通道。

实装系统接入是在作战仿真的过程中,需要真实装备的接入,实现作战仿真系统带实装的仿真形式,实装系统接入是真实装备接入 MSCP 的重要通道。

组网仿真接入是实现分布式、多系统的联合仿真的重要接口,通过组网仿真接入功能,实现多系统的联合仿真。

4. 运行监管

在应用运行过程中,平台层需要对应用进行监控。一方面,用户通常需要实时了解应用的运行状态,比如当前应用的工作负载是否发生了错误或出现异常状态等;另一方面,平台层需要监控解决方案在某段时间内所消耗的系统资源。不同目的的监控所依赖的技术是不同的。对于应用运行状态的监控,平台层可以直接检测到诸如响应时间、吞吐量和工作负载等实时信息,从而判断应用的运行状态。比如,可以通过网络监控来跟踪不同时间段内应用所处理的请求量,由此绘制工作负载变化曲线,并根据相应的请求响应时间评估应用的性能。

对于资源的监控,可以通过调用基础设施层服务来查询应用的资源消耗,这是因为平台层为应用分配的资源都是通过基础设施层获得的。比如,通过使用基础设施层服务为某应用进行初次存储分配。在运行时,该应用同样通过调用基础设施层服务来存储数据。这样,基础设施层记录了所有与该应用存储相关的细节,供平台层查询。

3.5.5　MSCP 应用层设计

应用层是 MSCP 的最顶层,是运行在云平台层上的应用集合。每一个应用都对应一个业务需求,实现一组特定的业务逻辑,并且通过与用户的交互提供服务。MSCP 的应用层直接面向各个独立的反导预警作战仿真系统用户,类似于云计算门户层。按照反导预警模型服务的架构设计思想,MSCP 的应用层的基本功能分为建模服务、管理服务和运行服务三个方面。

建模服务主要解决"建"的问题,反导预警体系 MSCP 的建模将依据第 4 章和第 5 章规定的作战仿真模型类型与模型的体系空间为依据进行建模。应用层中的建模服务功能包括模型需求发布工具、模型体系标准发布、模型制作辅助工具、模型测试验证工具和模型注册工具等,实现了模型的从需求立项到模型最终验证入库的全过程服务,其服务的对象是专业的建模人员。

管理服务主要解决 MSCP 中各种资源的部署和管理和用户的注册及身份认证等问题。主要功能包括硬件管理部署、模型管理、仿真规则管理、数据管理、用户注册管理和安全管理等。

运行服务是 MSCP 的建设目标,是作战仿真模型服务的直接体现。仿真人员提交仿真想定,平台层的模型服务应用进行服务流程上的组合,得到各种云计算作战仿真应用程序,供各类作战仿真系统用户使用。

不同于基础设施层和平台层,应用层上运行的作战仿真软件千变万化,新应用层出不穷,想要完全定义应用层的基本功能十分困难。或者说,应用层的基本功能是为作战仿真提供尽可能丰富的创新功能,为部队组训机构提供更加灵活、方便、快捷的模型服务。

1. MSCP 应用层的特性

应用层是 MSCP 中应用的集合,最终用户是通过 SaaS 的方式获得应用层中的各种应用服务。MSCP 云计算应用层上的应用服务具有以下四个基本特性:

(1)应用能够通过浏览器访问,或者具有开放的 API,允许用户或者瘦客户端的调用。MSCP 应用的理想模式是不论用户身处何处,不论使用何种终端,只要有网络连接和标准的浏览器,便可以不经任何配置地访问属于自己的应用。目前,虽然互联网连接速度和 Web 开发技术已经使基于浏览器的应用有了非常好的用户体验,但是距离一些在本地安装与运行的软件仍有差距,如在图形处理方面。因此,MSCP 的初期,应用层的主要应用还需通过瘦客户端来实现。

(2)用户在使用 MSCP 进行作战仿真时,将减少对硬件建设的依赖,只需按照规定的程序向模型服务中心提出使用申请即可。因为从处理到数据存储都在MSCP 上执行,用户端不需要高的处理能力。

(3)用户在使用 MSCP 进行作战仿真时,作战仿真的软件可以基于模型服务中心强大的模型资源来构建,提高了作战仿真软件建设的灵活性和可扩展性。

(4)MSCP 应用要求高度的整合,而且应用之间的整合能力对于 MSCP 应用的成功至关重要。作战仿真的需求往往是综合性的,用户所需要的多个功能通常是由若干个彼此之间相互独立的应用程序来实现的。由于应用程序运行在MSCP中,而且彼此相对独立,因此MSCP应用较传统应用整合相对容易实现。

2. MSCP 应用层的服务类别

基于MSCP作战仿真的用户不需要关心应用是在哪里被托管的、是采用何种技术开发的,也不需要在本地安装庞大的作战仿真软件,只需要关心如何去访问这些应用。MSCP应用层为作战仿真提供的服务按照组织方式的不同又可分为标准的作战仿真实验、作战模拟演练和效能评估三种。

第4章 反导预警作战多视图概念建模体系

反导预警作战建模与仿真首先要解决的是作战体系的概念建模问题。本章分析作战体系概念建模要素,提出作战体系分层多视图概念建模方法,设计作战体系概念建模的 3 层 10 个作战体系视图,并依据提出的建模方法对反导预警作战进行多视图概念建模和基于 SysML 语言的概念模型形式化描述。

4.1 概念模型及建模方法

概念模型是对现实世界的第一次抽象,是以结构化方式进行的规范化定性描述,以文字、模板或图表等形式表现[69]。概念模型为领域专家、开发人员提供了关于真实世界的一致规范的描述,它把仿真需求转化为详细的设计框架,是仿真需求与仿真系统间的桥梁。

4.1.1 概念模型的主要观点

概念模型是随着分布式仿真的展开而开始的,经过近年来的发展,国内外已经形成多种关于概念模型的不同观点,典型观点有锡拉丘兹大学的 Sargent 的观点、霍普金斯大学的 Pace 的观点、得克萨斯大学的 Haddix 的观点和美国国防部建模与仿真办公室(DMSO)的观点等。在工程应用上,美军的 JMMS、JWARS、OneSAF 等仿真工程,都有自己定义的概念建模部分。

锡拉丘兹大学的 Sargent[70] 描述了问题实体、概念模型和计算机化模型之间的关系,认为概念模型是对问题实体的一种算术化、逻辑化或文字化的表示。计算机模型是概念模型的在计算机上的实现。概念模型通过分析和建模来实现,计算机模型是通过编码实现。

霍普金斯大学的 Pace[71] 将概念模型描述为将仿真需求转化成一个能指导仿真开发和执行的详细规格说明的一种初步机制。他指出,概念模型是判断仿真在各种环境下的适应能力的唯一基准,是判断仿真重用能力的基准,同时也是判断分布式仿真系统一致性及连贯性的基准。他将概念模型分为仿真背景和仿真概念两部分。仿真背景提供权威的有关仿真问题域方面的信息;仿真概念描述了仿真开发人员对整个仿真应用的理解和看法以及体现仿真开发人员如何去搭建一个仿真来满足用户定义的需求。

得克萨斯大学的 Haddix[72]从联邦或仿真(联邦成员)开发的角度对概念模型进行了划分和归类,并阐明它们之间的相互关系,认为概念模型是对事物的抽象以阐明其所被关心的部分。他将概念模型分为主要概念模型和支持概念模型两类。主要概念由联邦概念模型和成员概念模型组成;支持概念模型为主要概念模型提供所需的信息或知识。

DMSO 于 1995 年在其建模与仿真主计划中提出了使命空间概念模型的定义,将概念模型定义为"独立于仿真实现的作战人员关于真实世界(如作战行动、武器装备体系及其环境)中的过程、实体、环境因素以及与构成特定使命、行动或任务的关系和交互的功能描述[43]"。这个定义目前使用比较广泛,它界定了使命空间概念模型的边界,即军事人员关于作战的视角以及仿真实现无关性,也指出了概念模型描述方法,即实体、动作、任务、交互(EATI)方法。根据 EATI 观点,用统一建模语言(UML)可清楚描述军事任务空间建模的实体、动作、任务和交互基本四元素。实体描述包括名称、属性、关系;动作描述包括动作名称、类别、活动、执行规则;任务描述包含任务、触发者、关系及其过程和状态;交互描述包括发送者和接收者、消息名称、内容和发送顺序[73]。

为了规范仿真领域里的概念模型,DMSO 于 2000 年 9 月 18 日在奥兰多举行了会议,经过大会讨论,最终形成了关于概念模型较为一致的观点[46]:概念模型分为两类,面向领域的使命空间概念模型(FDMS)和面向设计的系统概念模型(CMoS)。FDMS 详细地描述问题领域,用来进行需求开发;CMoS 基于需求,用来进行仿真设计。

应用于仿真领域中,概念模型是仿真开发人员把建模需求正确地转换为详细设计框架的途径,进而解决仿真的软件、硬件、网络和系统/设备如何构成和部署的问题。在仿真系统开发过程中,概念建模人员要面向仿真系统需求获取和 VV&A 执行过程,在通用的语义环境下,用领域人员、系统分析人员、程序设计人员都能理解的、无二义的形式化语言,对他们所共同关注的,对实现仿真应用目标有价值的使用空间动态行为、静态实体及实体行为控制规则等要素信息,进行结构化或半结构化描述[73]。

随着系统设计和集成复杂度的增加,不同领域也逐步形成了面向系统设计、开发和集成的模型描述标准,如 UML、FDMS、DoDAF 和 SysML 等,这些模型标准既可支持复杂系统设计和集成,也可以为相关仿真系统的概念模型设计提供领域标准化的基础[46]。

4.1.2 军事概念模型

军事模型是以人类已有的认知方式,对现实世界军事领域中事物的存在形态和运动规律的抽象描述。不同的文献对军事概念模型进行了不同的定义。

定义 1[69]　军事概念模型是对现实世界军事活动的第一次抽象,是对各类军事实体、行动和预期目标的结构化的规范描述,是数学逻辑模型建立的依据,是模型 VV&A 的参照。

定义 2[73]　军事概念模型是为了支持建模仿真资源的重用、仿真系统互操作和 VV&A,在技术人员和开发工具的支持下,由军事人员提取的、独立于应用实现的真实作战世界的结构、功能、行为过程、信息交换以及相关的数据和算法。

4.1.3　军事概念建模过程

军事概念建模过程是建立军事概念模型的过程指导,建模过程首先要明确建模领域的边界、约束和建模目标,并在此基础上确定军事概念模型的组成、建模方法、使用的建模工具和模型的表示方法,最后确定模型检查、反馈和管理要求等。

军事概念建模活动的起点是仿真系统的外部功能需求,终点是完成全部概念模型文档的建模和证实,提供对应使命空间的完备描述。为保证概念建模质量和效率,有必要遵循一定的步骤[73,74]。

1. 确定军事活动的问题空间

根据应用的需求和目标,界定领域知识的收集,明确概念分析的范围,将系统需求中隐含的、模糊的约定,采用大家都能理解的自然语言,描述为对军事活动问题空间范围的共同约定。

2. 分析军事行动过程

(1)理解军事问题。依据权威的领域知识源,包括条令条例、理论文献、经过认可的专业教材及军事专家的经验,对军事活动问题空间中的军事行动进行分析,明确军事行动的过程。

(2)分层抽取概念。以军事任务为牵引,采用自顶向下、逐步细化的分析方法,逐层分析军事行动的概念组成。分解过程中,较高一层的概念为识别其所包含的较低层次的军事行动提供背景,或说明下一层的任务及其协作关系,直至达到应用目标所需最高分辨率的实体和行动。在进行完每一层的分析后,要对分解所得到的概念进行归类,并对其所属的任务进行描述,最终形成概念条目集合。

3. 军事概念模型描述

(1)选择描述方法。对分析与抽取出来的与军事概念模型相关的数据和信息进行描述,根据军事概念模型使用的目的不同,可采用不同的方法或多种方法综合运用,如基于采用 EATI 或 UML 的描述方法以及其他的描述方法等。

（2）确定相关实体及属性集合。先从相关军事活动中分析并标识出所有潜在的实体。通常包括可感知的物理实体、人或部队组织的角色、两个或多个实体的相互作用以及需要说明的相关概念。在此基础上，筛除不必要和不正确的实体，确定实体属性集合，详细描述其属性。

（3）描述行动及特征。一是依据应用需求和目标，明确限制行动的各种约束条件和行动的边界条件；二是依据行动的性质，明确区分组成行动的各种动作，详细描述动作执行的顺序和相互关系；三是描述行动中实体状态变化所形成的事件集合，详细说明每个事件的名称、内容、性质和触发条件等；四是依据应用需求和目标，根据事件的内容和性质，详细描述对事件处理的军事规则，包括条件向量、条件值及走向选择。

（4）确定交互。一是确定交互对象及关系，详细列出行动中互相有关联的实体，描述关联实体之间的交互关系，包括主被动关系、对应关系等；二是描述交互内容，包括交互的名称、类型、时刻和交互参数集合；三是确认交互响应，明确实体在交互后所产生的响应、处理方法和引发的状态变化。

4. 建立军事概念模型文档

建立相对独立、完整、无二义性的军事概念模型文档。文档的核心内容是关于军事概念模型要素的描述信息。模型文档通常需要依据标准化的模板来建立。

5. 模型校核

选择有效的校核方式，确定具体的校核内容，选定校核标准和形成校核结果报告，给出概念模型是否满足应用需求和目标的结论。

4.1.4　主要的军事概念建模方法

为了把待仿真的军事系统描述清楚，开发高质量的军事概念模型，有必要采取一些规范的方法、策略和步骤，以指导军事概念建模。军事概念建模实际上是分析和认识军事系统的过程。常用的军事概念建模方法包括[69-74]：

（1）基于 EATI 的描述方法，以实体、动作、任务和交互为核心，从分析作战过程入手，依次抽取出作战双方的参战实体、实体执行的任务、实体完成任务需要执行的动作、实体间的关系、可能发生的交互、交互的条件、交互的效果等，并分别建立实体元模型、动作元模型、任务元模型和交互元模型，实现对建模对象的概念模型表达。

（2）基于 UML 的描述方法，以面向对象方法为核心，首先建立模型所涉及的所有用例，抽象出模型包含的实体，用类图描述实体与实体间的关系，用行为图、状态图、活动图、顺序图和交互图描述实体的活动和行为，来实现概念建模过程。

（3）基于实体－关系（E－R）的描述方法，主要用于静态模型的描述。它采

74

用图形描述方式,在抽象出实体、属性和关系的基础上,分别用长方形、椭圆和菱形表示实体、属性和关系,并通过线段相连构成一个概念模型。

(4)基于 IDEF 的描述方法,源于结构化分析方法,已经从 IDEF0 发展到 IDEF14。概念建模中用到的主要是 IDEF0 和 IDEF1X。基于 IDEF 的描述方法是通过一系列图形符号来表示模型活动。其中,IDEF0 多用于建立功能性的概念模型,IDEF1X 主要用于建立军事概念的数据模型。

(5)基于概念图的描述方法,是用图形描述领域内概念和关系的方法,它把概念模型抽象成一个有向连通图,用概念节点表示问题域内的实体,用关系节点表示概念节点间的联系,用有向弧表示两类节点间的关系,以此来完成领域中所有概念和复杂关系的抽象建模。

(6)面向对象的本体论描述方法,是采用存在的系统化解释对事物本质进行描述的方法。它采用本体来加强横向知识表示,用面向对象描述本体的结构,既充分利用了面向对象方法在表示模块化和有纵向继承关系的知识上的优点,又克服了其不便于表示有横向联系的知识的局限,利用定义的面向对象本体语言来完成概念模型的表示。

4.1.5　主要概念建模方法在体系建模上的不足与解决办法

体系建模研究表明,体系具有涌现性、动态性、异构性、层次性、使命驱动等一般系统目标所不具备的新特点。体系的复杂性主要源自三个方面[76,78]:一是体系内部实体众多,关系复杂;二是体系作战涉及人的智能活动,建模困难;三是现实世界与模型空间存在鸿沟,映射困难。传统的概念建模方法如 UML、EATI 等在解决体系建模的过程中遇到了许多困难,目前并没有一个统一的体系概念建模方法。

军事概念建模规范中,基于 EATI 的建模方法应用比较广泛,但 EATI 的四元抽象描述对问题域的定义和描述并不完整。EATI 的四元抽象方法用实体、动作、任务和交互来描述问题域的问题空间,但是忽略了对系统内涵和结构的描述,因此,EATI 四元抽象产生的概念模型描述问题域的准确性和完整性都受到质疑,所建立的仿真系统与客观实际也不完全相符[77];UML 虽然是一种标准建模语言,但是用 UML 分析、设计的模型是不可执行和验证的,缺乏对体系中各组分互连、互通的考虑,且语义描述不够精确,不能很好地描述体系架构层次和体系复杂行为。

因此,作战体系概念建模分析需要新的方法。分层多视图的体系结构建模方法就是由此提出来的。由于作战体系具有层次性和多面性,需要从多个层次和多个视角来剖析。体系结构在作战体系分析中的重要作用已经有广泛的共识。通过体系结构建模可以将体系进行层次化抽象和多视图、多侧面表达,这种建模方法便于体系更好地理解、管理和重用。总体上,以体系结构为中心的建模,具有以下技术和应用上的优势[78]:

(1)可重用的结构化框架。体系结构框架提供了可重用的结构,包括可用的体系组分以及利用已有的体系资源集成和构造体系组分,为体系设计资源重用提供了保证。

(2)多层次的结构。体系框架通过多层结构隔离体系功能行为逻辑、底层构造和平台细节,简化了体系复杂度和技术嵌入的难度,为解决复杂大系统分析问题提供了方法。

(3)多视图的结构。支持体系内含的多视图表达,为体系的静态结构和动态行为描述与分析提供了形式化的手段,同时还支持模型驱动过程。

(4)一致设计、接口和标准。规范的接口和设计标准,可以提高互操作性,简化了互操作能力的分析与评价,为管理和达到系统互操作性提供了基础。

(5)可定制与扩展的能力。基于体系结构建模框架,系统研制人员能够较好地获得目标系统的需求,定制其可变化的体系组分,为系统的扩展提供了可能。

4.2　反导预警作战的体系建模支持

BMEWOS 具有明显的体系化特征,需要以体系分析来主导其建模仿真全过程。BMEWOS 建模仿真的"体系主导"内涵,是以体系的建模仿真为主导,通过体系结构分析与建模,确定体系能够完成的作战任务、应具有的能力、能够支持的作战方式、体系节点的行为逻辑、内部的成员系统结构以及成员系统之间的关系,以支持体系的建模与仿真。以"体系主导"思想来指导 BMEWOS 的建模仿真过程,需要有体系建模方法和工具的支持。

4.2.1　体系主导下体系结构格式化概念建模支持

格式化概念建模主要解决军事知识的规范表示问题,是在领域知识的支持下,由军事人员采用图形、文字、表格等一套标准化、规范化的表现形式,将现实世界军事行动描述成建模技术人员易懂、易用、详尽的完整信息,具有形象直观、便于交流等特点,为军事人员和技术人员的沟通与合作提供了一座桥梁。体系结构的格式化建模需要多视图建模理论、体系结构框架建模方法和体系结构建模工具的支持。

1. 多视图建模理论

多视图方法论最开始出现于分布式软件需求工程领域。Zachman 首次将多视图的思想引入到复杂信息系统的体系结构建模领域。目前,多视图方法论无论是在理论界还是在工程界都得到了广泛的认同。现有的各种复杂信息系统的体系结构框架基本上都基于多视图方法论。

多视图方法是人们了解、描述复杂事物的一种常用方法,它可以将一个复杂问题分解为反映不同领域人员视角的若干相对独立的视图,这些视图一方面反映了各类人员的要求和愿望,另一方面也形成了对体系结构的整体描述。图4-1比较形象直观地给出了系统建模多视图方法[56]。

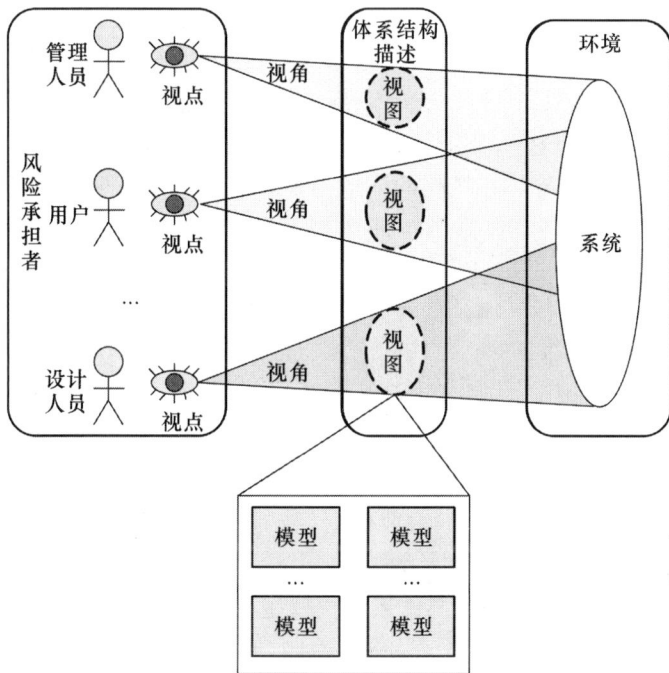

图4-1 系统建模多视图方法

视点由角色和角色对系统的认识两部分构成,视角是不同人员观察体系结构的角度,视图是从某个视角看到的体系结构的特定景象,一个视角与一个视图相对应。模型是体系结构内容的抽象或表示,一个视图可能包括一个或多个模型。体系结构描述一般由多个体系结构视图组成。每个视图表示系统风险承担者的一个或多个关注点。一种体系结构描述可以选择一个或多个视角,视角的选择应以体系结构描述支持的风险承担者及其关注点为依据。

在军事领域,多视图方法得到了广泛应用。美军最先提出来的 C⁴ISR 体系结构框架就是由作战视图、系统视图和技术视图组成的。随着基于信息系统的体系作战能力建设的不断深入,信息系统的支撑功能越来越强,集成融合要素越来越多,结构关系越来越复杂。构建这样的复杂信息系统,应该采用多视图方法,从作战需求分析、信息资源规划、系统总体设计、技术标准应用等角度,根据各方面的不同要求,形成作战、信息、系统和技术标准等视图,进而通过分析视图与视图、模型与模型、要素与要素之间的关系,把宏观筹划与微观设计、定性描述与定量分析有机结合起来,最终形成一个完整的体系结构[57]。

2. 体系结构框架建模方法

体系结构设计对系统(军事信息系统、作战系统、装备系统)的设计、实现、使用有指导作用,可以作为系统设计、集成、演化和互操作性分析的依据。总的看来,按照体系结构框架方法设计的体系结构,已成为分析、验证和评估作战概念,构建武器装备体系,制定采办决策,保证各种系统互操作的重要手段。当前,为了支持体系结构的运用,美国国防部以及众多机构提出了相应领域的体系结构框架,全面支持、指导体系结构的描述与开发。其中代表性的框架包括美军体系结构框架 DoDAF、英军体系结构框架 MoDAF[58]、北约体系结构框架 NAF[59]和法军体系结构框架 AGATE[60]等。

体系结构框架为体系结构的开发、描述和集成定义了一种通用的方法,确保体系结构描述能在不同机构,包括在多国之间进行比较和关联。框架为开发和表示体系结构提供规则、指导和产品描述,保证在理解、比较和集成体系结构时有一个公共的标准。

体系结构框架建模方法已成为美军验证和评估新的作战概念、分析军事能力、制定投资决策和作战规划的重要依据,是美军适应网络中心战的发展要求,全面实施转型战略所采取的重大举措[57]。

3. DoDAF 体系结构框架与体系结构模型

为打破 C^4ISR 系统建设"烟囱式"的格局,加强系统间的互连、互通、互操作,美国国防部从 1991 年开始成立了 C^4ISR 集成任务委员会和体系结构工作小组,研究、制定并颁布了《C^4ISR 体系结构框架》和各种体系结构通用参考资源,以统一各种体系结构设计工作。相继公布了 C^4ISR 体系结构框架 1.0 版和 2.0 版,统一了美军 C^4ISR 系统体系结构的描述方法。在 C^4ISRAF 2.0 的基础上,小组又启动了 DoD 体系结构框架的开发,并于 2003 年 8 月完成了 DoDAF 1.0 版,2007 年 4 月发布 DoDAF 1.5 版,2009 年 5 月正式对外发布最新的 DoDAF 2.0 版。

虽然 DoDAF 版本在不断更新,但始终体现了多视图方法的主导思想,其中最经典的还是 DoDAF 1.5 版中提出的体系结构描述的四类视图,即全视图(All View,AV)、作战视图(Operational View,OV)、系统视图(Systems View,SV)和技术标准视图(Technical Standards View,TV)。全视图包括全局性的内容,主要视图为后三类视图,它们分别从作战需求、系统实现和技术支持三个角度来描述整

个系统,从不同的方面完成对系统体系结构的设计和构建的具体描述[61,62]:

(1)全视图主要作用是提供整个体系结构的信息,规范体系结构的范围和环境,描述了一个完整体系结构所需要的计划、范围、概念等资源,包含了与三个视图都相关的全局性内容。全视图包括总览、概要信息(AV-1)和集成字典(AV-2)。

(2)作战视图:主要作用是确定对作战人员的需求以及描述对系统所支持的作战职能和逻辑要求,用于对完成作战使命所要求的任务和行动、作战元素和信息交换的描述。作战视图包含构成的作战节点和元素、指派的任务和行动、节点间信息流的图形和文本的产品,还定义了信息交换的类型、信息交换所支持的任务和活动以及信息交换的种类。

(3)系统视图是根据已确定的标准和要求,设计系统的能力和性能,并通过物理资源的利用,来确保作战任务的完成。系统视图支持作战功能的各子系统和系统间相互连接的描述,并重点突出满足作战要求的物理特征与能力。它将作战视图与系统资源联系起来。这些系统资源支持作战行动,并使作战节点间的信息交换更为容易。

(4)技术视图是一组用于控制系统各部分的安排、交互以及相互依赖的最小规则集,用于提供系统执行的技术指导方针,它包括一个由技术标准、执行协议、标准选择、规则和准则组成的集合,为一个给定的体系结构管理系统和系统元素。

作战视图以使命任务和作战需求为基础,描述了支持一个特定使命所要求的信息交换和性能参数的详细内容;系统视图描述了功能和物理系统、节点、平台、通信线路以及其他关键要素,以保障在作战体系结构中描述的信息交换要求的实现和作战任务完成;技术视图则确定了体系的具体实现规则。三种体系结构视图组合起来,共同为体系设计提供了系统互连、互通、互操作的基础。作战视图、系统视图和技术视图之间的关系如图4-2所示。

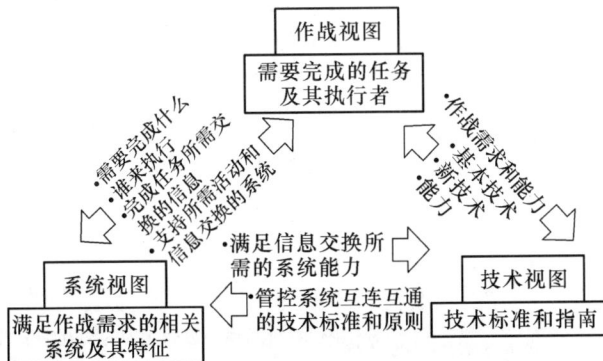

图4-2 作战视图、系统视图和技术视图之间的关系

DoDAF 在定义基本的三种视图的基础上,给出了相应的体系结构产品,这些产品分别从不同的角度共同描述了体系结构的组成与构建。三种视图相互耦合,实现了对体系完整和精确的描述。体系结构产品是在体系结构描述过程中以及描述其有关用途特性中所开发的图形、文字和表格等项目,完成后的产品集就构成了对体系结构的具体描述。体系结构的产品共 26 个,具体内容如表 4 - 1 所列。

表 4 - 1　DoDAF 体系结构产品

视图名称	框架产品	框架产品名称	一般描述
全视图	AV - 1	总览和概要信息	范围,目标,预计用户,环境描述,分析发现
	AV - 2	集成字典	用于所有产品、所有术语定义的体系结构数据知识库
作战视图	OV - 1	高层作战概念图	作战概念的高级图表/文本描述
	OV - 2	作战节点连接描述	作战节点、连通性和节点间的信息交互需求
	OV - 3	作战信息交互矩阵	节点间的交换信息和这些交互的相应属性
	OV - 4	组织关系图	组织职能或组织间的其他关系
	OV - 5	作战活动模型	能力,作战活动,活动间的关系,输入和输出;以显示成本,执行节点,或其他相关的信息
	OV - 6a	作战规则模型	用于描述作战活动的三个产品之一,以识别约束作战的事务处理规则
	OV - 6b	作战状态转移描述	用于描述作战活动的三个产品之一,以识别响应事件的事务过程
	OV - 6c	作战事件 - 轨迹描述	用于描述作战活动的三个产品之一,某一想定或事件序列中的追溯活动
	OV - 7	逻辑数据模型	作战视图的数据需求文件和结构化事务处理规则
系统视图	SV - 1	系统接口描述	确定节点内和节点间的系统节点,系统,系统组成以及它们的相互连接
	SV - 2	系统通信描述	系统节点,系统和系统组成,以及它们间的通信
	SV - 3	系统 - 系统矩阵	一个给定体系结构中系统间的关系,可以显示感兴趣的关系,例如,系统典型接口,对于现存接口的计划,等等
	SV - 4	系统功能性描述	系统执行的功能和系统功能中的系统数据流
	SV - 5	活动对功能追溯性矩阵	从系统追溯到系统能力,或从系统功能追溯到作战活动
	SV - 6	系统数据交互矩阵	提供系统间系统数据元素的交互细节,以及这些交互的属性
	SV - 7	系统性能参数矩阵	特定时间段里的系统视图单元的性能特征

视图名称	框架产品	框架产品名称	一般描述
系统视图	SV–8	系统演化描述	从一组系统移植到一组更加有效的系统,或者从当前的系统发展为未来系统的计划进展步骤
	SV–9	系统技术预测	在给定时间段中将出现的可用技术和软、硬件产品,以及对该体系结构的未来发展的影响
	SV–10a	系统规则模型	描述系统功能的三个产品之一,识别由于系统设计或实施方面的原因而强加在系统功能上的约束
	SV–10b	系统状态转移描述	描述系统功能的三个产品之一,识别系统对于事件的响应
	SV–10c	系统事件轨迹描述	描述系统功能的三个产品之一,确认提炼到系统层面的作战视图中的关键事件序列
	SV–11	物理数据模型	逻辑数据模型实体的物理实现,如消息格式、文件结构、物理公式
技术视图	TV–1	技术标准概览	应用于给定体系结构系统视图元素的标准表
	TV–2	技术标准预测	描述在某一时间段中将出现的标准及其对当前系统视图要素的潜在影响

4.2.2 体系主导下体系结构形式化概念建模支持

形式化建模是由建模人员采用形式化建模语言对格式化模型的形式化表达。形式化模型具有语义精确、语法规范,易于校验等特点,可直接支持仿真实现过程。形式化建模语言一般都有可视化建模工具的支持。SysML 就是一种通用的图形化的形式化建模语言,它支持复杂系统的描述、设计、分析、验证和确认。这些系统可能包括硬件、软件、数据、人员、流程、设备和其他系统要素。SysML 的目的是有助于描述和设计各种系统以及详述系统的组件,这些用 SysML 描述的系统组件又可以用其他领域相关的语言进行设计[63]。

1. SysML 的提出

在 SysML 尚未产生之前,系统工程师主要使用 UML 来解决系统工程领域的建模需求。UML 是一种标准化语言,可以实现大型复杂系统结构和功能描述的可视化,说明并构造系统模型,以及建立各种所需的文档。它是一种定义良好、易于表达、功能强大且普遍适用的建模语言。UML 自 1997 年 11 月被对象管理组织(OMG)批准为业界标准以来,不断地发展和完善,已经获得工业界和科技界的广泛支持。目前的最新版本是 UML 2.4。虽然 UML 的设计初衷是为软件开发提供一种标准化的建模语言,但同时也支持为特殊领域定制 UML,如系统工程领域[64]。但 UML 被应用于系统工程领域时,并不能完全满足系统工程的建模需求,存在一定的局限性,主要表现在[66]:

（1）UML 是面向对象的,缺乏系统工程需要的面向过程的结构化功能分析。

（2）UML 的长处是对软件系统建模,对系统工程等更大范围的系统,存在有些对系统工程建模不需要的多余的建模元素,而对非软件的系统组成元素,如数据、硬件、过程、人和设备等,即使是扩展的 UML 也不能很好地表示它们之间的相互联系和相互作用。

为满足系统工程领域的实际需要,国际系统工程学会（INCOSE）和 OMG 决定在对 UML2.0 的子集进行重用和扩展的基础上,提出 SysML 作为系统工程的标准建模语言,以满足系统工程师的建模需要。SysML 与 UML2.0 的扩展关系如图 4-3 所示。SysML 直接重用 UML 的部分元素,即 UML4SysML 部分。采用构造型机制对 UML 的部分元素进行扩展,形成 SysML Profile。2006 年,SysML 作为 UML 的扩展被 OMG 正式采纳,OMG 于 2007 年 9 月公开发布了正式的 SysML 规范 SsysML vl.0。最新的版本 SysML vl.2 已于 2010 年 6 月发布。

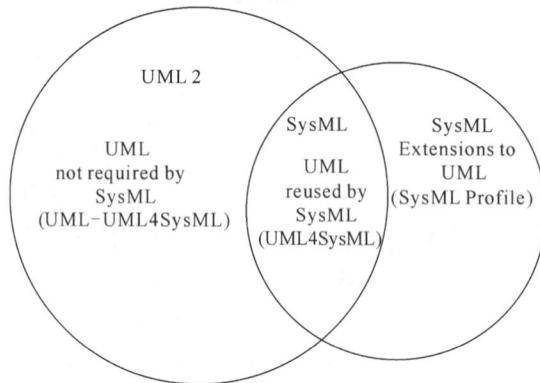

图 4-3　SysML 与 UML 的扩展关系

2. SysML 的模型结构①

SysML 的定义包括 SysML 语义和 SysML 表示法两个部分,分别由元模型和 SysML 的图表示。SysML 采用的是一种图形表示法,是一种可视化的图形建模语言。

---

① Object Management Group. Systems Modeling Language Specification v1.1［EB/OL］.（2008,11,01）［2010,05,15］.http：www.omg.org/spec/SysML/1.1。

SysML 语义通过其元模型来严格定义，元模型为 SysML 的所有元素在语法和语义上提供了简单、一致、通用的定义性说明，使建模语言的使用者在语义上取得一致，从而消除各种因人而异的表达方法所造成的不良影响。此外，SysML 语义还支持对元模型的扩展定义。

SysML 的表示法定义了 SysML 符号的表示方法，为开发者或开发工具使用这些图形符号和文本语法进行系统建模提供了标准的图形符号和语法，在语义上它是 SysML 元模型的实例，使用这些图形表示法为系统建模，就可以构建出标准的系统模型。

1）SysML 元模型

SysML 的语义是基于 SysML 元模型的。SysML 元模型体系结构的形式如表 4-2 所列。

表 4-2 SysML 元模型体系结构

层次	描述	举例
元-元模型	元模型结构的基础，定义元模型描述语言的模型	MetaClass, MetaOperation
元模型	元-元模型的实例，定义模型描述语言的模型	Block, Ports and Flows, Requirements
模型	元模型的实例	实际应用领域模型中的模型、属性、操作等
用户对象	模型的实例	系统工程中的对象结构及相互

（1）元-元模型层由最基本的元素组成。这一抽象层是用来形式化概念的表示，并指定了元模型定义语言。

（2）元模型层包括所有组成 SysML 的元素，是元-元模型层的实例。

（3）模型层由模型组成，这一层为问题、解决方案或系统建模。这一级的每个概念都是元模型层概念的实例。

（4）用户对象层由模型实例组成。这一级别的每个实例都是模型层和元模型层概念的实例。

2）SysML 的图形表示

SysML 采用的是一种图形化表示法，是对 SysML 语义的可视化表示，是用来对系统建模的工具。SysML 作为一种图形化建模语言，共定义了 9 种图形来对现实世界的问题进行建模，其结构如图 4-4 所示。

SysML 的 9 种图形可划分为需求图形、结构图形、行为图形三类。这三类视图从不同的侧面描述目标系统，形成了目标系统的逻辑模型。

（1）需求图形即需求图，是基于文本的需求描述，说明系统必须满足的能力或条件，可以是系统需要执行的某个功能行为或是系统需要实现的某个性能条

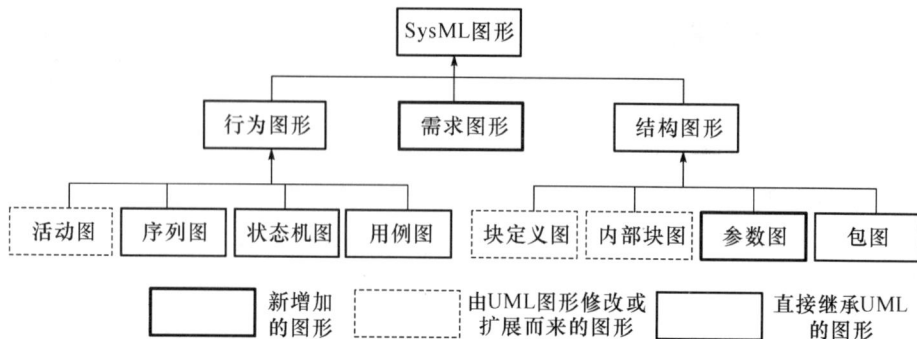

图 4 - 4   SysML 的图形结构

件。SysML 的需求图形用于形式化表达系统需求之间的层级关系、需求之间以及需求与系统其他建模要素之间的关系。

（2）结构图形描述系统的静态结构，包括模块定义图、内部模块图、包图和参数图。

块定义图描述模块的结构和行为特征，以及模块之间架构关系，如组成、聚合以及泛化关系等，类似于 UML 中的类图。

内部块图用于详细描述模块内部的结构，即模块组件之间的相互联系，类似于 UML 的复合结构图。

参数图可以用于获得系统属性之间的约束关系，系统属性之间的约束关系被表达成方程式的形式，其中的参数与系统的属性相关联，是在内部模块图的基础上加入了参数约束和约束模块，约束模块是一种特殊的模块用于定义约束方程，可以被重用和相互连接。

包图描述将建模组件分成组进行管理的机制，它使建模过程中生成的元素模型得到较好的分组管理，从而更加清晰明了，可以用于组织模型。

（3）行为图形描述系统的动态行为结构，包括活动图、序列图、用例图和状态机图。

活动图强调系统的功能行为描述，描述活动的执行顺序，支持活动之间的控制流和对象流，着重系统的功能建模，表现系统完成的行为、活动的输入/输出以及活动完成的次序和条件。

序列图以生命线表示系统的各组件，将组件之间以及与外界之间的相互交互表现为按时序的消息传递，消息可以代表对系统某一组件进行服务调用/请求以及发送/接收信号。

用例图定义用例、参与者以及它们之间的通信，从用户的角度描述系统的功能，可以用在需求分析阶段，保证能快速明确与系统交互的外界系统和用户，并进行最高层的行为描述。

状态机图描述一个特定系统对象的所有可能状态以及由于各种事件的触发而引起的状态之间的转移关系,它强调对象行为的事件顺序。

3. 支持 SysML 建模的软件

目前,软件业已经有多个软件供应商提供支持 SysML 的集成开发环境(插件),主要有 Sparx Systems 公司提供的 SysML. MDG、IBM Rational 公司的 Embedded Plus SysML Toolkit、Telelogic 公司的 TAU@ G2 和 No Magic 公司的 MD SysML plugin 等。本书使用 Sparx Systems 公司的计算机辅助软件工程(CASE)工具 Enterprise Architect 8.0 配合建模插件 SysML. MDG 进行 SysML 建模。

4.3 作战体系多视图军事概念建模方法

作战体系多视图军事概念建模方法为 BMEWOS 建模仿真提供概念建模的方法支撑。通过概念建模要素分析,概念模型体系结构和概念视图产品设计,模型形式化等过程的研究,形成一个支撑 BMEWOS 概念建模的方法体系。

4.3.1 作战体系概念建模要素分析

对作战的表达通常离不开兵力、任务、行动、交战、指挥、环境等基本概念。开发作战仿真系统的过程,是由军事人员将他们所理解和认识的真实世界,转换为仿真虚拟世界的过程,也就是从问题域到仿真域乃至实现域的过程。在这一过程中,军事概念模型是问题域和仿真域之间的桥梁,它明确了在作战仿真系统中,要表达哪些事物和现象,以及如何表达,并且必须保证提供的信息全面、准确、无二义。由于军事问题本身的复杂性和特殊性,在对军事概念模型进行描述时,有必要先对军事领域的知识进行抽象,以对军事任务空间知识进行规范化表示的形式完成军事概念建模过程。

现有主要的建模要素分析方法以三元抽象的实体、行为、交互(EBI)方法[42]和四元抽象的 EATI 方法为代表,但这两种方法对问题域的定义和描述并不完整。本书认为在概念建模中应该进行六元抽象的仿真概念建模要素分析,这六要素是实体任务 T(Task)、实体对象 E(Entity)、实体关系 R(Relation)、实体交互 I(Interaction)、实体动作 A(Action)和实体功能 C(Capability)。

在作战体系概念建模时必须要探讨所应包含的基本要素及其描述,以及这些要素与支撑军事任务空间表达的六元抽象建模要素的对应关系。本书把作战体系概念建模要素抽象为作战任务、作战节点、作战结构、作战信息、作战活动和作战能力六个方面。作战体系概念建模要素与六元抽象的仿真建模要素之间的对应关系如表4-3所列。

表4-3　作战体系概念建模要素与军事建模要素对应

作战体系概念建模要素	军事仿真建模要素
作战任务	实体任务
作战节点	实体对象
作战结构	实体关系
作战信息	实体交互
作战活动	实体动作
作战能力	实体功能

1. 作战任务

作战任务是为了实现某种军事目标,作战节点执行的有目的的行为,是作战节点应担负的职责。各级作战节点有各自的作战任务。任务空间则是具有共同的作战目标、特性和行为准则的任务集。作战任务由作战体系担负的作战使命分解而来,使命可以分解为若干个任务。作战任务本身又可以分解成作战活动(动作)。一系列作战活动完成一个作战任务。确定作战任务空间的主要依据是作战使命对作战体系的要求。作战任务是对作战体系进行的整体限定和约束。

2. 作战节点

作战节点是以一定状态存在于军事行动使命空间内的相对独立的事物,主要包括角色、组织、作战单元以及它们的组合体。作战节点主要用来完成作战任务和执行作战活动。作战节点也可以用来支持分析与设计,分类任务和活动,完成使命需求。作战节点分析需要清楚地描述完成的任务和活动的角色,即角色和任务、活动的对应关系,表明该作战任务或作战活动是由哪些角色完成的。

作战节点是有状态的,作战使命空间内全部节点状态的集合,构成该作战行动使命空间的状态。对某个节点而言,它所在的作战使命空间内其他节点的状态,构成该节点存在的环境。节点状态的变化受环境的影响,同时也引起环境的变化。

3. 作战结构

作战结构是指作战体系各节点之间的相互关系,表明了体系各组成要素之间的静态特征。作战节点间的关系包括类属关系和关联关系。类属关系用于描述问题空间内各类节点间的类属层次,借助于分类结构可以对问题域的实体进行分层,类属关系主要包括泛化关系和依赖关系;关联关系用于描述节点间的组成关系和信息关系,可以分为组成关联、参考关联和共享关联。节点的组成部分与节点的关系属于组成关联,节点间的指挥和服务关系属于参考关联,节点间的协同关系属于共享关联。当节点间的关系为参考和共享关联时,就会在事件的驱动下发生作战信息的交换,即产生交互。

4. 作战信息

作战信息是作战节点在执行作战活动过程中所生成或依赖的信息,包括信息与信息交换两个方面。信息由作战节点处理,但由作战活动实施(产生和使用)。信息交换中定义了交换信息的内容。作战节点通过活动的输入、输出进行信息交换。

作战节点在信息交换中产生了交互。交互是一个对象执行的,可随意指向其他对象的显式行动,旨在改变接收对象的状态或被感知状态。交互是关联作战节点所执行的作战行动的同步点,也是节点行动之间定义的接口,一个节点的行动对另一个节点的影响,通过作战信息交互反映出来。作战信息交互是指节点在执行作战活动过程中,发生引发系统状态发生变化的行为时,节点间的信息交换,可分为感知类(如雷达探测、情报获取)、行为控制类(如指挥控制、作战协同)和影响类(如火力毁伤、电子干扰)信息交换。

5. 作战活动

作战活动是由作战节点执行的,随着时间的推移而不断改变节点自身属性和状态的活动过程,反映了体系的动态特征,是在作战任务空间内被执行的作战行为的分解描述。作战活动的基本类型包括作战行动、指挥行动和保障行动。

作战活动和作战节点之间是多对多的关系,反映了作战节点执行多个作战活动以及多个作战节点执行一个作战活动的需求事实。作战活动和作战任务之间有一个跟踪对应关系。作战活动由作战能力支持,并在作战节点上被执行。

6. 作战能力

作战能力是作战节点在执行作战任务中所具备的能力,包括装备能力、指挥能力和保障能力。作战能力的描述需要明确两点:一是能力的描述必须包含必要的属性以及对效力适当的评价方法;二是能力的描述应该有助于对作战体系的效能评估。因此,作战能力的描述应包括作战能力概念描述、作战能力指标体系描述、作战能力层次描述和作战能力关系描述。

4.3.2　作战体系概念建模体系结构

作战体系建模中,模型是对目标体系的抽象与描述。由于体系是区分层次的和多体(含体系、系统、元素)的,从不同角度出发研究体系,必然存在多个视点。站在不同层次,由不同角度观察,得到不同的体系特性及其关系,就可以完整地表现出一个仿真对象的基本特征及其运行、演化、动力学、物理学等进化、发展、协同、合作或对抗的规律。

从不同的视角对研究领域进行建模,形成不同的视图,各自集中表现领域对象的某个特定方面。每个视图具有各自不同的核心概念构件,围绕各自的核心概念,对所仿真领域信息进行收集和理解。将这些视图结合起来,可以产生一个综合、全面的概念分析模型。

作战体系具有层次性和多面性特点,对其进行概念建模需要从多个层次和多个视角来剖析。所建立的作战体系概念模型需要在满足用户需求的前提下,为仿真系统设计提供支持,包括仿真想定、静态结构模型、动态行为模型以及数据支持等。因此,本书将作战体系概念模型划分作战想定层、作战描述层、信息应用层三个层次。作战体系概念建模体系结构如图4-5所示。

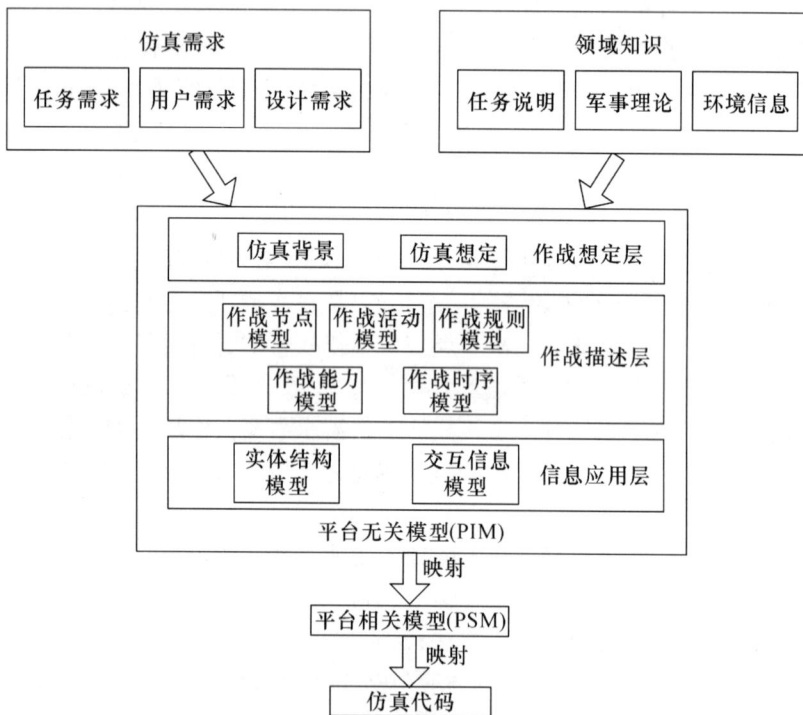

图4-5 作战体系概念建模体系结构

整个概念模型的输入是仿真需求和领域知识,需求包括任务需求、用户需求和设计需求,知识包括任务说明、军事理论、环境信息等。三个层次的描述内容:

(1)作战想定层描述仿真背景、仿真想定,提供体系应用的全景描述。

(2)作战描述层运用结构化、形式化的描述语言(方法)来对作战体系运作

88

过程进行全面的概念模型描述。

（3）信息应用层描述了支撑仿真应用的交互信息模型和结构信息模型。

1. 分层多视图的作战体系概念建模过程

概念建模活动以待开发仿真系统的外部功能需求为起点,以完成全部概念模型文档的建立和证实为终点,提供对应使命任务空间的完备和详尽的概念描述[74]。为保证作战体系概念模型产品的质量和可用性,提高体系概念建模活动的效率,有必要遵循合理的步骤,其建模过程如图4-6所示。

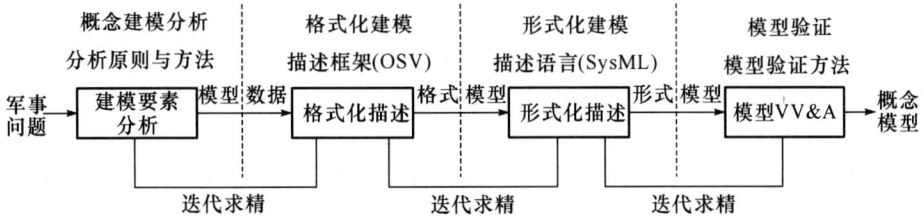

图4-6 作战体系概念建模过程

1）概念建模分析

体系概念模型衍生于权威的领域知识,是领域知识的一种格式化表达。权威的领域知识源包括条令、条例、作战理论以及领域专家经验。概念建模分析实际上是一个分析和认识作战体系的过程,是在领域知识的支撑下,提取现实作战体系的概念及其关系,提供建模分析的基点、建模元素以及建模方法等的过程。

2）格式化建模

格式化建模是军事人员使用图形、文本、表格等标准化、规范化描述方法对反导预警作战体系概念的表达,将体系的作战活动描述成建模技术人员能够理解的、完备的格式信息,主要解决领域知识的规范表示问题。描述的依据是本书提出的分层多视图体系概念建模方法,并结合领域知识和建模规则,采用相应的工具或方法分别对三个建模层次进行模型的结构化描述,描述的结果是形成概念模型的格式化产品。

3）形式化建模

形式化建模是基于结构化描述所获取的规范化知识,利用建模语言提供的公共语义和语法,以图形化的方式反映体系活动的基本特征。一个完整体系概念模型既包括描述性知识和结构性知识,也包括过程性知识,而表现过程性知识的最好办法就是建立任务过程表示图以及相关活动图[79]。概念模型文档是概念模型的最终产品形式,每个概念模型要素对应一份相对独立、完整的概念模型文档,文档的核心内容是模型要素描述信息。本书采用SysML来进行体系概念模型的形式化描述。

4）模型验证

建模仿真 VV&A 是保证模型可信性的重要措施。模型 VV&A 是从预期仿真应用目标的角度,确定一个模型及其相关数据在何种程度上准确表达真实世界的过程,也是确定一个模型或仿真系统及其相关数据对特定目标适合程度的过程。模型 VV&A 主要关注概念模型所表达的真实世界对象和现象。例如:所表达的军事使命空间(军兵种、规模、武器装备、作战环境、实体粒度等)是否符合领域知识;对作战环境、作战节点、作战行动过程建模所采用的描述方法是否合理;等等。

2. 作战体系概念建模分层多视图产品设计

如何对作战体系的功能、构成、要素及要素间的相互作用进行完备准确地描述,是作战体系概念建模要解决的重点问题。本书借鉴美军的 DoDAF 的体系结构框架建模理论,在对其作战视图进行剪裁和扩展的基础上,提出作战体系概念建模的分层多视图设计方法。作战体系概念建模产品共 3 层 10 个视图,这些视图产品的格式化描述结果构成了领域概念模型。表 4 - 4 列出了作战体系概念模型分层多视图产品构成。

表 4 - 4　作战体系概念模型分层多视图产品构成

描述层次	概念视图	概念视图名称	描述内容
作战想定层	OSV - 1	作战概念图	作战背景、概念的高级图表/文本描述
作战描述层	OSV - 2	作战节点连接图	作战节点及节点间的信息交互需求
	OSV - 3	组织关系图	组织结构和组织间的关系描述
	OSV - 4	作战活动模型	作战活动,活动间的关系,输入和输出
	OSV - 5	作战规则模型	作战活动的处理规则
	OSV - 6	作战状态转移描述	作战状态、状态变化及条件的描述
	OSV - 7	作战事件序列描述	作战事件的序列化表达及追溯
	OSV - 8	作战能力模型	作战能力的层次化、结构化描述
信息应用层	OSV - 9	作战信息交互矩阵	节点间的交换信息和这些交互的相应属性
	OSV - 10	信息表示模型	作战信息的数据需求和实体结构化描述

4.3.3　BMEWOS 分层多视图概念建模设计

结合 BMEWOS 分层多视图概念建模过程对各视图产品的含义和设计方法进行论述。

1. 作战想定层

作战想定层由作战概念视图组成,描述整个体系作战的全景。

OSV-1 是根据作战条令,对整个战场场景涉及的作战对象要素、相互关系和战场环境背景进行图形与文本的描述。它规范了作战任务、活动的性能与属性,是进一步进行作战体系分析和生成作战体系其他视图的基本依据。其主要用途是促进军事人员与技术人员之间的交流沟通。描述中要注意作战要素和相关因素的完整性,以及表达作战概念的权威性。

OSV-1 描述依据来源于所研究作战体系的目的和用途,重点描述作战使命或任务、指挥机构和作战单元、资源的地理分布等内容。该模型通过描述担负什么任务、由谁完成这些任务、完成任务的顺序、完成任务达到的目的等内容,说明作战体系的作战概念与构想。此外,OSV-1 还描述体系结构与环境以及其他外部系统的相互关系。

作战概念视图通常采用图形方式描述,也可以是带有文字说明的多媒体。与特定使命相关的目标、资源以及作战单元等可以用不同图形和符号来表示,对象之间的连接关系可以用线表示,说明对象之间的信息流、完成任务的目标和顺序。

BMEWoS 作战概念视图如图 4-7 所示。图中体现了反导预警作战所涉及的主要作战资源及其作战应用、作战过程。

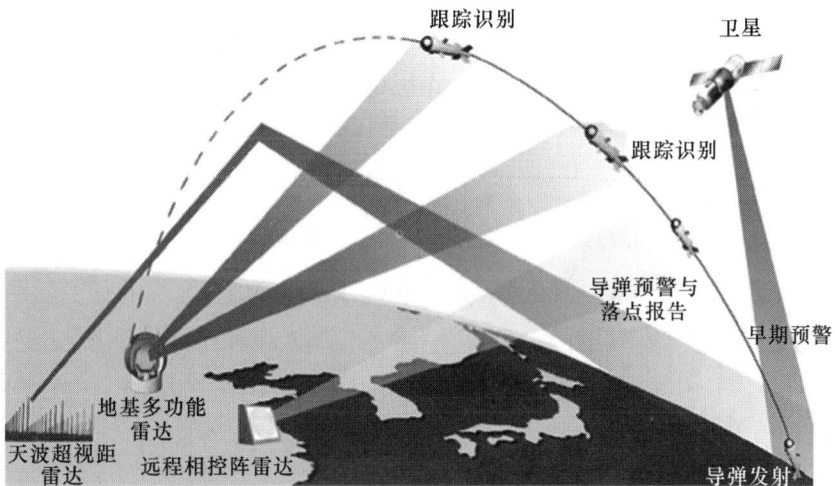

图 4-7　BMEWOS 作战概念视图

由于作战体系可能支持多种作战任务,会产生多种作战构想,因此,在设计中可以建立多个作战概念视图。

2. 作战描述层

作战描述层由 7 个作战功能视图组成,全面描述作战体系的节点结构、作战活动和作战能力。

1) OSV - 2

OSV - 2 主要描述作战节点的活动、作战节点之间的关系以及交换信息的特征。该模型在 OSV - 1 的基础上,对各重要的作战体系节点以及它们之间的信息交换需求进行进一步明确,并说明作战体系节点和体系外节点之间的信息交换。其要素包括:

(1) 作战节点。作战节点是指作战体系执行使命任务过程中产生、消耗或处理作战信息的实体,如指挥机构、作战单元。作战节点属性包括作战实体、执行的作战活动、节点活动地域等方面的内容。作战节点的属性以节点描述表的形式表示,其数据项包括节点名称、标识、对应的组织等。

(2) 需求线。需求线描述作战节点间的信息交换需求。用箭头表示信息流的方向,并用标识和文本注释交换的主要信息类型。需求线只说明信息交换的需求,不说明信息交换的实现方式。需求线与信息交换存在一对多的关系,一条需求线可以描述多个独立的信息交换。需求线的属性以交换信息需求描述表的形式表示,其数据项包括需求线名称、标识、起始节点名称、终止节点名称、完成的信息交换等。

(3) 作战活动。OSV - 2 要定义作战体系节点完成的作战活动,这些作战活动对应于作战活动模型。图 4 - 8 是 BMEWOS 作战节点连接图。表 4 - 5 和表 4 - 6 分别列出了对应的作战节点描述和作战交换信息需求描述。

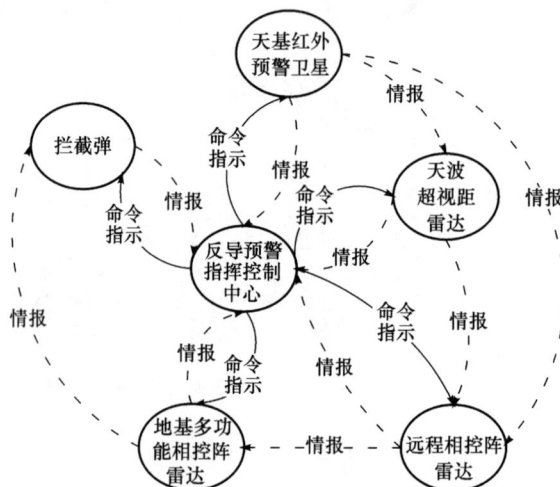

图 4 - 8 BMEWOS 作战节点连接图

表 4-5   BMEWOS 作战节点描述

作战节点	标识	对应组织	完成的作战活动
反导预警指挥控制中心	ON1	指挥机关	决策、命令、通报
天基红外预警卫星	ON2	天基红外预警卫星部队	提供情报数据
天波超视距雷达	ON3	天波雷达部队	提供情报数据
远程相控阵雷达	ON4	远程相控阵雷达部队	提供情报数据
地基多功能相控阵雷达	ON5	地基多功能相控阵雷达部队	提供情报数据
拦截导弹	ON6	拦截导弹部队	接收目标指示信息

表 4-6   BMEWOS 作战交换信息需求描述

标识	作战节点连接关系名称	起始节点名称	终止节点名称	完成的信息交换
ONL1	命令、指示	反导预警指挥控制中心	天基红外预警卫星	命令、指示
ONL2	命令、指示	反导预警指挥控制中心	天波超视距雷达	命令、指示
ONL3	命令、指示	反导预警指挥控制中心	远程相控阵雷达	命令、指示
ONL4	命令、指示	反导预警指挥控制中心	地基多功能相控阵雷达	命令、指示
ONL5	命令、指示	反导预警指挥控制中心	拦截导弹	命令、指示
ONL6	情报	天基红外预警卫星	反导预警指挥控制中心	请示、报告、情报
ONL7	情报	天基红外预警卫星	天波超视距雷达	情报
ONL8	情报	天基红外预警卫星	远程相控阵雷达	情报
ONL9	情报	天波超视距雷达	反导预警指挥控制中心	请示、报告、情报
ONL10	情报	天波超视距雷达	远程相控阵雷达	情报
ONL11	情报	远程相控阵雷达	反导预警指挥控制中心	请示、报告、情报
ONL12	情报	远程相控阵雷达	地基多功能相控阵雷达	情报
ONL13	情报	地基多功能相控阵雷达	反导预警指挥控制中心	请示、报告、情报
ONL14	情报	地基多功能相控阵雷达	拦截导弹	情报
ONL15	情报	拦截导弹	反导预警指挥控制中心	请示、报告、情报

2）OSV-3

根据作战概念图所明确的作战任务、作战背景，对组织关系进行分析，建立组织关系模型。在作战体系概念建模中，组织是指具有知识、技能和能力的角色对象，以及它们之间的关系。

OSV-3 用图形方式描述作战体系中指挥机构、作战单元、它们之间的组织结构以及指挥、协同、服务等组织关系，其目的是为了说明作战体系中指挥系统内对应的各级指挥机构、作战单元及其相互关系。根据组织结构功能目标，这些关系包括上级指挥机构对下级机构(部队、作战单元)的指挥控制关系、同级指挥机构之间的协同关系以及信息需求方与信息提供方之间的服务关系。这些关系不但表明了研究对象之间的关系,而且决定了研究对象内外的关联结构。模型描述的指挥机构、作战单元与作战体系节点连接图中的作战体系节点存在对应关系。

图4-9是BMEWOS组织关系图,矩形表示组织,组织包括指挥机构和作战单元等,可用不同连接线加文本注释的方式说明它们之间的不同关系。

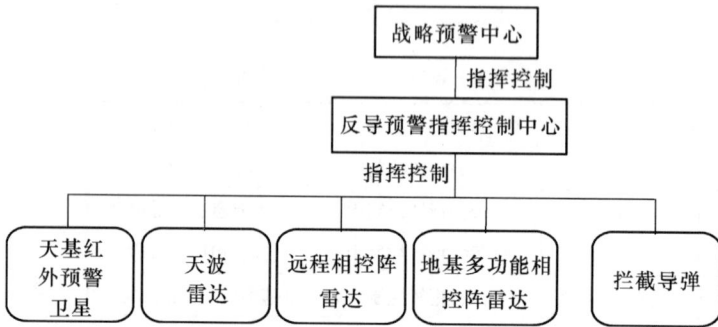

图4-9 BMEWOS组织关系

3) OSV-4

作战活动是指作战体系在完成其使命任务过程中,作战力量履行的有一定目的的行为和动作。作战活动分析是对一系列作战任务的逐层分解并详细描述的过程,作战活动模型的描述粒度,由体系结构的设计目的和要求确定。

OSV-4描述了为完成预定的作战体系使命任务所进行的一系列作战活动,及其涉及的作战能力、作战活动之间的输入或输出的信息。作战活动模型通常采用自顶向下逐层分解的方式建立,通过对作战活动的逐层分解,直到满足作战需求。作战活动模型不仅可以定义作战体系完成的作战活动,而且可以为OSV-5、OSV-6、OSV-7和OSV-8的设计奠定基础。作战活动模型除描述作战能力、作战活动、作战活动之间的信息流外,还应该描述与作战体系外部活动之间的信息流。

作战活动模型可以采用层次结构图描述,也可采用过程图模型描述。在设计中,过程图与层次结构图通常一起使用,共同描述作战活动模型。

图4-10为BMEWOS顶层作战活动描述。其中除描述作战活动外,还详细设计了活动之间的信息交换关系。

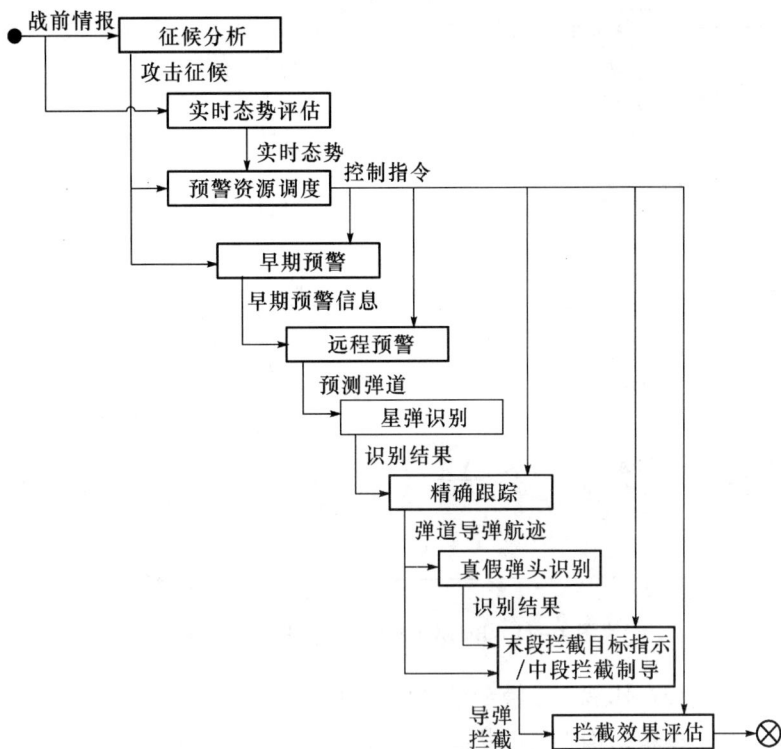

图 4 – 10　BMEWOS 顶层作战活动描述

4）OSV – 5

作战规则受使命、作战目标和体系结构的限制。虽然作战视图的其他产品,如作战节点连接描述、作战活动描述等产品描述了作战的结构,给出了每个产品主要可以做什么,但它们都没有描述在什么情况下必须做什么或不能做什么。作战规则用于指导作战单元如何执行特定的作战活动,或是指导作战过程如何从一个事件过渡到另一个事件。

OSV – 5 描述完成使命任务或执行作战活动时应该遵循的规则,如作战方案生成规则、战术决策规则、指挥协同规则等。它是对作战活动模型、作战体系节点连接图等模型中作战过程、活动执行规则的补充说明。不同的作战规则可以采用不同的描述方法,通常采用文本、结构化语言（if – then – else）、流程图或过程建模方法 IDEF3 等描述。BMEWOS 顶层作战规则流程图如图 4 – 11 所示。

5）OSV – 6

OSV – 6 用图形的方法描述作战体系节点对不同事件的响应以及状态变化

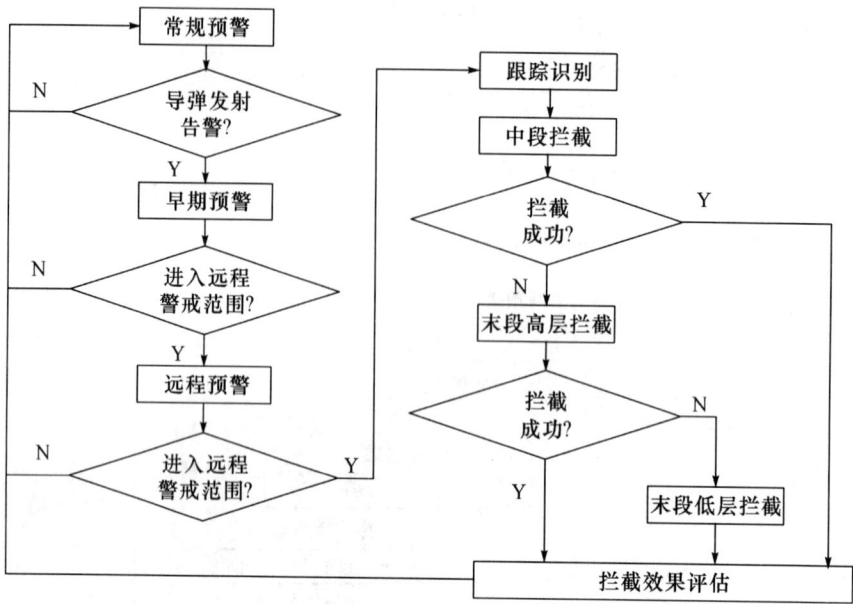

图 4-11 BMEWOS 顶层作战规则流程图

的过程。该模型在作战活动模型的基础上,进一步细化作战活动的执行过程,从本质上描述了体系结构以目前状态为函数对一系列事件的响应。每一个转移确定一个事件和一个活动。状态的变化与初始状态、事件和活动有关,其中事件是引起节点状态变化的原因,节点从一个状态向另一个状态的转变过程中执行相关活动。OSV-6 的建立是以状态图描述为基础的,状态的变化称为转换。

图 4-12 为 BMEWOS 作战模式状态转移顶层。图 4-13 为 BMEWOS 作战活动状态转移。用带黑色圆点的输入箭头指向初始状态,通常每个状态图有一个初始点。输出箭头指向外加一个圆圈的黑点,用它标识结束状态。用圆角方块标识指示状态,并标注上名称或数字以及与该状态有关的行动。状态之间的转变用带有事件/行动符号的单方向箭头予以标注。这个符号指出了引起转变的事件和与转变相关的随之发生的行动。作战状态转换图还可以采用 Petri 网等方法描述。

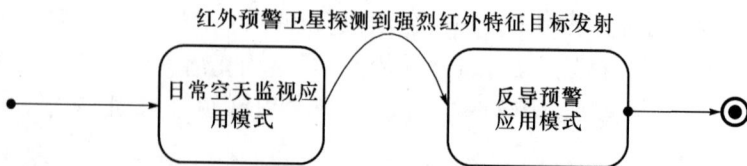

图 4-12 BMEWOS 作战模式状态转移顶层

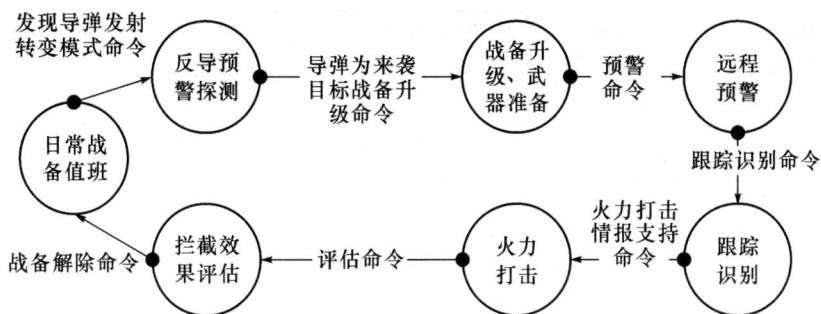

图 4 - 13   BMEWOS 作战活动状态转移

6) OSV - 7

OSV - 7 提供在特定想定和态势环境下,作战体系中各相关节点之间或节点内部事件发生和信息交互的时间顺序。作战事件序列描述根据作战活动图中不同节点之间的交互顺序来生成。通过对任务或活动过程的不断细化,作战事件序列图可以使得事件的顺序关系、信息交换流程更加明确。

设计 OSV - 7 时,可根据体系结构承担的使命和任务以及体系结构设计的要求,选用多个不同的作战活动描述作战事件序列。OSV - 7 可以单独使用,也可以和 OSV - 6 结合使用,共同描述作战过程或任务的动态特征。

图 4 - 14 为 BMEWOS 作战事件序列描述。图顶端的方框表示的对象是作战体系节点。每一个节点对应一条生命线。生命线之间用单向箭头代表一个事件。箭头方向表示事件的控制流向。事件与生命线的交点表示时间,在这些时间点上各节点产生事件。通过在生命线旁边加标注或在事件箭头上加说明,来表示时间特征或约束事件的规则。

7) OSV - 8

OSV - 8 用于描述体系的作战能力。该模型给出了能力的层次结构,以展现体系当前的能力。OSV - 8 规范了贯穿一个作战体系具备的所有能力。

OSV - 8 是一种能力的层次化结构,最通用的能力作为根节点,最专用的能力作为叶节点。在叶节点层,为能力指定度量及相关环境条件。在能力术语命名方法之外,也需要对指定能力提供适当数量的属性和度量,即量化方法。这些属性和度量将与体系结构描述中使用到的能力始终保持关联,可以支撑作战体系的效能评估。作战能力模型可用层次结构图的方式表示。与每种能力相关的属性和度量用相关的数学模型描述。

以 BMEWOS 的能力模型为例,根据 BMEWOS 的使命要求,该体系必须具有指挥体系能力(由指挥控制能力和信息综合处理能力构成)、装备体系能力(由预警探测能力和信息传输与分发能力构成)和保障体系能力(由装备保障能力

战略预警指挥中心　反导预警指挥中心　拦截导弹指挥中心　天基红外预警卫星部队　天波雷达部队　远程相控阵雷达部队　地基多功能雷达部队　拦截导弹部队

授权负责　反导预警任务　反导预警任务　反导预警任务　反导预警任务　反导预警任务　反导预警任务

日常战备　日常战备　日常战备　日常战备　日常战备　日常战备　日常战备

指示目标位置

报告战备等级　发现导弹发射

战备升级　战备升级　战备升级　战备升级　战备升级　战备升级

搜索跟踪目标指示目标位置

报告目标位置　报告目标位置　跟踪目标

跟踪目标弹星识别定轨目标轨道指示

报告目标属性　报告目标属性、轨道

精密跟踪识别目标精确指示

报告目标精确位置　报告目标精确位置

导弹拦截

战场评估

战场评估报告　战场评估报告

恢复日常战备　恢复日常战备　恢复日常战备　恢复日常战备　恢复日常战备　恢复日常战备

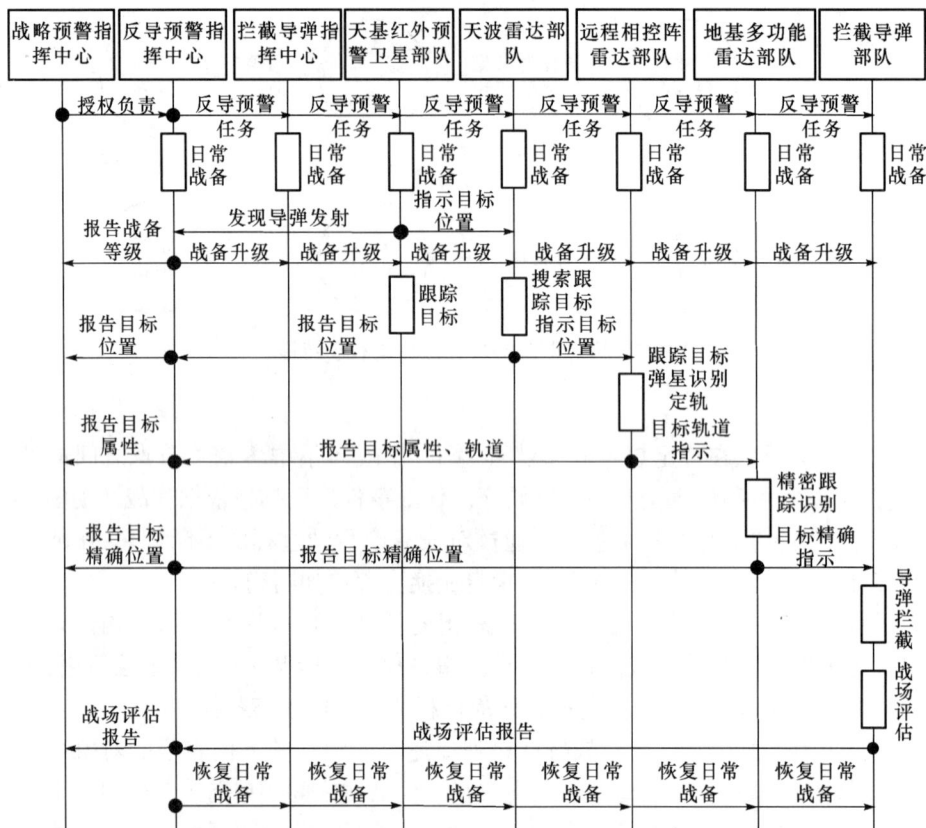

图 4 – 14　BMEWOS 作战事件序列描述

和后勤保障能力构成)等。这些能力又可以分别分解为下一层次的多个能力。BMEWOS 作战能力的层次描述如图 4 – 15 所示。

3. 信息应用层

信息应用层由两个视图组成,主要描述作战节点间的交互信息和作战节点的结构关系信息。

1) OSV – 9

OSV – 9 是对作战体系节点连接图中信息交换需求的详细描述,它确定信息交换对象、内容和形式等。

OSV – 9 描述交换的信息元素和交换的要求。信息元素是信息交换的具体内容,多个信息交换中可以交换相同的信息元素。OSV – 9 不要求把信息交换所包含的所有细节一一列出,主要描述信息交换最重要的特性,确定信息交换对象、内容和形式。

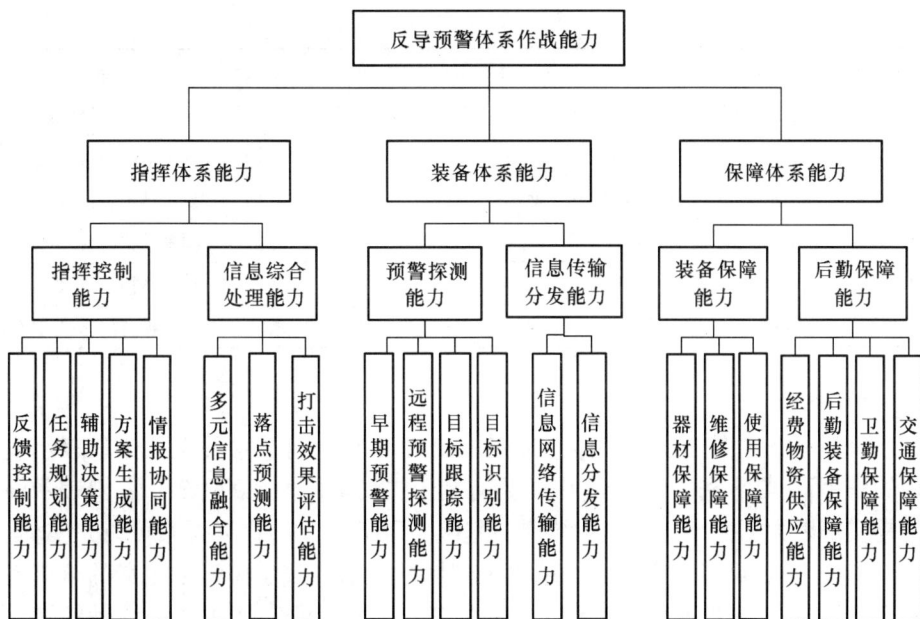

图 4 – 15 BMEWOS 作战能力描述

信息交换与 OSV – 2 的需求线不完全是——映射关系,一条需求线可能对应多个独立的信息交换。OSV – 2 需求线定义的每一条信息交换在 OSV – 9 中必须有对应的说明。BMEWOS 作战信息交换矩阵如表 4 – 7 所列①。

表 4 – 7 反导预警体系信息交换矩阵(部分)

标识	资源名称	发送节点	接收节点	周期/s	格式	内容
ONL1	命令、指示	指挥控制中心	红外预警卫星	0.1	文本	命令任务、指示情况
ONL2	命令、指示	指挥控制中心	天波超视距雷达	0.1	文本	命令任务、指示情况
ONL3	命令、指示	指挥控制中心	远程相控阵雷达	0.1	文本	命令任务、指示情况
ONL4	命令、指示	指挥控制中心	地基多功能雷达	0.1	文本	命令任务、指示情况
ONL5	命令、指示	指挥控制中心	拦截导弹部队	0.1	文本	命令任务、指示情况
ONL6	情报	红外预警卫星	指挥控制中心	0.1	数据	预警情报、目标数据
ONL7	情报	红外预警卫星	天波超视距雷达	0.1	数据	预警情报、目标数据
ONL8	情报	红外预警卫星	远程相控阵雷达	0.1	数据	预警情报、目标数据
ONL9	情报	天波超视距雷达	指挥控制中心	0.1	数据	预警情报、目标数据

① 表中省略了时效、数据长度、信息安全等数据项。

标识	资源名称	发送节点	接收节点	周期/s	格式	内容
ONL10	情报	天波超视距雷达	远程相控阵雷达	0.1	数据	预警情报、目标数据
ONL11	情报	远程相控阵雷达	指挥控制中心	0.1	数据	预警情报、目标数据
ONL12	情报	远程相控阵雷达	地基多功能雷达	0.1	数据	预警情报、目标数据
ONL13	情报	地基多功能雷达	指挥控制中心	0.1	数据	预警情报、目标数据
ONL14	情报	地基多功能雷达	拦截导弹部队	0.1	数据	预警情报、目标数据
ONL15	情报	拦截导弹部队	指挥控制中心	0.1	数据	目标数据、拦截效果评估

2）OSV - 10

OSV - 10 主要描述作战体系节点的属性和节点间结构关系。信息表示模型的作用：一是有利于仿真应用；二是有利于提高实体关系的理解。信息表示模型是实现以数据为中心的体系结构的基础。OSV - 10 的描述要素可以是实体、属性和关系，也可以是交互信息结构及其属性。信息表示模型中定义的节点实体或信息实体，主要来源于 OSV - 2 中的节点元素、OSV - 4 中作战活动的输入信息和输出信息等。根据体系结构的设计目的，确定信息表示模型的描述粒度，其描述方法具体可采用数据建模方法 IDEF1X 或 UML 中的类图描述。图 4 - 16 为 BMEWOS 节点实体的信息表示模型（部分）。

4.3.4 多视图方法下概念模型的形式化表达

从原理上讲，任何建模方法都应由建模语言和建模过程两部分所构成，其中建模语言提供用于模型表达的语义和语法，建模过程则描述建立模型所需要遵循的步骤。SysML 是一种建模语言，不是一种过程和方法，也不是一种独立的工具，但 SysML 允许任何过程和方法使用它来对系统建模。

1. SysML 方法对作战体系概念建模的支持

SysML 是 UML 在系统工程应用领域的延续和扩展。SysML 开发者提出的开发过程就是一个模型驱动，以体系结构为中心，迭代递增的过程，可以为作战体系概念建模提供有效的支持。

（1）在体系结构的表达上，SysML 通过块的概念支持基于部件的开发。SysML 块图可以描述系统及组成部分的内部结构，包括该部分与系统其他部分的连接关系与数据交换。它支持系统结构的层级分解，可以将作战节点分解到作战元素，系统节点分解到系统元素及系统组件。SysML 的块图为作战体系静态结构建模提供了有力支持，可以很好地表达作战体系的结构化特征。

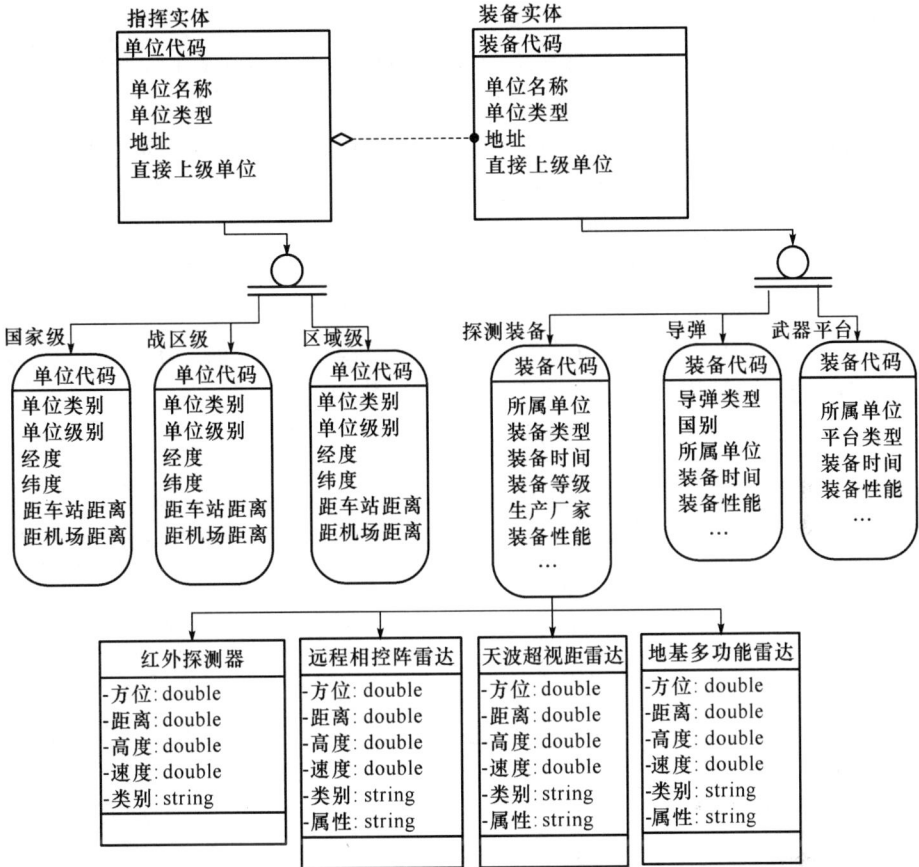

图 4 - 16　BMEWOS 节点实体的信息表示模型(部分)

（2）在体系行为的描述上,SysML 通过状态机图、活动图、顺序图支持主要行为组件如交互、状态机、活动的层次分解,并且加强了对行为的表达能力,以满足对体系功能分析和行为建模的需求。比如,顺序图可以描述对象之间的交互,相对于 UML2 新增的核心构造包括:交互发生允许从一个交互引用到另一个,避免了不必要的重复;交互操作符等表示法,使得在顺序图中可以表示诸如选择、循环、并行、有序、引用等复杂的控制结构。活动图将功能、数据流、控制流集成于一体,并增强了对复杂过程的建模能力。

（3）在结构和行为的一致性上,SysML 提供了通过活动图上的泳道线和顺序图上的生命线将行为和结构组件联系起来的机制。体系结构模型上具体的结构分解必须体现在这些行为图形上,例如,顺序图增加的生命线分解能力,使结构的分解自动体现在行为图形上,保证了两类图形对应元素一致,有力地维护了

101

不同产品之间的完整一致性。

总体上看,SysML用于概念模型的形式化优点:①能通过基于分层多视图的模型设计充分表达体系建模需要;②SysML提供完善的可视化产品,大大提高复杂系统的建模能力;③系统模型设计完成后,SysML允许具有较少编程背景的系统工程师和设计师通过CASE工具直接产生可执行代码模型;④SysML能够验证系统行为对需求的满足程度,并控制模型的输出。

2. 作战体系概念建模与SysML元模型和仿真要素的对应关系

SysML方法对作战体系概念建模和仿真实现提供了较好的支持。作战体系概念视图与SysML模型及仿真要素的对应关系如表4-8所列。从表中可见,基于SysML的概念模型形式化方法可以很好地支持作战体系仿真概念模型的建立,并且所设计的视图产品与仿真要素之间存在着良好的对应关系,可以直接支持仿真过程。

表4-8 作战体系概念视图与SysML模型及仿真要素的对应关系

仿真要素	作战体系概念视图	SysML模型
实体	OSV-2、OSV-3	块图
实体关系	OSV-3、OSV-10	块的关系(继承,组合)
交互关系	OSV-2、OSV-7	块的关联关系、序列图
交互信息	OSV-9	端口和流
作战行动	OSV-4、OSV-7	活动图、序列图
行动过程	OSV-4、OSV-6	行为图(包括活动图和状态图)
行动规则	OSV-5	活动图
作战能力	OSV-8	关联块
作战想定	OSV-1	用例图

3. 基于SysML的体系结构建模原则与过程

1)基于SysML的体系结构建模原则

(1)体现面向对象的思想。SysML起源于软件工程的UML,而扩展应用于系统工程领域,它综合面向过程与面向对象的一些特性,在具体的体系结构模型描述过程中参考了UML面向对象的思想和方法,同时利用SysML的扩展性能弥补UML在系统功能描述和设计上的不足[82]。

(2)体现用例驱动的思想。进行作战体系概念模型设计实际上是表述作战体系结构和功能的过程,而用例图能以参与者的角度从整体上对体系作战概念进行表述,是构建体系结构模型的切入点。用例驱动的实质就是先建立用例图,再以用例图为核心构造一系列的模型,如块定义图、内部块图、活动图等,从而逐步深入地展现出作战体系的全貌。

（3）体现层级分解的思想。层级分解,一是从作战概念表述的使命任务开始,依据"使命任务—功能—作战活动"的顺序进行自顶向下的逐层分解,使命任务的完成需要若干功能的执行做保证,而每一功能都是通过一系列具体的作战活动来实现;二是从执行使命任务的主体来说,可依据"体系—系统—作战节点实体"的顺序对体系进行自顶向下逐层分解,体系是完成使命任务的主体,系统是具有一定功能的集合,作战节点实体是作战活动的具体执行者[83]。从分解的各个层级来说,上层是下层的聚合,下层是上层的细化。

2) 基于 SysML 的体系建模过程

体系建模时,在满足语法规范性和数据完备性的前提下,体系结构产品设计还必须遵循一定的开发顺序,这是确保体系结构数据一致性和逻辑合理性的必要条件[82]。参考系统工程过程和结构化分析方法,基于 SysML 的体系建模过程如下:

（1）明确与体系相关的作战概念,作战概念应反映体系结构对应体系的基本使命、任务以及完成任务的主要作战资源和关键过程,通过作战需求分析和作战概念形式化定义,并以此为基础构建作战体系的用例模型。

（2）以作战体系用例图为基础,析取与使命任务对应的作战节点,按照作战概念所表述的节点关系,用 SysML 块定义图及块图间的关联、泛化、依赖关系描述整体作战体系结构图,步骤(1)和步骤(2)共同完成 OSV – 1 的 SysML 描述。

（3）根据高层作战概念,确定执行所指派任务的作战力量及其指挥结构。指挥结构的关键元素是组织之间必须存在的指挥与协同关系,根据作战概念所描述的作战节点间的组织关系,用 SysML 块定义图表示组织节点的连接结构,块图间的关联、泛化、依赖关系表示组成、协同和服务等组织结构关系,完成 OSV – 3 的描述。

（4）以作战体系结构图为基础,根据作战节点间的结构关系及其信息联系,用 SysML 块图表示节点连接结构,用需求线描述节点间的信息交互关系,完成 OSV – 2 的描述。

（5）进一步分析高层作战概念生成的用例模型,分解一系列相互关联的活动,并构造作战过程和活动模型。模型反映了作战过程、支持各过程的活动以及活动的组成关系,可以采用块图、活动图、顺序图、状态机图等来分别描述作战活动的相关方面,完成其他相关视图的描述。

4.4　基于 SysML 的反导预警作战概念模型形式化描述

利用作战体系概念建模视图产品对 BMEWOS 进行的表达属于格式化建模,形成的是领域概念模型,还要使用建模语言对其进行形式化描述才能得到平台无关模型。

4.4.1　BMEWOS 概念模型的 SysML 描述

基于 SysML 体系建模过程,对 BMEWOS 的概念模型的顶层和主要部分进行形式化描述,并对所建立的模型进行静态语法和语义检验,确保模型的正确性、规范性和建模描述内容的完整性。SysML 图元的用法及基于 SysML 的可视化建模方法参见相关 CASE 工具使用手册。

1. 体系用例建模

OSV - 1 所应表述的作战概念,可以用用例图来表示。图 4 - 17 给出了 BMEWOS 用例模型。用例图是以参与者的观点来描述作战层面的主要功能或动作的一种视图。

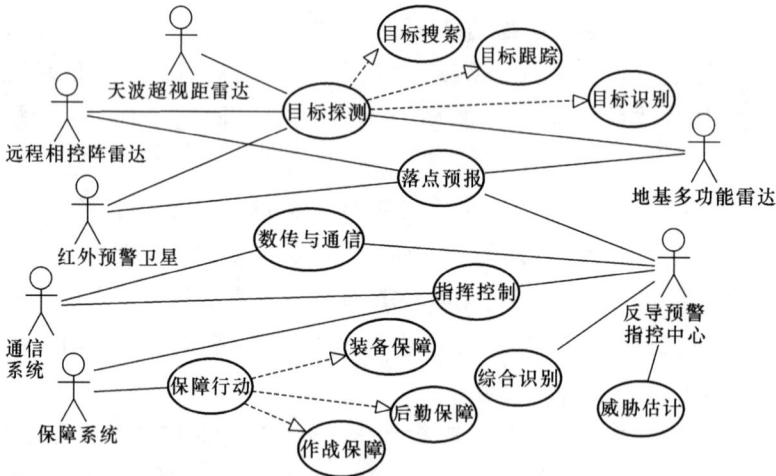

图 4 - 17　BMEWOS 用例模型

图 4 - 17 中的椭圆标志代表用例,用来表示 BMEWOS 的体系功能,但并不显示功能实现的具体过程。人型标志代表参与者,用以表示功能的实现者和使用者。每一用例的实现过程都是通过某一个或一系列作战活动的执行来

104

表示。在用例图中,功能的实现者是体系节点,而在 BMEWOS 中,作战节点是某些系统的聚合,并非最基本的作战单元。因此,可将作战活动分配到作战节点中。

2. 作战体系总体结构建模

作战节点在 SysML 模型元素中用块来表示。SysML 从属性、操作以及端口等方面对块进行了定义。块的操作定义了块自身的功能或能够执行的动作和活动;端口是一种特殊的属性类,用于描述块之间允许的交互类型;属性包括属性值、各组成部分、约束以及对其他块的参考等。其中,values 属性用来表现作战节点的结构属性;parts 属性用来表现作战节点组成关系;constraints 属性用来约束块中的其他属性,可以用对象约束语言①(OCL)来表达这种约束。OCL 是一种表达式语言,具有良好的精确性,其语义与语法见参考文献[84]。采用 SysML 和 OCL 相结合的方法描述 PIM,扩展了 SysML 的表达能力,使得 SysML 模型更精确和完备。

作战节点间关系包括类属关系和关联关系。类属关系用于描述各类节点间的类属层次,主要包括泛化关系和依赖关系;关联关系用于描述节点间的组成关系和信息关系,可以分为组成关联、参考关联和共享关联。用 SysML 语言描述时可用不同的关系图符表示节点间的不同关系,如图 4 - 18 所示。

图 4 - 18　节点间主要关系的 SysML 描述

根据作战节点的分类原则和确定步骤。通过对 BMEWOS 中各作战节点和功能的分解,可以得到 BMEWOS 的总体结构,如图 4 - 19 所示。

3. 作战组织结构建模

OSV - 3 提供具体的组织结构,显示实现作战过程的军事组织及其之间的各种指挥关系。图 4 - 20 利用块定义图对 BMEWOS 中的组织关系进行了描述。

4. 作战节点连接建模

根据作战活动图所体现的信息流,可进一步得到反导预警体系作战过程的信息流程,从而构建作战节点连接视图。作战节点连接视图的 SysML 描述用内部块图表示,作战节点用块表示,各块之间交互的信息用流端口表示。对作战节

---

　　①　对象约束语言是一种能用于构造软件模型的建模语言,它被 OMG 定义为 UML 标准的附加语言,用于面向对象的分析与设计,能够使模型更加精确。

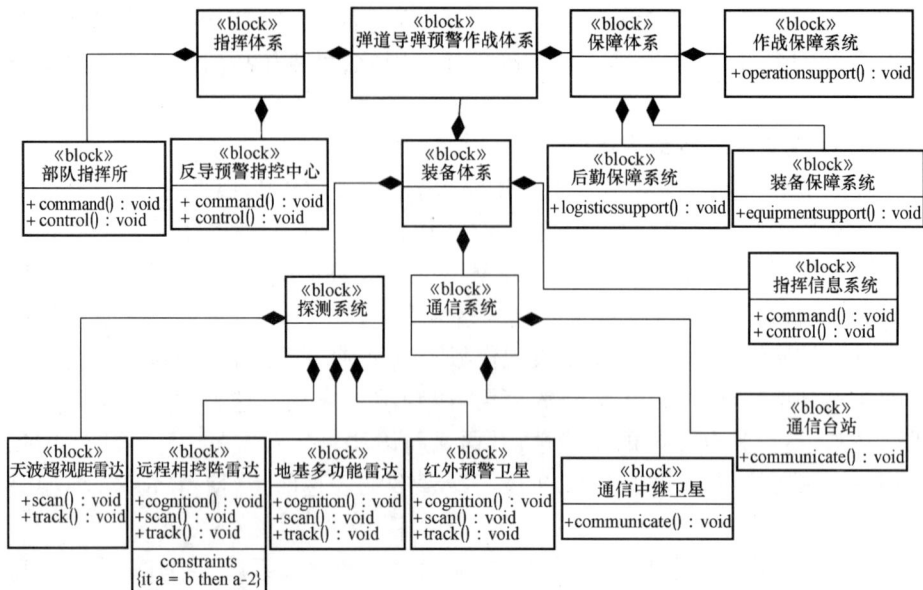

图 4-19 BMEWOS 总体结构的 SysML 描述

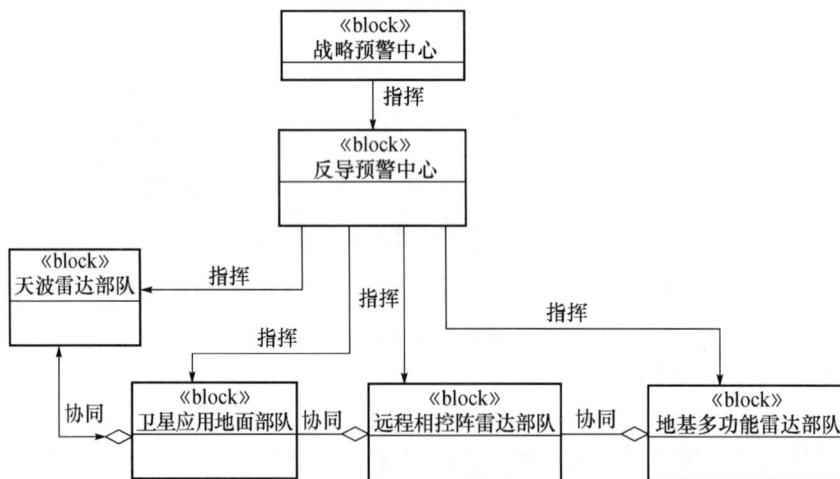

图 4-20 BMEWOS 组织关系的 SysML 描述

点连接视图的建模描述遵循体系层级分解的思想,先构建体系顶层节点连接黑盒模型(图 4-21),再逐层将各个作战节点的黑盒模型白盒化,进而展现出节点内部对象和信息流程的全貌。

对图 4-21 中的远程相控阵雷达系统进行白盒描述的内部块图如图 4-22 所示。

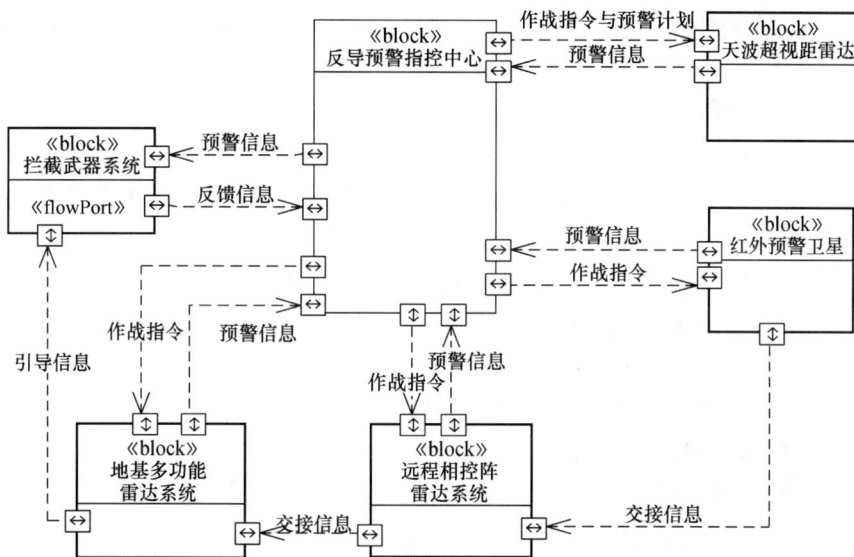

图 4 – 21　BMEWOS 顶层节点连接模型（黑盒）

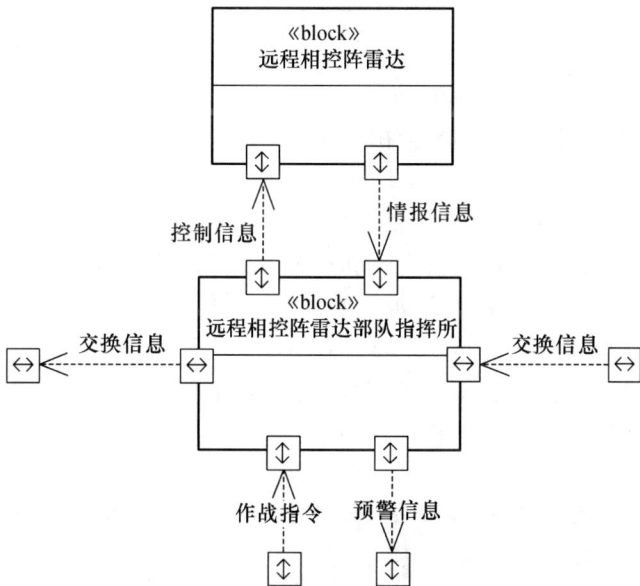

图 4 – 22　远程相控阵雷达系统内部块图（白盒）

107

同样,还可以根据建模仿真的粒度要求对远程相控阵雷达系统进行细化分解,进一步构建雷达单元组成的内部块图,以达到对系统构成的全面模型描述。

5. 顶层作战活动建模

作战活动模型用活动图表示。使用任何一种建模语言进行建模,都必然是以其元模型为基础的。为了更好地使用元模型描述作战活动模型中涉及的实体及其所包含的特有的属性和约束,必须要对元模型进行扩展。UML/SysML 提供了相应的扩展机制,以描述相关模型特有的属性和约束。

UML 提供了两种扩展方式:一种是使用元对象机制(MOF)的重量级扩展;另一种是使用 UML Profile 机制的轻量级扩展。MOF 扩展是基于元 – 元模型的重量级扩展,虽然功能强大,但是建模工具的支持不够,大部分 UML 工具不允许用户手工修改 UML 元模型,即使可以修改,也很难为这些新增加的元模型找到合适的图形描述。使用 UML Profile 进行轻量级扩展,主要通过 UML 构造形、约束和标签机制,在已有元模型的基础上,对其类型和类的语义进行扩展。SysML 本身就是这样一种扩展。这里利用构造型技术,对 SysML 活动图的对象进行以下分类扩展:

(1) 扩展生成构造形《organization》,用以表示参与活动的组织。一个具体的作战体系运作过程中,大部分的作战活动都需要一定的组织实体进行参与或执行,因此,引入组织对象非常关键。其对象流由对象指向活动,表示参与关系。

(2) 扩展生成构造形《equipment》,用以表示活动使用的武器装备,如各种探测系统、通信系统等。其对象流由对象指向活动,表示调用关系。

(3) 扩展生成构造形《infomation》,所有作为活动输入或输出信息的对象均归为此构造型。作战过程伴随着信息的产生和消耗,因此信息对象在活动图中不可或缺。当对象流由对象指向活动时,表示活动的执行需要输入该对象;当对象流由活动指向对象时,表示活动的执行产生了该对象。

图 4 – 23 为 BMEWOS 顶层作战活动的 SysML 描述。作战活动还可以进行层级分解描述,这是 SysML 活动图在表达能力上的一大优势,通过活动的分层描述,能把复杂的行为过程简单化,从而达到对体系行为全面的分析和把握。

这里对顶层作战活动图中远程相控阵雷达的"远程预警"作战活动进行细化分解,建立作战活动分解描述图,如图 4 – 24 所示。

同样,还可以对其他的作战活动进行逐层细化分解,最终得到 BMEWOS 复杂行为模型的形式化描述。

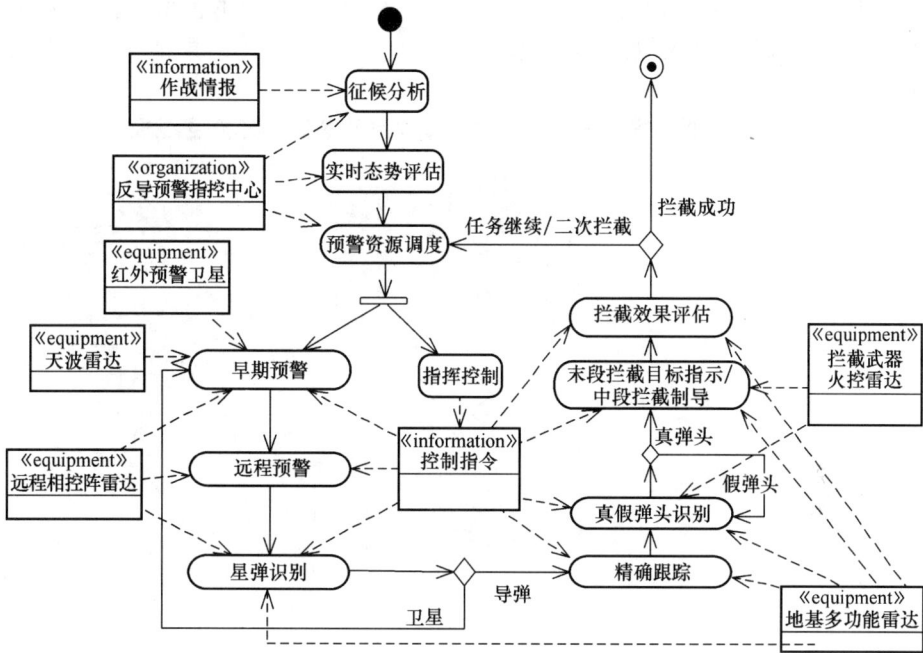

图 4 – 23　BMEWOS 顶层作战活动的 SysML 描述

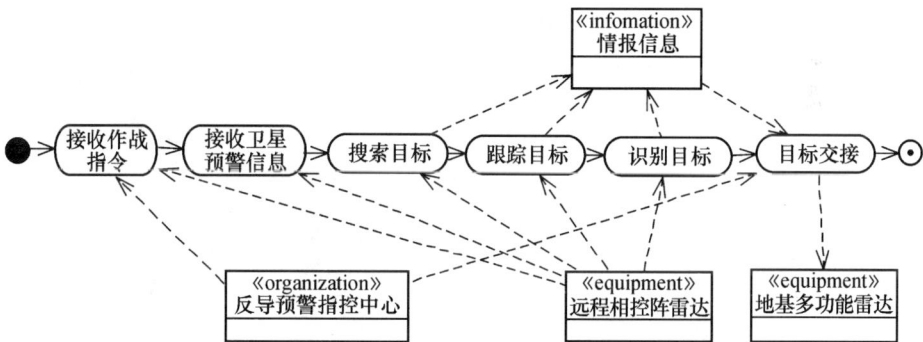

图 4 – 24　远程相控阵雷达远程预警活动分解描述

4.4.2　形式化概念模型的校验

因为上述所有产品都是基于 Enterprise Architect 平台及 SysML. MDG 插件开发的,该平台的实时语法约束验证功能,为产品语法正确性提供了保证,通过平台模型校验功能可以对整个工程(模型集合)进行语法和语义检验,以确保所构建模型在语法、语义上的正确性和规范性。利用 EA 平台的模型校验功能,对本节设计的 BMEWOS 概念模型进行了校验(图 4 - 25),结果证实模型设计无误。

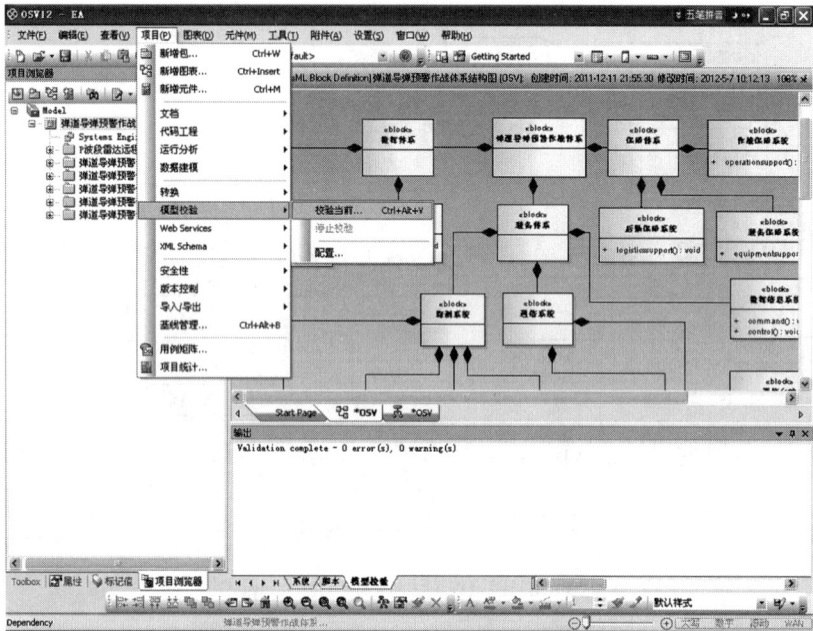

图 4 - 25 利用 EA 工具对模型进行校验

第5章　反导预警作战仿真模型体系

信息化条件下的作战是作战体系之间的体系对抗。作战体系的仿真需要体系对抗仿真模型的支持。一个仿真系统的实用价值如何,从某种意义上取决于该系统模型表达的正确性和完备性。因此,要提高BMEWOS仿真的可信性,首先必须构建一套科学、合理、有效的模型体系。本章分析BMEWOS仿真模型体系的设计原则,建立一套较为完备的BMEWOS体系对抗仿真模型体系,并对BMEWOS仿真的信息域和认知域数学/逻辑模型进行构建,为反导预警体系对抗仿真提供模型支撑。

5.1　模型体系综述

模型是以物理的、数学的或其他合理的逻辑方法对客观世界的系统、实体、现象或进程的再现。BMEWOS仿真需要构建大量不同层次和描述形式的模型。对这些模型进行合理的组织和分类,使它们以体系的形式支撑BMEWOS仿真过程,可以提高模型的可组合性和可重用性,也有利于模型的扩展。

5.1.1　模型体系

军事模型体系是对军事模型构成及其相互关系的描述,是对仿真模型的分类、层次结构及其相互关系的形式化表达[88]。

信息化条件下的联合作战,各军兵种作战及保障部队行动专业性强、复杂性高、影响因素多,全面系统地研究军事仿真模型的构成及分类结构划分,构建相对合理的军事模型体系,是一项任务艰巨且基础性的顶层设计工作,也是军事仿真系统建设的关键环节,对于指导模型开发、减少重复建设、提高模型重用性和可组合性等都具有非常重要的意义。

体系作战仿真系统开发的关键是建立支撑仿真运行的模型体系。模型体系既能够抽象出作战作用域内的特征实体,又能够表现体系的整体性、对抗性和动态性特征,真实有效地描述作战体系在作战过程中的运行规律。它是模型工程建设的关键环节,是仿真设计的核心,也是实现军事仿真领域资源共享、作战仿真系统互连、互通、互操作的基础。

目前,总体来看,在建模仿真方面,比较缺乏体系对抗层次的仿真模型,尤其是适合基于信息系统的体系作战能力论证的仿真模型更是缺乏,相关的建模理论与方法仍在探索之中,大量关键技术还有待突破。并且随着建模与仿真技术的快速发展,近年来各军兵种都开发了大量的作战仿真模型,也发挥了重要作用,但各军兵种在建设仿真模型框架时往往只注重功能的实现、模型的专用特征和单个模型的开发,而忽视了模型的扩展、重用、重组和通用等特点,模型与模型间的接口以及整个模型体系框架的一体化设计不够[86],从而导致建模工作量大,模型的完备性、独立性、统一性、可重用性与规范性较差,可信度低。可见,完善的模型体系设计是仿真系统建设的基础和核心问题。

5.1.2 军事训练模型体系

军事训练模型体系是对军事训练模型构成及其相互关系的系统描述。构建相对合理的军事训练模型体系,可以有效指导模型开发,减少重复建设、提高模型的共享服务水平。

1. 军事训练模型体系的结构特征

通过对各种类型训练信息系统的研究与分析,并依据现有对军事训练模型分类的认识,军事训练模型的体系结构从理论的角度分析,呈现为多维度空间特性[88]。对于任一具体军事训练模型,在模型体系的多维分类框架中都同时具有多种不同的属性;同时,在各维度上分别给定确切的属性,又可在多维分类框架中确定出满足条件的模型。军事训练模型体系多维向量空间特征如图 5 - 1 所示。

2. 军事仿真模型的分类方法

从不同角度可以对军事仿真模型进行不同的分类,得到不同的体系结构构成。目前,对军事仿真模型体系构成,主要存在三种分类方法[88]:

(1)"十类"法,即将军事仿真模型分为想定类、公共基础类、自然环境类、复杂电磁环境类、实体类、通信类、指挥控制类、行动类、效能分析类、态势显示类10 种类型。

(2)"六类"法,即将军事仿真模型分为战场环境与作业环境描述模型、结果综合分析与论证评估类模型、实体模型、作战模型、可视化模型、管理控制模型6 种类型。

(3)"三类"法,即将军事仿真模型分为行动类、交战类、损耗计算类 3 种类型。

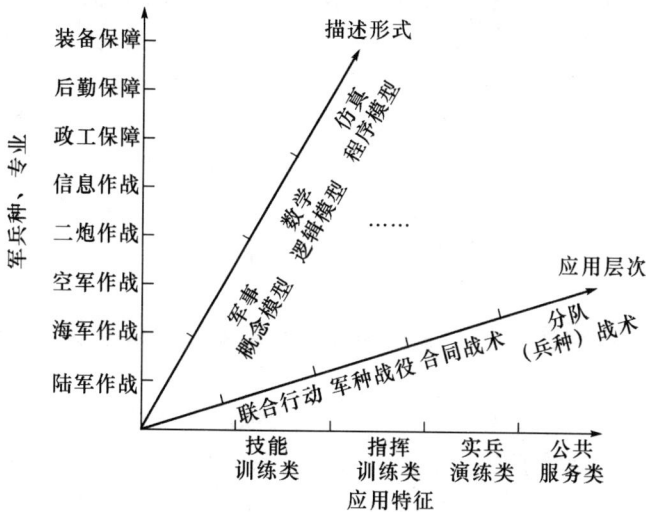

图 5 - 1　军事训练模型体系多维向量空间特征

上述三种分类方法中,一是以仿真模型功能为主对仿真模型进行的划分;二是兼顾模型功能、特性两个方面进行的划分;三是从便于训练模拟系统开发角度进行的划分。虽然,以这些分类方法为基础的军事仿真模型体系结构都部分地反映了军事训练模型体系的特点,但其针对性和完备性均不突出。

从实践性和可操作性的原则出发,模型体系的顶层结构由应用类模型和基础类模型组成,如图 5 - 2 所示。

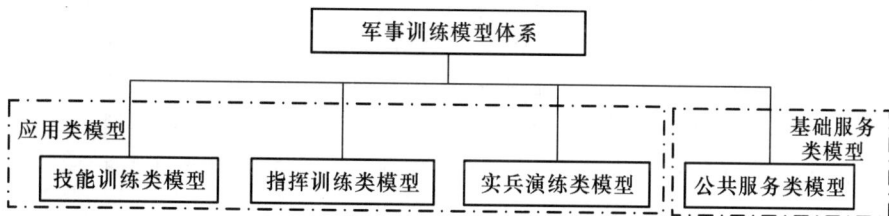

图 5 - 2　军事训练模型体系顶层结构

应用类模型包括技能训练类模型、指挥训练类模型和实兵演练类模型三大部分。其中,技能训练类模型是指满足技能训练所需的各类模型的集合;指挥训练类模型是指满足指挥训练所需的各类模型集合;实兵演练类模型是指满足实兵演练所需要的各类模型集合。

公共服务类模型是指支撑军事训练的具有共性特点、应用广泛的通用模型集合,以及支撑模型服务和管理的模型集合。

3. BMEWOS 对抗仿真模型体系与军事训练模型体系的关系

军事训练模型体系的设计,不但要考虑当前军事训练的现状,同时考虑到战争形态的变化、武器装备的发展和军事训练的深化,模型体系应能够进行调整、扩充和完善,框架结构具有较强的可扩展性,能够不断延伸,不断增补新的模型类别,满足循序渐进、滚动发展的要求。反导预警作战仿真模型体系是军事模型体系组成部分,是空军军事模型体系的一个分支。因此,构建完备的反导预警作战仿真模型体系是对空军军事模型体系的重要补充。

5.2 反导预警作战体系对抗仿真模型体系设计思想

反导预警体系作战仿真系统的可信度主要取决于其模型的精度和可靠性。模型体系构建得越逼真、越完备、越实用,仿真系统发挥的效益就越高。反导预警体系对抗仿真模型体系的设计要顺应世界新军事变革的发展趋势,把握信息化条件下的军事斗争与军事训练的特点,以反导预警作战力量在空天防御作战中的应用为牵引,构建标准化的模型体系结构。

5.2.1 模型体系设计原则

反导预警仿真模型涉及的学科广泛,专业领域多,与作战和武器装备建设的关系密切,而且模型数量众多,层次结构与交互关系复杂。为更好地指导、协调和规范仿真模型的建设,为反导预警作战仿真提供高质量、可重用、可集成的模型服务,模型体系的建设应坚持以下原则:

(1) 具有完备性与开放性。模型体系结构应包含反导预警体系对抗仿真中的各作用域模型,涵盖物理域、信息域、认知域,并支持作战体系效能评估。反导预警作战仿真模型是空军军事模型体系的组成部分,并且可以接入陆、海、二炮等其他军种的模型体系,同时随着作战与装备的发展,模型体系还可根据需要进行扩展。

(2) 具有相对独立性。反导预警体系对抗仿真模型体系的设计中,在分析模型与数据及系统平台相互关系的基础上,重点突出模型自身的相对独立性,力求划清模型与仿真系统平台、数据之间的分界线,保持模型自身自成体系,可以独立应用和管理[89]。

(3) 具有可操作性。模型所需数据准备简单,基本函数、基本模型应符合学科、专业领域的公认标准,主要模型通过 VV&A 的证实,其数据符合相关数据标准。

(4) 具有可验证性。各模型对于特定的输入,应具有明确的输出;部分模型

114

需要利用经验数据时,对主观经验成分重的参量和变元敏感程度低。

（5）具有多分辨率。考虑到模型可能应用于不同类型的系统和环境,各种情况下模型应用需求侧重点不同,模型设计时需充分考虑多分辨率建模的需求。

（6）符合仿真建模标准。模型的表述或模板应采纳或符合一定的仿真模型标准,如符合 GJB 7099—2010《作战模拟模型开发通用要求》等规范。

（7）支持态势可视化。反导预警体系作战是在陆、海、空、天、电战场内进行的作战行动,其装备平台广域分布,作战实时性强,常规的二维态势显示不够直观,不足以展示整个战场态势。因此,需要综合采用二、三维地理信息技术,建立多维态势可视化模型,支持仿真结果和战场态势的综合显示。

5.2.2 仿真模型的基本框架

反导预警作战仿真必须以反导预警作战体系、作战任务、作战效果的综合量化分析为基本依据。为充分体现作战仿真在反导预警作战运用研究中的作用,建立反导预警体系对抗仿真模型体系的总体思想要结合现代战争的特点,从体系作战的角度出发,基于体系对抗仿真模型框架来设计仿真模型体系。

体系对抗仿真的基础是对体系进行描述,描述的过程就是建模过程。实体是体系的基础,但众多的实体要形成体系必须建立起相互之间的关系,即在体系建模的框架下对作战节点（实体）、作战结构（关系）、作战能力（功能）、作战活动（行为）和信息交互（交互）等进行建模。在基于信息系统的体系作战背景下,战争同时发生在物理域、信息域和认知域之内以及三者之间。因此,作为作战体系仿真实验的对象,模型体系应该反映战争体系三域结构的特点,符合基于信息系统的体系作战三域分层结构的体系对抗仿真建模框架[40],如图 5-3 所示。

5.2.3 模型体系的分类与结构

对模型体系的分类与结构进行合理设计是模型体系规范性的保证。军事训练模型体系以及体系对抗仿真的三域结构为 BMEWOS 模型体系设计提供了指导。

1. BMEWOS 仿真模型分类

BMEWOS 仿真模型的分类方式很多,这里主要从两个方面来进行分类。从模型在仿真过程中的描述形式,可分为概念模型、数学/逻辑模型、仿真程序模型;从模型在仿真过程中作用,可分为应用类模型和基础服务类模型两大类。两种分类方式只是从不同的视角来进行分类,但都统一于模型体系中,共同服务于仿真过程。对于应用类的体系仿真模型,在仿真过程中还是离不开概念建模、数学/逻辑建模和程序建模过程。本章以军事训练模型体系的顶层结构特征为指导,基于第二种分类方式,来进行 BMEWOS 仿真模型体系研究。

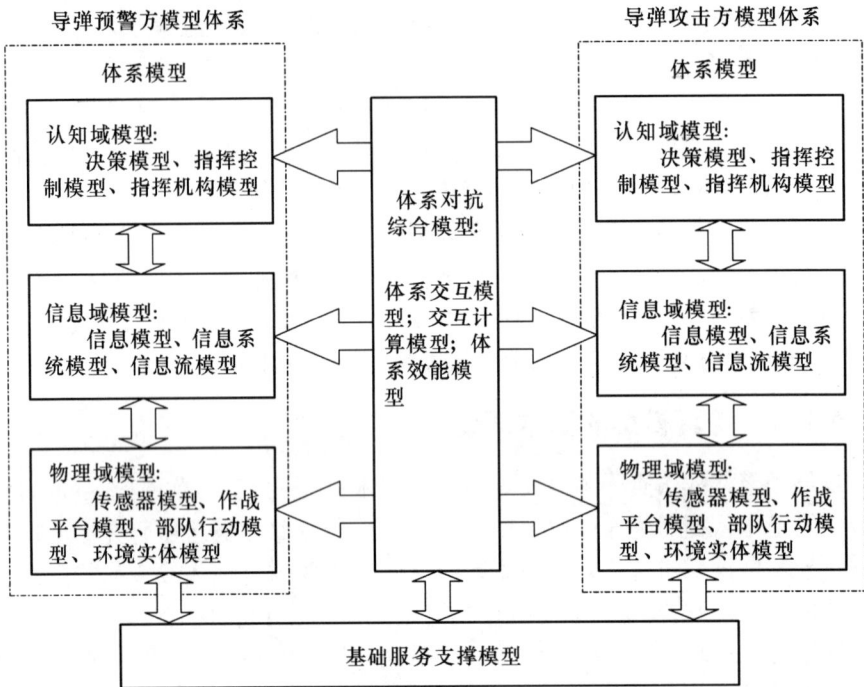

图 5 - 3   反导预警体系对抗仿真模型框架

1）应用类模型

应用类模型又分为体系仿真模型和体系对抗综合分析模型。其中,体系仿真模型由物理域、信息域和认知域模型组成。体系对抗效能分析模型由体系交互和体系效能模型组成。

2）基础服务类模型

基础服务类模型是服务于建模与仿真过程的通用模型,包括战场环境仿真模型、通用数据处理模型、通用建模工具、通用仿真支撑模型和态势显示模型等。

战场环境仿真模型是描述各种战场环境的通用模型集合,是支撑仿真系统建设的基础,主要包括与地理环境（地形、地貌）、大气环境、天水文环境、电磁环境和核、生、化环境等相关的基本模型。

通用数据处理模型是支撑军事模型运行和调试的相关数据服务的模型集合,主要包括与数据采集、数据统计、数据分析和数据管理等相关的模型。

通用建模工具是指支撑模型开发的各种工具集合。这里的建模工具主要是第三方开发的和专用的模型管理工具,主要包括模型集成开发平台、模型生成工具、模型调试工具和模型测试工具等。

通用仿真支撑模型是指专门用于支撑模型运行的模型集合,主要包括与进

116

行模拟仿真所需要的模型交互协议和模型组件集成框架等相关模型。

态势显示模型包括实体、环境和典型行动的实时视景仿真显示以及战场综合态势显示模型。

2. BMEWOS 仿真模型体系结构

综合上面的分析,反导预警体系对抗仿真模型体系结构如图5-4所示。

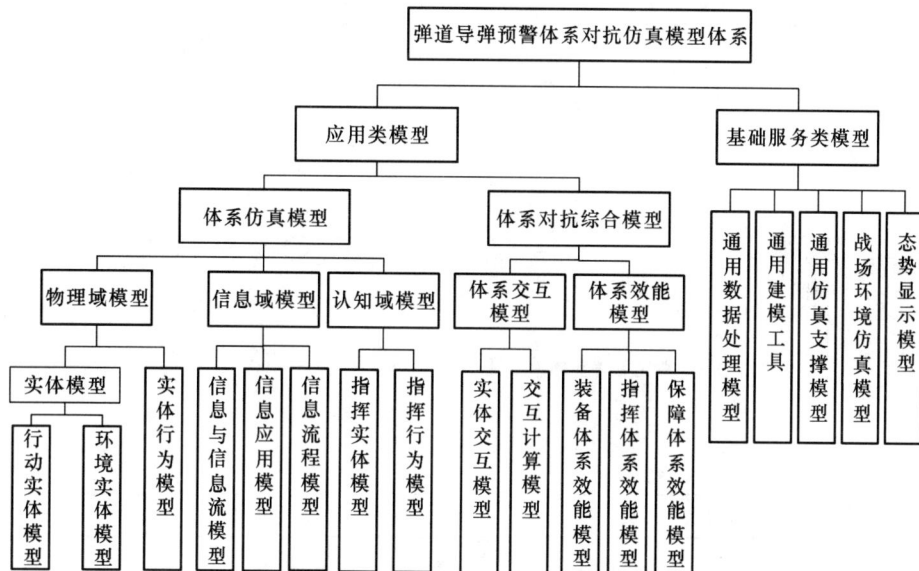

图5-4 反导预警体系对抗仿真模型体系结构

5.3 反导预警作战体系对抗仿真模型体系设计

由于基础服务类模型具有通用性,因此这里只研究反导预警体系对抗仿真中的应用类模型,即研究反导预警体系仿真模型中物理域、信息域和认知域模型的结构以及体系对抗综合模型的结构。

5.3.1 物理域仿真模型

物理域是对抗双方进行战争或作战的物理空间,包括各方人员、武器装备、军事设施、各种网络和陆、海、空及太空环境等[42]。反导预警体系对抗物理域仿真模型主要描述实体模型(包括行动实体模型、环境实体模型等)和实体行为模型。行动实体模型主要是指反导预警体系对抗中各作战节点实体和弹道导弹实体模型;环境实体模型是描述各种战场环境的实体模型,主要包括地理环境、大气环境、天水文环境和战场目标环境等与行动实体行为有关联的环境对象模型;实体行为模型主要是指反导预警体系对抗中作战实体的行动和对抗模型,行动的效果及其引发可被观察的事件等。反导预警体系对抗仿真实体模型和实体行为模型结构分别如表5-1和表5-2所列。

表 5-1 反导预警体系对抗仿真实体模型

模型类别			具体模型
行动实体	装备实体	预警平台模型	卫星实体模型
		预警装备模型	远程相控阵雷达实体模型
			地基多功能雷达实体模型
			星载红外装备实体模型
			天波超视距雷达实体模型
		弹道导弹实体模型	导弹结构模型
			助推段特征模型
			中段特征模型
			再入段特征模型
	保障实体		作战、装备、后勤保障单元实体模型
环境实体模型			地理环境、大气环境、天水文环境对象模型

表 5-2 反导预警体系对抗仿真实体行为模型

模型类别			具体模型
装备实体行为	平台模型	卫星	卫星轨道与运行模型
	装备模型	远程相控阵预警雷达	远程相控阵预警雷达探测模型
		多功能地基雷达	地基多功能雷达探测模型
		星载红外装备	红外预警卫星探测模型
		天波超视距雷达	天波超视距雷达探测模型
		弹道导弹行为模型	导弹弹道模型
			诱饵施放模型
			电子干扰模型
			导弹机动模型
保障实体行为		装备保障单元	物资器材筹措、技术保障、装备调配模型等
		后勤保障单元	物资保障、运输保障、卫勤保障模型等

5.3.2 信息域仿真模型

信息域是信息生成、存储、处理、传输、显示、管理与共享的领域。指战人员通过信息域获取必要的信息,进行信息交流及控制部队的行动[42]。反导预警体系对抗信息域仿真模型主要描述信息与信息流模型、信息应用模型和信息流程模型。信息与信息流模型主要是对反导预警作战中的交互信息和信息流的信息结构进行建模;信息应有模型主要是对反导预警作战信息传输网络结构和信息处理过程进行建模;信息流程模型主要是对反导预警作战信息流程等进行建模。其模型结构如表5-3所列。

表5-3　反导预警体系对抗信息域仿真模型

模型类别	具体模型		备注
信息与信息流模型	信息结构模型	交互信息模型	见OSV-9
信息应用模型	信息网络模型	信息网络拓扑模型	
		网络连通性分析模型	
		网络连通性计算模型	
	信息处理模型	目标航迹综合处理模型	
		信息分发模型	
信息流程模型	预警作战信息流程模型	作战节点连接和作战活动模型	见OSV-2和OSV-4,二者共同表达了信息流程

5.3.3 认知域仿真模型

认知域反映人的思维决策活动,是感觉、理解、信念、知识以及价值观存在的领域,是通过思考、判断、推理做出决策的领域[42]。反导预警体系对抗认知域仿真模型主要描述指挥实体和指挥行为模型。指挥实体模型主要是对反导预警体系中的各级指挥机构进行建模;指挥行为模型主要是对预警作战中的目标识别、威胁估计、情报协同等指挥决策活动过程进行建模。其模型结构如表5-4所列。

表5-4　反导预警体系对抗认知域仿真模型

模型类别	具体模型	备注
指挥实体模型	战略预警中心实体模型	见OSV-3
	反导预警指挥控控中心实体模型	见OSV-3
	部队级指挥实体模型	见OSV-3

（续）

模型类别	具体模型	备注
指挥行为模型	反导预警目标综合识别模型	
	发、落点估计与弹道预报模型	
	反导预警威胁估计模型	
	反导预警情报协同模型	

5.4　反导预警作战体系对抗仿真物理域建模

反导预警体系对抗物理域仿真模型主要包括实体模型和实体行为模型。实体模型主要由行动实体和环境实体组成。实体行为模型由装备实体行为模型和保障实体模型组成。这里主要对装备实体行为进行建模。

5.4.1　卫星轨道及运行模型

1. 卫星轨道模型

地球与绕其运行的卫星构成一个简单的二体运动系统。在该二体运动系统中，卫星质量远远小于地球质量，属于小天体，可以忽略它对地球的引力，使它的运动问题得到简化。

卫星的运行轨道常用 6 个轨道根数表示，由它们可以确定卫星在任何时刻的三维位置和二维速度。6 个轨道根数的定义如下：

（1）半长轴 a。椭圆轨道长轴的 1/2，决定轨道的大小，与轨道周期密切相关。

（2）偏心率 e。椭圆轨道两焦点之间的距离与长轴的比值，决定轨道的形状。通常，偏心率取值在 $[0,1)$，其值越大，轨道越扁，其值越小，轨道越圆，当 $e=0$ 时，为圆轨道。

（3）轨道倾角 i。卫星轨道平面与地球赤道平面的夹角，用地球北极方向与轨道平面的正法线方向之间的夹角度量，取值在 $[0°,180°]$。倾角决定轨道平面相对赤道平面的倾斜程度，$i=0°$ 或 $i=180°$ 的轨道为赤道轨道；$i=90°$ 的轨道为极轨道；$0°<i<90°$ 的轨道为顺行轨道，卫星运行方向与地球自转方向相同；$90°<i<180°$ 的轨道为逆行轨道。

（4）升交点赤经 Ω。卫星由南向北运行时的轨道弧段称为升弧段，在升弧段卫星星下点轨迹与地球赤道的交点称为升交点。升交点赤经是从春分点逆时针至升交点的角度，取值在 $[0°,360°]$，与轨道倾角 i 共同确定轨道平面在惯性

120

空间中的位置。

（5）近地点幅角 ω。近地点至地心的连线与升交点至地心的连线之间的夹角，取值在 $[0°,360°]$，用于决定椭圆轨道在轨道平面中的方位。

（6）过近地点时刻 τ。卫星过近地点的时刻，用以确定卫星某一时刻在轨道上的位置和速度，即确定空间位置与时间的关系。卫星轨道根数的几何含义如图 5-5 所示。

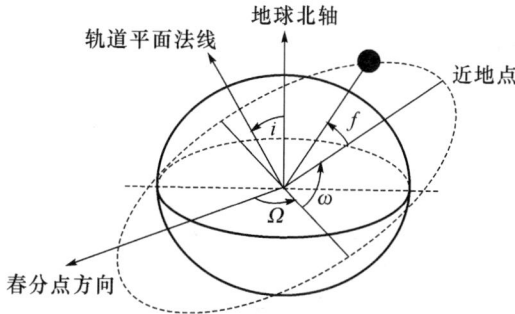

图 5-5　卫星轨道根数的几何含义

由于存在轨道摄动使卫星不再沿着固定的轨道运行，卫星的轨道会慢慢变低变圆，出现轨道衰竭，但是衰竭时间可能较长。为了简化问题，一般忽略各种轨道摄动因素，认为卫星就是沿着固定的轨道作周期性运动。

根据卫星的 6 个轨道根数：半长轴 a、偏心率 e、轨道倾角 i、升交点赤经 Ω、近地点幅角 ω、过近地点时刻 τ 或卫星在时刻 t_0 的平近点角 M_0，可计算卫星任意时刻的方位与运动状态，为判断计算卫星是否通过任务区域、何时通过任务区域、通过任务区域的时间长度、通过任务区域的时间间隔等提供基础模型[90]。

2. 卫星任意时刻的真近点角

真近点角 f 是卫星至地心的连线与近地点至地心的连线之间的夹角，它自近地点开始沿卫星的运行方向度量，用于表征卫星在轨道上的位置，如图 5-6 所示。

为了求解真近点角 f，需要引入偏近点角 E 和平近点角 M。偏近点角 E 是轨道中心至航天器的连线与轨道中心轴线的夹角，平近点角 M 是从近地点起算，卫星以平均角速度运行的角度。真近点角与偏近点角的几何关系如图 5-7 所示。

卫星沿椭圆轨道运动具有规律性，表现在偏近点角 E 随时间 t 的变化上。令轨道历元为 t_0，对应的平近点角为 M_0（可以由轨道根数获得），t 时刻卫星的偏近点角 E 满足

$$E - e\sin E - M_0 = \sqrt{\frac{\mu}{a^3}}(t - t_0) \qquad (5-1)$$

求得 t 时刻卫星的偏近点角 E 后,可以进一步求出 t 时刻卫星的真近点角 f,即

$$f = 2\arctan\sqrt{\frac{1+e}{1-e}}\tan(E/2) \qquad (5-2)$$

式中:e 为卫星轨道的偏心率。

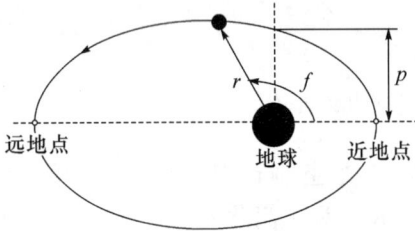

图 5-6   真近点角构成示意图   图 5-7   真近点角与偏近点角的几何关系

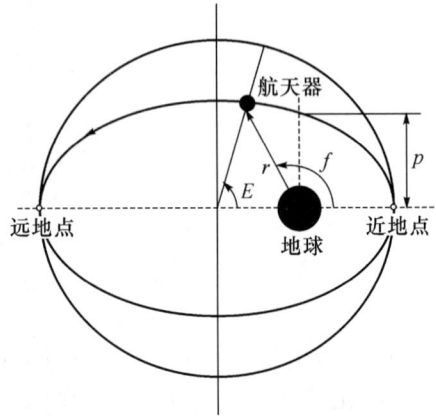

3. 卫星任意时刻的地心距和轨道速度

如果求得卫星在时刻 t 的真近点角 f,则在该时刻卫星的地心距 r 可用下式计算,即

$$r = p/(1 + e\cos f) \qquad (5-3)$$

式中:p 为半通经,是真近点角 f 为 90°时卫星至地心的距离。它与卫星轨道长半轴 a、短半轴 b 和偏心率 e 满足

$$p = \frac{b^2}{a} = a(1 - e^2) \qquad (5-4)$$

当求得卫星在某时刻的地心距 r 时,卫星在该时刻的轨道速度 v,可以用下式确定,即

$$v = \sqrt{\mu(2/r - 1/a)} \qquad (5-5)$$

式中:μ 为地球引力常数。

4. 卫星任意时刻的位置与速度分量

如图 5-8 所示,在地心轨道坐标系 $O_e X_0 Y_0 Z_0$ 中,任意时刻卫星的三维直角

122

坐标都是$(r,0,0)$，r为该时刻卫星质点至地心的距离。由于卫星始终在坐标系参考平面$O_eX_0Y_0$运行，因此，它速度矢量为$(v_r,v_t,0)$，v_r是卫星沿O_eX_0轴向的速度分量，称为径向速度，v_t是垂直径向的速度分量，称为周向速度，而在O_eZ_0轴方向速度分量为0。

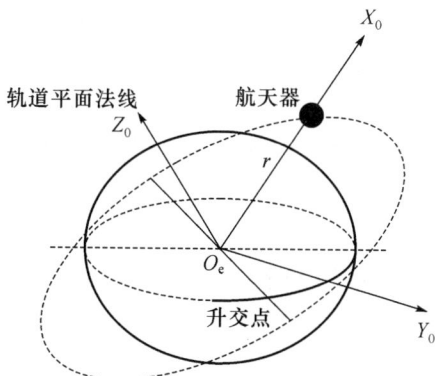

图5-8　地心轨道坐标系

卫星某时刻t的地心距由式(5-3)计算。获得地心距r后，经坐标转换可以方便地计算出卫星任意时刻在地心惯性坐标系的位置，进而计算出卫星在地心固连坐标系的位置。

卫星在地心轨道坐标下任意时刻的径向速度v_r和周向速度v_t分别为

$$v_r = \sqrt{\mu/p} \cdot e \cdot \sin f, v_t = \sqrt{\mu/p} \cdot (1 + e \cdot \cos f) \qquad (5-6)$$

通过坐标变换，卫星在地心惯性坐标系下，该时刻的速度分量为[90]

$$\begin{bmatrix} v_{x1} \\ v_{y1} \\ v_{z1} \end{bmatrix} = \begin{bmatrix} \cos\Omega\cos u - \sin\Omega\sin u\cos i & -\cos\Omega\sin u - \sin\Omega\cos u\cos i & \sin\Omega\sin i \\ \sin\Omega\cos u + \cos\Omega\sin u\cos i & -\sin\Omega\sin u + \cos\Omega\cos u\cos i & \cos\Omega\sin i \\ \sin u\sin i & \cos u\sin i & \cos i \end{bmatrix} \begin{bmatrix} v_r \\ v_t \\ 0 \end{bmatrix}$$

$$(5-7)$$

式中：Ω为升交点赤经。

5. 卫星任意时刻的星下点

卫星在轨运行，为了更好地表示它的运动状态，特别是反映它的运动与地球的相对关系，常用星下点轨迹表示。星下点是指某时刻卫星至地心的连线与地球表面的交点，其位置用球坐标(λ,φ)表示，(λ,φ)是大地经、纬度，也是地心经、纬度。

随着卫星的运行，不同时刻星下点的连线称为星下点轨迹。它描绘出在自转的地球表面上卫星与地球的相对运动关系，结合可观测条件所对应的可观测范围等,容易体现卫星的动态观测几何。

计算卫星任意时刻 t 的星下点位置坐标 (λ,φ) 的步骤如下:

(1) 由卫星在该时刻的真近点角 f,由式(5-3)和式(5-4)计算出该时刻卫星的地心距 r,此时,卫星在地心轨道坐标系下的直角坐标为 $(r,0,0)$。

(2) 地心轨道坐标系下的坐标 $(r,0,0)$ 变换到地心惯性坐标系下的坐标 (x_1,y_1,z_1)。把地心惯性坐标系下的坐标 (x_1,y_1,z_1) 变换到地心固连坐标系下的直角坐标 (x_E,y_E,z_E)。

(3) 直角坐标变换到极坐标,可得到星下点位置经度和纬度坐标 (λ,φ)。

另一种方法是利用角度之间的关系计算。与前一种方法一样,先求得卫星在任意时刻 t 的真近点角 f 和地心距 r,然后考察卫星轨道根数参数 i、Ω、ω,真近点角 f 与卫星在惯性坐标系下的赤经 α 和赤纬 δ 的关系如图 5-9 所示。

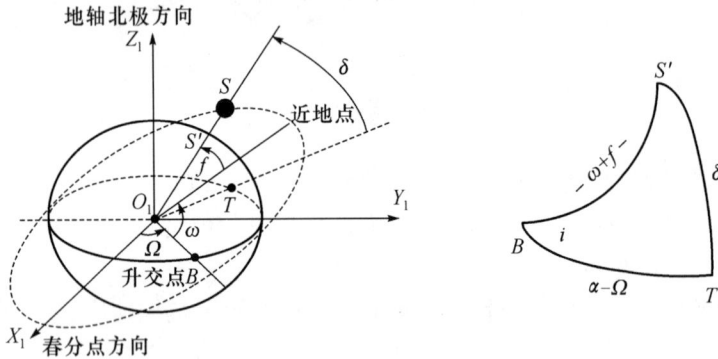

图 5-9　相关角之间的关系

在球面三角形 $BS'T$ 中,B 角就是轨道倾角 i,直角边 BT 在赤道上,大小为 $\alpha-\Omega$,Ω 是升交点赤经。斜边 BS' 为 $\omega+f$,另一个直角边 $S'T$ 为 δ。根据直角球面三角形公式,有

$$\begin{cases} \sin\delta = \sin i \sin(\omega+f) \\ \sin(\alpha-\Omega) = \dfrac{\cos i \sin(\omega+f)}{\cos\delta} \\ \cos(\alpha-\Omega) = \dfrac{\cos(\omega+f)}{\cos\delta} \end{cases} \qquad (5-8)$$

根据式(5-8)可以求出该时刻 t 航天器的赤经 α 和赤纬 δ,由极坐标到直角坐标的变换可以求出在地心惯性坐标系下的直角坐标 (x_1,y_1,z_1),经坐标变换可以求出在地心固连坐标系下的直角坐标 (x_E,y_E,z_E),把直角坐标变换到极坐标,可得到星下点位置经度和纬度坐标 (λ,φ)。

5.4.2 装备探测模型

1. 红外预警卫星探测模型

红外预警卫星主要用于弹道导弹主动段探测,其探测概率模型中着重进行了弹道导弹与卫星观测方向的夹角模型分析。

1)红外卫星观测方向与弹体纵对称轴夹角分析

建立弹体坐标系弹体坐标系 $o_b xyz$,坐标系原点位于弹体质心 o_b 上。$o_b x$ 轴与弹体的纵对称轴重合,指向弹头方向;$o_b y$ 轴与 $o_b x$ 轴垂直,且位于弹体纵对称面内,指向上方;$o_b z$ 轴与 $o_b x$、$o_b y$ 轴构成右手直角坐标关系。

地心大地直角坐标系 $o_e xyz$,坐标系原点位于地球中心 o_e。$o_e x$ 轴为起始天文子午面与赤道平面的交线,指向外方向;$o_e z$ 轴垂直于赤道面,指向北极点;$o_e y$ 轴在赤道面内,并与 $o_e x$、$o_e z$ 轴构成右手直角坐标关系。

假设预警卫星与弹道导弹在地心坐标系中位置分别为 (x_s, y_s, z_s)、(x_b, y_b, z_b),预警卫星与弹道导弹之间的距离为

$$r_s = \sqrt{(x_s - x_b)^2 + (y_s - y_b)^2 + (z_s - z_b{}^2)} \qquad (5-9)$$

假设预警卫星在弹体坐标系中的位置为 (x_1, y_1, z_1),则

$$\begin{bmatrix} x_s \\ y_s \\ z_s \end{bmatrix} = \boldsymbol{A}_s^g \left(\boldsymbol{A}_g^b \begin{bmatrix} x_1 \\ y_1 \\ z_1 \end{bmatrix} + \begin{bmatrix} x \\ y \\ z \end{bmatrix} \right) + \begin{bmatrix} x_0 \\ y_0 \\ z_0 \end{bmatrix} \qquad (5-10)$$

式中:x_0、y_0、z_0 分别为 $\boldsymbol{R}_0$(发射点的地心矢径)在地心大地直角坐标系各轴上的投影;x、y、z 分别为弹道导弹在发射坐标系各轴上的投影;$\boldsymbol{A}_s^g$ 为发射坐标系到地心大地直角坐标系的转换矩阵;$\boldsymbol{A}_g^b$ 为弹体坐标系到发射坐标系的转换矩阵。

因此,卫星观测方向与弹体纵对称轴夹角为

$$\theta = \arccos \frac{x_1}{r_s} \qquad (5-11)$$

则

$$\theta_n = \theta_f = \theta \qquad (5-12)$$

$$\theta_s = 90° - \theta \qquad (5-13)$$

式中:θ_n、θ_f、θ_s 分别为拦截截面法线与探测方向的夹角、发动机尾焰截面法线与探测方向的夹角和导弹蒙皮截面法线与探测方向的夹角。

2)弹道导弹红外辐射强度的计算模型

导弹红外辐射特性计算与导弹飞行状态、推进剂组成、环境温度、辐射面积

和发射率密切相关。采用导弹红外辐射强度计算主动段红外辐射特性,导弹红外辐射强度为

$$I_{\Delta\lambda} = I_{nozzle} + I_{flame} + I_{skin}$$

式中: I_{nozzle} 为发动机喷管出口红外辐射强度; I_{flame} 为发动机尾焰红外辐射强度; I_{skin} 为蒙皮气动加热红外辐射强度[92,93]。

发动机喷管出口红外辐射强度计算模型为

$$I_{nozzle} = \frac{\varepsilon}{\pi}\Delta A_n \cos\theta_n \int_{\lambda_1}^{\lambda_2} \frac{2\pi hc^2}{\lambda^5} \cdot \frac{1}{\exp[hc/(\lambda kT_c(p_a/p_c)^{(\gamma-1)/\gamma})] - 1}\mathrm{d}\lambda$$

$$(5-14)$$

式中: h 为普朗克常量; k 为玻耳兹曼常数; ε 为光谱发射率; c 为光速; λ 为红外辐射波长; θ_n 为拦截截面法线与探测方向的夹角; ΔA_n 为发动机喷管出口红外辐射面积; T_c 为燃烧室温度; p_c 为燃烧室压强; p_a 为喷管出口大气压强; γ 为燃气比热比。

发动机尾焰红外辐射强度计算模型为

$$I_{flame} = \frac{\varepsilon}{\pi}\Delta A_f \cos\theta_f \int_{\lambda_1}^{\lambda_2} \frac{2\pi hc^2}{\lambda^5} \cdot \frac{1}{\exp[hc/(\lambda kT_f)] - 1}\mathrm{d}\lambda \quad (5-15)$$

式中: θ_f 为发动机尾焰截面法线与探测方向的夹角; T_f 为发动机尾焰等效温度; ΔA_f 为发动机尾焰红外辐射面积。

蒙皮气动加热红外辐射强度计算模型为

$$I_{skin} = \frac{\varepsilon}{\pi}\Delta A_s \cos\theta_s \int_{\lambda_1}^{\lambda_2} \frac{2\pi hc^2}{\lambda^5} \cdot \frac{1}{\exp\left\{hc\left/\left(\lambda kT_a\left[1 + r\left(\frac{\gamma-1}{2}\right)Ma^2\right]\right)\right\} - 1\right.}\mathrm{d}\lambda$$

$$(5-16)$$

式中: θ_s 为导弹蒙皮截面法线与探测方向的夹角; ΔA_s 为导弹蒙皮红外辐射面积; T_a 为周围大气温度; r 为温度恢复系数; Ma 为导弹飞行马赫数。

3) 红外检测模型

设预警卫星红外阵列探测器通过脉冲信号扫描搜索视场,扫描运动使瞬时视场扫过目标时产生一个脉冲,则红外探测器扫描信噪比计算模型为[94]

$$\left(\frac{S}{N}\right)_{dr} = \frac{\pi I_{\Delta\lambda}\tau_a\tau_0 D_0(NA)D^*\delta}{2s^2} \cdot \left[\frac{2n\eta_{sc}}{\Omega F}\right]^{1/2} \quad (5-17)$$

式中: τ_a 为大气光谱透射比; τ_0 为光学系统透射比; D_0 为光学系统通光孔径直径; NA 为光学系统数值孔径; D^* 为峰值波长所对应的归一化探测率; δ 为信号过程因子; s 为探测器与目标间距离; n 为探测元件数目; Ω 为总搜索视场角; F

为扫描帧速;η_{sc} 为扫描效率。

因此,DSP 预警卫星的红外探测器对弹道导弹的实时探测概率计算模型为

$$\frac{a}{\sigma} = \sqrt{m}\left(\frac{S}{N}\right)_{dr} \tag{5-18}$$

$$\frac{T}{\sigma} = \sqrt{-2\ln P_{fa}} \tag{5-19}$$

$$P_{dr} = \Phi\left(\frac{a-T}{\sigma}\right) \tag{5-20}$$

式中:a 为信号幅值;σ 为噪声标准差;m 为多次探测积累次数;T 为门限电平;P_{fa} 为红外探测器的虚警概率;Φ 为正态分布函数;P_{dr} 为红外探测器的探测概率。

2. 天波超视距雷达探测模型

红外预警卫星主要用于弹道导弹主动段探测。根据已知的天波雷达工作参数、传播路径、目标特性和所要求的检测性能来计算雷达射线距离的数学关系,可得到大家熟知的一种方程表达式,称为雷达斜距方程,或简称雷达方程,即

$$R_P^4 = \frac{P_{av}G_tG_r\sigma_t\lambda^2 T_c}{(4\pi)^3 P_n(S/N)L_S L_P} \tag{5-21}$$

式中:R_P 为雷达射线距离;P_{av} 为雷达发射平均功率;G_t、G_r 分别为相对于各向同性天线指实际目标方向上发射与接收天线增益;σ_t 为目标的雷达反射截面积;λ 为雷达工作波长;T_c 为相干积累时间;$P_n = kT_0F_a$ 为每赫兹外噪声功率;S/N 为检测目标所需的信噪比;L_S 为雷达设备的系统损耗;L_P 为电离层传播路径的损耗。

式(5-21)是在外噪声背景下检测以飞机、导弹为主的空中目标时使用的方程。大波超视距雷达的传播路径、传播环境、雷达截面积、工作与处理参数等都与微波视距雷达不同。由于方程中的 R_P、L_P 和 P_n 等参数是频率、地点和时间的函数,参数间又是相互依赖的,这种复杂性导致天波超视距雷达与微波视距雷达有很大的不同。

对指定类型目标,在给定的 P_f 与 P_d 条件下的信噪比检测门限 q_0 取值与雷达的工作方式有关,如雷达在周期性搜索状态时,q_0 一般取为 11dB,其中夜间条件比白天条件时高出 0.7~0.9dB[95]。通过将实时计算的信噪比与检测门限 q_0 比较,当信噪比大于检测门限的子区时,该子区称为当前检测子区,并标注出信噪比及当前的工作频率。将相同工作频率的子区进行合并,可以利于雷达波束周期性搜索。

天波超视距雷达对弹道导弹的探测具有特殊性,主要表现:一是天波超视距雷达主要通过弹道导弹尾焰引起的空气分子电离来探测的,而非弹头的 RCS

值;二是弹道导弹在主动段的尾焰一般拖得很长,一般长达几千米甚至 10km 以上,探测精度难以保证;三是天波超视距雷达只能给出弹道导弹的方位距离信息,没有高度信息。

以上对弹道导弹探测的特殊性,再加之天波超视距雷达电磁波传播环境时变、频变的特点,可知天波超视距雷达对弹道导弹的探测具有不稳定性,难以精确描述探测概率。

3. 相控阵雷达探测模型

远程相控阵雷达和地基多功能雷达在弹道导弹自由段探测中起主要作用。远程相控阵预警雷达和地基多功能雷达都属相控阵体制,都可用相控阵雷达探测模型描述。

1) 弹道导弹弹头雷达散射截面积(RCS)计算模型

RCS 对数正态分布模型[96]:

$$f(x) = \begin{cases} \dfrac{1}{\sqrt{2\pi}\sigma x} \exp\left[-\dfrac{(\ln x - \mu)^2}{2\sigma^2} \right] & ,0 \leqslant x \leqslant \infty \\ 0, & \text{其他} \end{cases} \quad (5-22)$$

式中:x 为目标雷达散射面积;σ 为正态分布均方差;$\mu = \ln \bar{x}$ 为正态分布均值。

弹道导弹的 RCS 值与其形状(长度、直径等)具有重要关系,在运筹学层面使其尽量精确的方法是,准确计算弹体纵轴与相控阵雷达视线方向的夹角。

2) 相控阵雷达目标检测模型

(1) 雷达综合信噪比。考虑采用脉冲压缩技术的相控阵预警雷达,雷达检测信噪比由目标回波功率、杂波功率和噪声功率决定。雷达综合信噪比为

$$S/N = S/(N_r + N_c) \quad (5-23)$$

式中:S 为回波信号功率;N_r 为接收机噪声功率;N_c 为杂波(包括海杂波、地杂波等)功率。

(2) 目标回波功率。考虑回波信号脉冲积累效应,目标回波功率为

$$S = \left[\frac{P_t(N\pi\cos\theta)^2\lambda^2\sigma DML_r}{(4\pi)^3} \right]^{\frac{1}{4}} \quad (5-24)$$

式中:P_t 为雷达发射机峰值功率;N 为相控阵天线阵元数;θ 为目标与雷达天线法线夹角;λ 为雷达工作波长;σ 为导弹弹头雷达散射截面积;D 为脉压系数;M 为脉冲积累改善因子;L_r 为系统综合损耗。

(3) 噪声平均功率 N_r。接收机噪声为接收机工作时产生的内部噪声,噪声服从均值为零的正态分布,因此噪声平均功率为

$$N_r = kT_0 B_n N_F \quad (5-25)$$

128

式中:k 为玻耳兹曼常数;T_0 为系统噪声温度;B_n 为接收机等效噪声带宽;N_F 为接收机噪声系数。

（4）雷达接收机杂波功率 N_c。由于海杂波与地杂波影响因素众多,模型较为复杂,将海杂波与地杂波简化为面杂波处理,雷达接收机杂波功率为

$$N_c = \frac{P_t G_t A_c \sigma_c L_r}{(4\pi)^2 R^4} \tag{5-26}$$

式中:σ_c 为杂波平面,服从韦伯分布特性。

（5）相控阵雷达目标检测概率。相控阵雷达的目标检测概率可按典型线性检波雷达来计算,其目标检测概率模型可以近拟为[97]

$$P_D = \frac{1}{2}[1 - \text{erfc}(\sqrt{-\ln P_{fa}} - \sqrt{0.5 + S/N})] \tag{5-27}$$

式中:P_D 为目标检测概率;P_{fa} 为大型相控阵雷达的虚警概率;S/N 为雷达检测信噪比;$\text{erfc}(z) = \frac{2}{\sqrt{\pi}}\int_z^\infty \exp(-x^2)\text{d}x$ 为互补误差函数。

由以上模型可以看出:得到目标检测信噪比后,在一定的虚警概率条件下,必将对应于某一探测概率。根据雷达探测概率与信噪比的函数关系即可得到目标探测概率。目标信噪比与被发现概率的对应关系如表 5-5 所列。

表 5-5　目标信噪比与被发现概率的对应关系

P_{dl}	S/N	P_{dl}	S/N	P_{dl}	S/N
0.001	1	0.30	10	0.70	14
0.005	3.2	0.34	10.50	0.75	14.5
0.01	4	0.40	11	0.80	15.3
0.05	6.4	0.45	11.50	0.85	16.2
0.10	7.6	0.50	12	0.90	17.3
0.15	8.35	0.55	12.45	0.95	19.1
0.20	9.1	0.60	12.90	0.99	23.0
0.25	9.5	0.65	13.40	0.998	26.6

5.4.3　弹道导弹行为模型

1. 导弹弹道模型

在求解导弹相对于地面的运动时,用直接在发射坐标系上建立的运动方程更为方便,并且由于弹道导弹的控制系统通常为惯性控制系统,因此采用发射坐

标系计算的运动参数可以较方便地换算为相对于惯性坐标系的运动参数。

1）弹道导弹主动段运动方程

对于确定表征导弹质心运动轨迹的弹道来说，绕质心运动只需考虑到影响质心运动的程度，也就是说，确定弹道时并不要求绕质心运动计算得十分完整。对于有较好性能的导弹，绕质心运动的动态过程进行得很快，对于导弹的质心运动不产生实际影响，因而在这一动态过程中的惯性力矩、阻尼力矩和哥氏力矩可以略去，绕质心运动简化为静稳定力矩和控制力矩"瞬时平衡"[99]。

在瞬时平衡假设下，绕质心运动方程为

$$\begin{cases} \delta_\gamma = 0 \\ M_{y_1}^\beta \beta + M_{y_1}^\delta \delta_\psi = 0 \\ M_{z_1}^\alpha \alpha + M_{z_1}^\delta \delta_\varphi = 0 \end{cases} \tag{5-28}$$

另外，略去动态过程的控制方程可取如下形式：

$$\begin{cases} \delta_\gamma = a_0^\gamma \gamma_T = a_0^\gamma [\gamma + (\Omega_y \sin\varphi + \Omega_x \cos\varphi)t] \\ \delta_\psi = a_0^\psi \psi_T + k_H u_H = a_0^\psi [\psi + (\Omega_y \cos\varphi + \Omega_z \sin\varphi)t] + k_H u_H \\ \delta_\varphi = a_0^\varphi (\varphi_T - \varphi_{Pr}) + k_\varphi u_\varphi = a_0^\varphi (\varphi + \Omega_z t - \varphi_{Pr}) + k_\varphi u_\varphi \end{cases} \tag{5-29}$$

式(5-28)与(5-29)中：γ_T、ψ_T、φ_T 为相对平移坐标系的姿态角；$k_H u_H$ 及 $k_\varphi u_\varphi$ 两项分别为与横向和法向导引信号相应的附加偏转角；Ω_x、Ω_y、Ω_z 为地球自转角速度在发射坐标系各轴上的投影；δ_φ 为当量俯仰角，δ_ψ 为当量偏航角，δ_γ 当量滚动角。M 为作用于导弹上的外力对质心的主矩。

则瞬时平衡假设下的绕质心运动方程等价于

$$\begin{cases} \gamma = -(\Omega_y \sin\varphi + \Omega_x \cos\varphi)t \\ \beta = A_\psi \left[(\Omega_y \cos\varphi + \Omega_z \sin\varphi)t - \sigma - \dfrac{k_H}{a_0^\psi} u_H \right] \\ \alpha = A_\varphi \left[(\varphi_{Pr} - \Omega_z t - \theta) - \dfrac{k_\varphi}{a_0^\varphi} u_\varphi \right] \end{cases} \tag{5-30}$$

式中

$$\begin{cases} A_\psi = \dfrac{a_0^\psi M_{y_1}^\delta}{M_{y_1}^\beta + a_0^\psi M_{y_1}^\delta} = \dfrac{a_0^\psi R'(x_g - x_c)}{-Y_1^\alpha(x_p - x_g) + a_0^\psi R'(x_g - x_c)} \\ A_\varphi = \dfrac{a_0^\varphi M_{z_1}^\delta}{M_{z_1}^\alpha + a_0^\varphi M_{z_1}^\delta} = \dfrac{a_0^\varphi R'(x_g - x_c)}{Y_1^\alpha(x_g - x_p) + a_0^\varphi R'(x_g - x_c)} \end{cases} \tag{5-31}$$

其中：$x_c - x_g$ 为燃气舵铰链轴到质心的距离；$x_p - x_g$ 为压心到质心的距离。

考虑到不计绕质心运动动态过程时,哥氏惯性力 $\boldsymbol{F}_k$ 较小,故予略去,于是有

$$
\begin{cases}
\begin{bmatrix} \dfrac{\mathrm{d}v_x}{\mathrm{d}t} \\[2mm] \dfrac{\mathrm{d}v_y}{\mathrm{d}t} \\[2mm] \dfrac{\mathrm{d}v_z}{\mathrm{d}t} \end{bmatrix} = \dfrac{1}{m} \begin{bmatrix} \boldsymbol{P}_x + \boldsymbol{R}_x + \boldsymbol{F}_{cx} \\ \boldsymbol{P}_y + \boldsymbol{R}_y + \boldsymbol{F}_{cy} \\ \boldsymbol{P}_z + \boldsymbol{R}_z + \boldsymbol{F}_{cz} \end{bmatrix} + \begin{bmatrix} g_x \\ g_y \\ g_z \end{bmatrix} - \begin{bmatrix} a_{ex} \\ a_{ey} \\ a_{ez} \end{bmatrix} - \begin{bmatrix} a_{cx} \\ a_{cy} \\ a_{cz} \end{bmatrix} \\[10mm]
\begin{bmatrix} \dfrac{\mathrm{d}x}{\mathrm{d}t} \\[2mm] \dfrac{\mathrm{d}y}{\mathrm{d}t} \\[2mm] \dfrac{\mathrm{d}z}{\mathrm{d}t} \end{bmatrix} = \begin{bmatrix} v_x \\ v_y \\ v_z \end{bmatrix}
\end{cases}
\tag{5 - 32}
$$

其中:引力以外的外力常用视加速度 $\dot{W}$ 表示,即

$$
\begin{bmatrix} \dot{W}_x \\ \dot{W}_y \\ \dot{W}_z \end{bmatrix} = \dfrac{1}{m} \begin{bmatrix} (\boldsymbol{P} + \boldsymbol{R} + \boldsymbol{F}_c)_x \\ (\boldsymbol{P} + \boldsymbol{R} + \boldsymbol{F}_c)_y \\ (\boldsymbol{P} + \boldsymbol{R} + \boldsymbol{F}_c)_z \end{bmatrix} = \dfrac{1}{m} \boldsymbol{G}_B \begin{bmatrix} (\boldsymbol{P} + \boldsymbol{R} + \boldsymbol{F}_c)_{x1} \\ (\boldsymbol{P} + \boldsymbol{R} + \boldsymbol{F}_c)_{y1} \\ (\boldsymbol{P} + \boldsymbol{R} + \boldsymbol{F}_c)_{z1} \end{bmatrix} = \boldsymbol{G}_B \begin{bmatrix} \dot{W}_{x1} \\ \dot{W}_{y1} \\ \dot{W}_{z1} \end{bmatrix}
\tag{5 - 33}
$$

式中:$\boldsymbol{G}_B$ 为弹体坐标系对发射坐标系的转换矩阵。当略去滚动角 γ 时,可记为

$$
\boldsymbol{G}_B = \begin{bmatrix} \cos\varphi\cos\psi & -\sin\varphi & \cos\varphi\sin\psi \\ \sin\varphi\cos\psi & \cos\varphi & \sin\varphi\sin\psi \\ -\sin\psi & 0 & \cos\psi \end{bmatrix}
\tag{5 - 34}
$$

而弹体轴方向的视加速度为

$$
\begin{aligned}
\begin{bmatrix} \dot{W}_{x1} \\ \dot{W}_{y1} \\ \dot{W}_{z1} \end{bmatrix} &= \dfrac{1}{m} \begin{bmatrix} (\boldsymbol{P} + \boldsymbol{R} + \boldsymbol{F}_c)_{x1} \\ (\boldsymbol{P} + \boldsymbol{R} + \boldsymbol{F}_c)_{y1} \\ (\boldsymbol{P} + \boldsymbol{R} + \boldsymbol{F}_c)_{z1} \end{bmatrix} = \dfrac{1}{m} \left[\begin{pmatrix} P_e \\ R'\sin\delta_\varphi \\ -R'\sin\delta_\psi \end{pmatrix} + B_Y \begin{pmatrix} -X \\ Y \\ Z \end{pmatrix} \right] \\[3mm]
&= \dfrac{1}{m} \begin{bmatrix} P_e - X\cos\alpha\cos\beta + Y\sin\alpha - Z\cos\alpha\sin\beta \\ X\sin\alpha\cos\beta + Y\cos\alpha + R'\sin\delta_\varphi \\ -X\sin\beta + Z\cos\beta - R'\sin\delta_\psi \end{bmatrix}
\end{aligned}
\tag{5 - 35}
$$

略去滚动角的影响,并增加一些必要的补充方程后得出空间弹道计算方程组为

131

$$\left[\begin{array}{c} \dfrac{\mathrm{d}v_x}{\mathrm{d}t} \\[2mm] \dfrac{\mathrm{d}v_y}{\mathrm{d}t} \\[2mm] \dfrac{\mathrm{d}v_z}{\mathrm{d}t} \end{array}\right] = \left[\begin{array}{ccc} \cos\varphi\cos\psi & -\sin\varphi & \cos\varphi\sin\psi \\ \sin\varphi\cos\psi & \cos\varphi & \sin\varphi\sin\psi \\ -\sin\psi & 0 & \cos\psi \end{array}\right] \left[\begin{array}{c} \dot{W}_{x1} \\ \dot{W}_{y1} \\ \dot{W}_{z1} \end{array}\right] + \left[\begin{array}{c} g'_r\dfrac{x+R_{0x}}{r} + g_\Omega\dfrac{\Omega_x}{\Omega} \\[2mm] g'_r\dfrac{y+R_{0y}}{r} + g_\Omega\dfrac{\Omega_y}{\Omega} \\[2mm] g'_r\dfrac{z+R_{0z}}{r} + g_\Omega\dfrac{\Omega_z}{\Omega} \end{array}\right] -$$

$$\left[\begin{array}{ccc} a_{11} & a_{12} & a_{13} \\ a_{21} & a_{22} & a_{23} \\ a_{31} & a_{32} & a_{33} \end{array}\right] \left[\begin{array}{c} x+R_{0x} \\ y+R_{0y} \\ z+R_{0z} \end{array}\right] - \left[\begin{array}{ccc} b_{11} & b_{12} & b_{13} \\ b_{21} & b_{22} & b_{23} \\ b_{31} & b_{32} & b_{33} \end{array}\right] \left[\begin{array}{c} \dot{x} \\ \dot{y} \\ \dot{z} \end{array}\right]$$

$$\left[\begin{array}{c} \dot{x} \\ \dot{y} \\ \dot{z} \end{array}\right] = \left[\begin{array}{c} v_x \\ v_y \\ v_z \end{array}\right] = \left[\begin{array}{c} v\cos\theta\cos\sigma \\ v\sin\theta\cos\sigma \\ -v\sin\sigma \end{array}\right]$$

$$\left[\begin{array}{c} \dot{W}_{x1} \\ \dot{W}_{y1} \\ \dot{W}_{z1} \end{array}\right] = \frac{1}{m}\left[\begin{array}{c} P_e - X\cos\alpha\cos\beta + Y\sin\alpha - Z\cos\alpha\sin\beta \\ X\sin\alpha\cos\beta + Y\cos\alpha + R'\sin\delta_\varphi \\ -X\sin\beta + Z\cos\beta - R'\sin\delta_\psi \end{array}\right]$$

$$\alpha = A_\varphi\left(\varphi_{\mathrm{Pr}} - \Omega_z t - \theta - \frac{k_\varphi}{a_0^\varphi}u_\varphi\right)$$

$$\beta = A_\psi\left[(\Omega_x\sin\varphi - \Omega_y\cos\varphi)t - \sigma - \frac{k_{\mathrm{H}}}{a_0^\psi}u_{\mathrm{H}}\right]$$

$$\gamma = -(\Omega_y\sin\varphi + \Omega_x\cos\varphi)t$$

$$\theta = \arcsin\frac{v_y}{\sqrt{v_x^2 + v_y^2}}$$

$$\sigma = -\arcsin\frac{v_z}{v}$$

$$v = \sqrt{v_x^2 + v_y^2 + v_z^2}$$

$$\varphi_{\mathrm{Pr}} = \varphi_{\mathrm{Pr}}(t)$$

$$\varphi = \alpha + \theta$$

$$\psi = \beta + \sigma$$

$$\delta_\varphi = a_0^\varphi(\varphi_{\mathrm{T}} - \varphi_{\mathrm{Pr}}) + k_\varphi u_\varphi$$

$$\delta_\psi = a_0^\psi\psi_{\mathrm{T}} + k_{\mathrm{H}}u_{\mathrm{H}}$$

$$r = \sqrt{(x+R_{0x})^2 + (y+R_{0y})^2 + (z+R_{0z})^2}$$

$$m = m_0 - \dot{m}t$$

$$(5-36)$$

式中:φ 为俯仰角;ψ 为偏航角;γ 为滚动角;θ 为速度倾角;σ 为航迹偏航角;ν 为倾侧角;μ 为地理纬度与地心维度之差;α 为攻角;β 为侧滑角;$\varphi_{\mathrm{Pr}}(t)$ 为俯仰程

132

序角,按给定规律随时间变化。

若给定起始条件弹道导弹发射点纬度 B_0、经度 λ_0、海拔高度 H_0,发射方位角 A_0、地球长半轴 a、短半轴 b,导弹初始质量 m_0,推进剂质量秒耗量 m',导弹直径 D、导弹长度 L,就可从以上方程组中解出弹道参数 $v_x(t)$、$v_y(t)$、$v_z(t)$、$x(t)$、$y(t)$、$z(t)$、$\varphi(t)$、$\psi(t)$ 及方程中其他一些运动参数。

2)弹道导弹自由段运动方程

在求解自由段弹道导弹运动方程时,如果拘泥于使考虑的状况完全与实际情况相吻合,这样既要考虑地球运动和形状的全部性质,还需去研究除地球以外其他天体(如日、月、银河系星球等)对导弹的吸引[100],甚至导弹在自由段飞行时绝非严格地在真空中飞行的情况也需顾及,必然难以建立弹道导弹的自由段运动方程。为使复杂的问题得到简化,将根据实际情况,突出影响导弹运动的主要因素,而忽略一些次要因素,从而对导弹在自由飞行段的运动条件做如下基本假设:

(1)导弹的自由段运动是在真空中进行的。这是因为考虑到自由段导弹飞行在离地面达几十千米的高空,大气已很稀薄。在此假设条件下,导弹在自由段飞行时就不考虑空气动力作用。

(2)除地球外,其他星球对导弹的引力均忽略不计。因为导弹只是在近地空间飞行,对于洲际导弹而言,其飞行弹道的最大高度离地表面约为 1000km,而其他星球与地球比较靠近的是太阳和月球,但地球与太阳的距离约为 1.5×10^8km,地球与月球的距离约为 384400km,因此导弹受太阳、月球的吸引力较之地球对导弹的引力要小得多,故做此假设。

(3)不考虑地球公转及日、月等对地球吸引所造成的地球的复杂运动,而且假设地球自转角速度 $\Omega = 0$。前者是基于这些因素对导弹运动的影响确实非常小,后者是使讨论中不再考虑由于地球自转所产生的离心惯性力、哥氏惯性力,将其结果作为一级近似。

(4)把地球看成一质量均匀分布的圆球。地球表面虽然复杂,但通过大地测量、重力测量等手段得知,在多数情况下,用一旋转椭球体来代替实际地球是具有足够精确度的,该旋转椭球的长半轴 $a_e = 6378144$m,椭球的扁率 $a_E = \dfrac{a_e - b_e}{a_e} = \dfrac{1}{298257}$,式中 b_e 为椭球体的短半轴。为进一步简化问题,把地球视为质量均匀分布的圆球,以作为一级近似,该圆球的半径 $R = 6371110$m。这样,质量为 M 的地球对距地心为 r 的球外一质量为 m 的质点的引力可表示为

$$F_{\mathrm{T}} = -\frac{fMm}{r^2}r_0 = -\frac{\mu m}{r^3}r \qquad (5-37)$$

式中:fM 为地球引力常数,约为 $3.986005 \times 10^{14} \mathrm{m}^3/\mathrm{s}^2$;$r_0$ 为 r 的单位矢量;负号 "$-$"表示引力的方向总是与 r 方向相反,即总指向地心。

显然,此时地球的引力场为一与距离平方成反比的有心引力场,当选定引力场的势能拐点在离地心无穷远处,则该引力场的势能即为 $-\dfrac{\mu m}{r}$,现将在该引力场内单位质量质点的势能记为

$$V = -\frac{\mu}{r} \tag{5-38}$$

对单位质量质点而言,其所受的引力即为引力加速度 $\bar{g}$,将以半径为 R 的地球表面上的 $\bar{g}$ 用 $\bar{g}_0$ 表示,其大小为

$$g_0 = \frac{\mu}{r^2} \tag{5-39}$$

对于距地心为 r 处 $\bar{g}$ 的大小则为

$$g_0 = \frac{\mu}{r^2} = g_0 \left(\frac{R}{r}\right)^2 \tag{5-40}$$

在对导弹自由段的运动做了上述假设之后,即可看出,导弹在该段的运动中只受到地球引力的作用,引力按式(5-37)计算确定,据此可推导出导弹自由段运动的基本规律。这里还要说明两点:①物体的吸引是相互的,故导弹也对地球有引力作用。天体力学将这种研究两个质点或可当成质点的两个物体的相互作用下的运动问题称为二体问题。但由于导弹的质量远小于地球质量,因而略去导弹对地球的吸引作用。这样所研究的导弹相对于地球的运动是一体问题。②在前面的基本假设下推导出的导弹运动规律,解决一些对导弹运动参数的精度要求不高的实际问题(如在导弹初步设计时可用来估算射程、飞行时间以及运动过程中运动参数的量级及变化规律等)是可行的,但对某些要求精确计算导弹运动参数的实际问题(如实施飞行试验,进行射击结果分析等),地球自转及地球形状对导弹运动的影响则均需考虑。即便如此,上述假设下所得到的基本规律仍是进一步精确地研究导弹运动的基础,不失其重要的实际应用价值。

根据基本假设可知,导弹在自由段上飞行时,是一个与距离平方成反比的有心有势场内运动的质点。该质点在自由飞行段起点 K 的运动参数为两个矢量:一是位置参数 $\bar{r}_k$,它表示由地心到 K 点的矢径;二是导弹在 K 点的速度 $\bar{v}_k$,并且 $\bar{r}_k$ 与 $\bar{v}_k$ 不共线。通过 $\bar{r}_k$ 和 $\bar{v}_k$ 作一平面,由于导弹只受有心力作用,因此,导弹质点只能在 $\bar{r}_k$、$\bar{v}_k$ 所决定的平面内运动,也就是说导弹在自由段飞行时的运动轨迹为一平面曲线。由于对平面曲线运动的研究采用极坐标系较为方便,下面

即在 $\bar{r}_k$、$\bar{v}_k$ 所决定的平面内取一极坐标系来描述导弹的运动[99]。

极坐标系的原点取在地心 O_e 处,其起始极轴为 $\bar{r}_k$。那么,导弹在任一点的位置即用极坐标 r、φ 表示(图 5-10),r 为导弹的地心距,φ 为其极角,从起始极轴 $\bar{r}_k$ 起并规定顺导弹飞行方向的 φ 为正值;反之为负值。

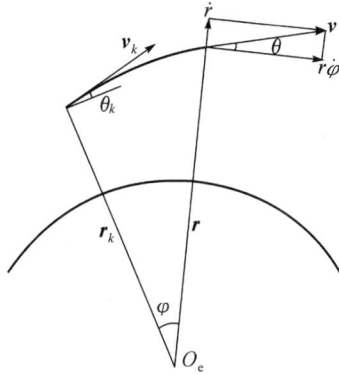

图 5-10   自由段弹道极坐标

导弹在任一点的速度 v 可分解为径向(矢径 r 的方向)分速 $\dot{r}$ 和周向(垂直于 r 并指向 φ 增加的方向)分速 $r\dot{\varphi}$。若令速度 v 与当地水平线之间夹角为 $\varTheta$,v 在水平线之上时,$\varTheta$ 为正值,反之为负值,$\varTheta$ 为当地速度倾角。由图 5-10可知

$$\begin{cases} \dot{r} = v\sin\varTheta \\ r\dot{\varphi} = v\cos\varTheta \end{cases} \tag{5-41}$$

根据基本假设,导弹自由段飞行时,只是在地球引力作用下运动,而该引力场为一有心有势引力场,故导弹的运动应遵循质点动力学的两个基本定理,即动量矩守恒定理和机械能守恒定理。下面从这两个定理出发建立导弹的运动微分方程。

设导弹某一瞬时 t 位于 r 的位置,其动量为 mv,因而其对地心的动量矩为

$$\boldsymbol{L} = \boldsymbol{r} \times m\boldsymbol{v} = m(\boldsymbol{r} \times \boldsymbol{v}) \tag{5-42}$$

则单位质量质点对地心的动量矩为

$$\boldsymbol{h} = \boldsymbol{r} \times \boldsymbol{v} \tag{5-43}$$

$\boldsymbol{h}$ 的大小为

$$h = r^2\dot{\varphi} = rv\cos\varTheta \tag{5-44}$$

由于导弹在自由段运动遵循动量矩守恒定理,故 $\dfrac{\mathrm{d}\boldsymbol{h}}{\mathrm{d}t} = 0$,则 $\boldsymbol{h}$ 为一常矢量,即

135

其大小和方向均不随时间改变而改变,由此也说明导弹在自由段运动曲线为一平面曲线。既然 h 为常值,故当主动段终点参数 r_k、v_k、Θ_k 为已知时,可求出 h 为

$$h = r_k v_k \cos\Theta_k \tag{5-45}$$

由于导弹自由段运动服从机械能守恒定理,因此导弹的动能 T 和势能 V 之和为一常数,即

$$T + V = mE \tag{5-46}$$

式中:E 为常数,表示单位质量质点所具有的机械能。

导弹的动能和势能分别为

$$\begin{cases} T = \dfrac{1}{2}mv^2 = \dfrac{1}{2}m(\dot{r}^2 + r^2\dot{\varphi}^2) \\ V = -m\dfrac{\varphi}{r} \end{cases} \tag{5-47}$$

则式(5-46)可写成

$$\frac{v^2}{2} - \frac{\mu}{r} = \frac{1}{2}(\dot{r}^2 + r^2\dot{\varphi}^2) - \frac{\mu}{r} = E \tag{5-48}$$

由自由段起始条件 r_k、v_k 可确定

$$E = \frac{v_k^2}{2} - \frac{\mu}{r_k} \tag{5-49}$$

将式(5-45)和式(5-49)联立,即得出描述导弹在自由段飞行的运动微分方程组为

$$\begin{cases} \dfrac{1}{2}(\dot{r}^2 + r^2\dot{\varphi}^2) - \dfrac{\mu}{r} = \dfrac{v_k^2}{2} - \dfrac{\mu}{r_k} = E \\ r^2\dot{\varphi} = r_k v_k \cos\Theta_k = h \end{cases} \tag{5-50}$$

初始条件为:$t = 0, r(0) = r_k, \varphi(0) = 0$。

由式(5-48)可知

$$\dot{\varphi} = \frac{h}{r^2} \tag{5-51}$$

由此可得

$$\begin{cases} \dot{r} = \dfrac{\mathrm{d}r}{\mathrm{d}t} = \dfrac{\mathrm{d}r}{\mathrm{d}\varphi}\dfrac{\mathrm{d}\varphi}{\mathrm{d}t} = \dfrac{\mathrm{d}r}{\mathrm{d}\varphi}\dfrac{h}{r^2} \\ r\dot{\varphi} = \dfrac{h}{r} \end{cases} \tag{5-52}$$

136

将上式代入式(5-50),则有

$$\frac{dr}{d\varphi}\frac{h}{r^2} = \sqrt{2E - \frac{h^2}{r^2} + \frac{2\mu}{r}} \qquad (5-53)$$

即

$$d\varphi = -\frac{d\left(\dfrac{h}{r}\right)}{\sqrt{2E - \dfrac{h^2}{r^2} + \dfrac{2\mu}{r}}} \qquad (5-54)$$

为对上式进行积分,在根式中加减$\dfrac{\mu^2}{h^2}$,并在分子的微分符号内减去常数$\dfrac{\mu}{h}$,即

$$d\varphi = -\frac{d\left(\dfrac{h}{r} - \dfrac{\mu}{h}\right)}{\sqrt{\left(2E + \dfrac{\mu^2}{h^2}\right) - \left(\dfrac{h}{r} - \dfrac{\mu}{h}\right)^2}} \qquad (5-55)$$

将上式进行积分,得

$$\varphi = \arccos\frac{\dfrac{h}{r} - \dfrac{\mu}{h}}{\sqrt{2E + \dfrac{\mu^2}{h^2}}} + \varphi_0 \qquad (5-56)$$

当$r = r_k$时,$\varphi = 0$,则

$$\varphi_0 = -\arccos\frac{\dfrac{h}{r_k} - \dfrac{\mu}{h}}{\sqrt{2E + \dfrac{\mu^2}{h^2}}} \qquad (5-57)$$

根据

$$\varphi - \varphi_0 = \arccos\frac{\dfrac{h}{r} - \dfrac{\mu}{h}}{\sqrt{2E + \dfrac{\mu^2}{h^2}}} \qquad (5-58)$$

可得

$$r = \frac{\dfrac{h^2}{\mu}}{1 + \sqrt{1 + 2\dfrac{h^2}{\mu^2}E}\cos(\varphi - \varphi_0)} \qquad (5-59)$$

137

若令

$$\begin{cases} P = \dfrac{h^2}{\mu} \\[3mm] e = \sqrt{1 + 2\dfrac{h^2}{\mu^2}E} \end{cases} \tag{5-60}$$

则式(5-59)可表示为

$$r = \frac{P}{1 + e\cos(\varphi - \varphi_0)} \tag{5-61}$$

上式即为导弹在自由段飞行时轨迹方程式,也称弹道方程式。

3)弹道导弹再入段运动方程

弹道导弹在再入段中飞行的射程较小,飞行时间也较短,因此在研究其运动时,可作如下假设:

(1)不考虑地球自转,即 $\omega_e = 0$。

(2)把地球视为一圆球,即引力场为一与地心距平方成反比的有心力场。

(3)认为导弹的纵轴始终处于由再入点的速度矢量 $\boldsymbol{v}_e$ 及矢径 $\boldsymbol{r}_e$ 所决定的射面内,即侧滑角为0。

根据上述假设可知,导弹在再入段运动时不受垂直射面的侧力,因而整个再入段运动为一平面运动。

据牛顿第二定律,可写出质量为 m 的导弹再入段矢量运动方程为

$$m\boldsymbol{a} = \boldsymbol{R} + m\boldsymbol{g} \tag{5-62}$$

式中:$\boldsymbol{a}$ 为导弹的飞行加速度;$\boldsymbol{R}$ 为作用于导弹上的空气动力;$m\boldsymbol{g}$ 为导弹所受的引力。

为了获得投影形式的运动方程,可将式(5-62)向速度坐标系投影。令导弹飞行速度 v 对再入点 e 处的水平线倾角为 θ,而 v 对当地水平线的倾角为 Θ。如图5-11所示,由于再入段的速度倾角在水平线之下,故 θ、Θ 均为负值。

考虑到速度矢量的转动角速度 $\dot{\theta}$,则

$$\boldsymbol{a} = \frac{\mathrm{d}v}{\mathrm{d}t}\boldsymbol{x}_v^0 + v\dot{\theta}\boldsymbol{y}_v^0 \tag{5-63}$$

由图5-11可知

$$\boldsymbol{a} = \begin{bmatrix} \dot{v} \\ v\dot{\theta} \\ 0 \end{bmatrix} \tag{5-64}$$

138

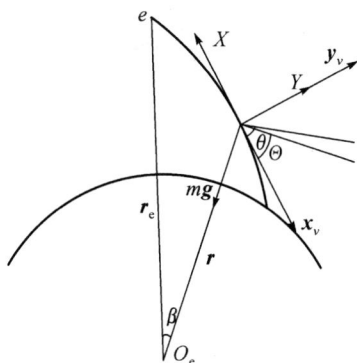

图 5 - 11　再入段速度坐标系和力

空气动力和引力加速度在速度坐标系投影分别为

$$\begin{bmatrix} R_{xv} \\ R_{yv} \\ R_{zv} \end{bmatrix} = \begin{bmatrix} -X \\ Y \\ 0 \end{bmatrix} \tag{5-65}$$

$$\begin{bmatrix} g_{xv} \\ g_{yv} \\ g_{zv} \end{bmatrix} = \begin{bmatrix} -g\sin\Theta \\ -g\cos\Theta \\ 0 \end{bmatrix} \tag{5-66}$$

故将式(5-62)在速度坐标系上投影,得

$$\begin{cases} \dfrac{\mathrm{d}v}{\mathrm{d}t} = -\dfrac{X}{m} - g\sin\Theta \\ \dfrac{\mathrm{d}\theta}{\mathrm{d}t} = -\dfrac{Y}{mv} - \dfrac{g}{v}\cos\Theta \end{cases} \tag{5-67}$$

由图 5 - 11 还可看出两个倾斜角 θ、Θ 有几何关系:

$$\Theta = \theta + \beta \tag{5-68}$$

因此有

$$\dot{\Theta} = \dot{\theta} + \dot{\beta} \tag{5-69}$$

又由于速度矢量 v 在径向 r 及当地水平线方向(顺导弹运动方向为正)上的投影分别为

$$\begin{cases} \dot{r} = v\sin\Theta \\ r\dot{\beta} = v\cos\Theta \end{cases} \tag{5-70}$$

综合式(5-67)和式(5-70)得到导弹在大气中的运动微分方程为

139

$$\begin{cases} \dfrac{\mathrm{d}v}{\mathrm{d}t} = -\dfrac{X}{m} - g\sin\Theta \\[2mm] \dfrac{\mathrm{d}\Theta}{\mathrm{d}t} = -\dfrac{Y}{mv} + \left(\dfrac{v}{r} - \dfrac{g}{v}\right)g\cos\Theta \\[2mm] \dfrac{\mathrm{d}r}{\mathrm{d}t} = v\sin\Theta \\[2mm] \dfrac{\mathrm{d}L}{\mathrm{d}t} = \dfrac{Rv}{r}\cos\Theta \end{cases} \tag{5-71}$$

一般弹道导弹的弹头是以任意姿态进入大气层的,但由于弹头是静稳定的,因此,当有攻角进入时,气动稳定力矩将使其减小,甚至为零。所以在研究弹头的质心运动时,可以认为攻角 $\alpha = 0$,$Y = 0$ 即认为导弹在再入段不受升力作用。此时有

$$\begin{cases} \dfrac{\mathrm{d}v}{\mathrm{d}t} = -\dfrac{X}{m} - g\sin\Theta \\[2mm] \dfrac{\mathrm{d}\theta}{\mathrm{d}t} = \left(\dfrac{v}{r} - \dfrac{g}{v}\right)g\cos\Theta \\[2mm] \dfrac{\mathrm{d}r}{\mathrm{d}t} = v\sin\Theta \\[2mm] \dfrac{\mathrm{d}L}{\mathrm{d}t} = \dfrac{Rv}{r}\cos\Theta \end{cases} \tag{5-72}$$

上述方程组中有四个未知量 v、Θ、r、L,当给定再入段起点(也即自由段终点)e 的初始条件:$t = 0$,$v = v_e$,$\Theta = \Theta_e$,$r = r_e$,$L = 0$ 后,可对该方程组进行数值积分,直到 $r = R$ 为止,即得到整个再入段的弹道参数。

显然,如果当整个被动段弹道均要计及空气动力的作用,只需以主动段终点的参数来作为式(5-72)的起始条件:$t = 0$,$v = v_k$,$\Theta = \Theta_k$,$r = r_k$,$L = 0$ 来求数值解,则可得整个被动段的弹道参数。

2. 诱饵施放模型

诱饵是一种假目标,它的目标特性与弹头的目标特性基本相似,主要在真空环境中飞行,能进行无空气阻力的伴随弹头飞行,可以是单个诱饵,也可以是集合式诱饵。

1)诱饵释放过程建模

诱饵也存放在导弹母舱内,释放前与母舱相连,合为一体,通常环绕母舱的旋转轴排列,形成圆柱状对称结构。每个诱饵都有一根金属线或其他装置与母舱相连,如图 5-12 所示。

为达到稳定性要求,导弹在大气层外飞行阶段一般保持绕自身的某个轴按

恒定的角速度旋转。诱饵的释放采用
被动方式,即通过某种方式解除与母舱
的连接,靠其与母舱的相对速度实现与
母舱的"冷"分离。为保持弹道稳定,诱
饵的释放多采取对称形式,即每次释放
质量相同、位置对称的两个或多个诱
饵,减少母舱相对质心轴线的偏离,从
而减小分离过程对母舱运动状态的
影响。

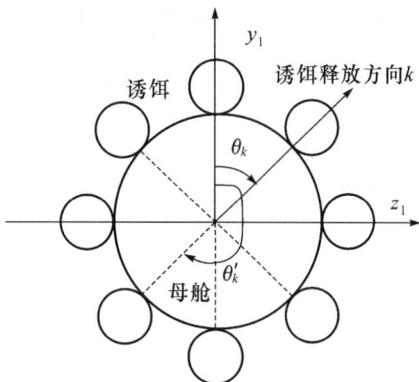

图 5 - 12   母舱轴向诱饵安放示意图

为了更清晰地描述弹道中段的诱
饵释放过程,在不妨碍建模正确性的前
提下,根据导弹中段的运行及环境特点,做出如下假设:

(1) 母舱包含一个弹头,多个诱饵。

(2) 每个诱饵释放过程在瞬间完成。

(3) 母舱与诱饵均在大气层外运动。

(4) 诱饵释放的过程中地球为无自转的均匀圆球。

(5) 母舱自旋稳定且自旋角速度为常数,其纵轴指向不变。

(6) 考虑母舱姿态定向时,近似认为轨道平面与发射坐标系平面重合。

设释放的第 k 对诱饵质量均为 m_k。如图 5 - 13 所示,Δv_1 为释放结束时刻 t 时诱饵 k_1 相对释放后母舱的速度,Δv_2 为释放后诱饵 k_2 相对释放后母舱的速度,Δv_k 为诱饵释放前母舱相对于释放后母舱的速度,释放第 k 对诱饵前,母舱的质量为 $\sum_{i=k}^{K} m_i$,释放后母舱的质量为 $\sum_{i=k+2}^{K} m_i$,设释放前母舱沿弹道的切线速度为 v_k,以释放后母舱为研究对象,根据动量守恒定律可知

$$m_k \cdot \Delta V_1 + m_k \cdot \Delta V_2 + \sum_{i=k+2}^{K} m_i \cdot 0 = \sum_{i=k}^{K} m_i \cdot \Delta V_k \qquad (5 - 73)$$

由于诱饵是在母舱旋转的同时被释放,那么诱饵就会在垂直于母舱旋转轴的平面内,且将以不同速度朝多个不同方向飞行,形成包围真弹头的威胁目标群。诱饵离开母舱的速度取决于母舱的旋转速率,以及诱饵在释放前相对于旋转轴的距离,诱饵的速度沿着母舱旋转的切线方向,即与母舱速度方向垂直。同时为保持弹道稳定,母舱释放时应尽量使得对称的诱饵以相同的初始速率释放,另外由诱饵位置的对称性可知

$$\Delta v_1 + \Delta v_2 = 0 \qquad (5 - 74)$$

再由式(5−73)可得 $\Delta v_k = 0$,即诱饵释放前母舱的速度相对释放后母舱的速度为零,对称的诱饵释放过程不影响母舱的速度 v_k。

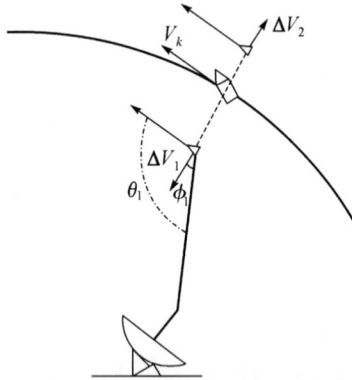

图 5 − 13　诱饵释放完毕时各目标速度示意图

t_1 时刻诱饵相对雷达视线的速度分别为

$$V_{r1}(t_1) = V_k \cdot \cos\theta_1 + \Delta V_1 \cdot \cos\varphi_1$$
$$V_{r2}(t_1) = V_k \cdot \cos\theta_1 - \Delta V_2 \cdot \cos\varphi_1 \qquad (5-75)$$

母舱相对于雷达的径向速度为

$$V_c(t_1) = V_k \cos\theta_{c1} \qquad (5-76)$$

式中:θ_{c1} 为 t_1 时刻母舱运动速度与雷达视线方向的夹角,φ_1 为 t_1 时刻雷达连线与两诱饵连线的夹角,$\cos\varphi_1 = \sin(\pi - \theta_{c1})$。

2)诱饵分离后相对位置求解[101]

(1)轨道要素法。分离时刻母舱的位置和速度在地心系下的分量为已知,分离时刻诱饵相对于母舱的速度为 Δk,分离方向由诱饵安放的相对位置有关,首先计算各诱饵弹道,然后在某些特定时刻计算诱饵之间相对位置,得到多诱饵在空间分布情况及诱饵相对于真弹头的位置关系。

基于弹头与诱饵在真空中相对飞行运动的线性原理,把弹头沿预定弹道运动作为主运动,而诱饵在任意时刻相对于真弹头的位置,只与诱饵释放速度有关,且为时间的线性函数。因此,第 i 批诱饵相对弹体坐标系 $O_1X_1Y_1Z_1$ 的速度分量为

$$\Delta V = \begin{bmatrix} \Delta V_x \\ \Delta V_y \\ \Delta V_z \end{bmatrix} = \begin{bmatrix} \cos\Delta\varphi_i & -\sin\Delta\varphi_i & 0 \\ \sin\Delta\varphi_i & \cos\Delta\varphi_i & 0 \\ 0 & 0 & 1 \end{bmatrix} \cdot \Delta V_{ti} \cdot \begin{bmatrix} -\cos\gamma \\ \sin\gamma\cos\delta \\ \sin\gamma\cos\delta \end{bmatrix} \quad (5-77)$$

式中：t_i 为第 i 批诱饵的释放时刻；ΔV_{ti} 为相对于弹头释放速度；$\Delta\varphi_i$ 为释放第 i 批诱饵俯仰角增量；γ 为释放速度方向与弹头方向的夹角；δ 为释放速度方向在弹头底平面的投影线与弹体坐标 O_1Z_1 的夹角。

由于在真空环境中，不受其他外力作用，因此诱饵相对弹头的运动是匀速运动。这样，只要知道真弹头任意时刻在发射坐标系中的位置，即可计算该时刻各诱饵位置。第 i 批诱饵在 t 时刻的位置为

$$S_i(t) = S_0(t) + \Delta V_i \cdot t \qquad (5-78)$$

（2）相对运动法。建立诱饵相对母舱的运动方程，直接反映诱饵和弹头的相互关系，并利用弹道导弹的一些条件约束，对运动学方程进行简化，以获得运动方程的解析解，以利于进行诱饵释放规划的分析。

首先，建立相对坐标系：坐标系原点在母舱质心；ox 轴与母舱质心的地心距矢量重合；oy 轴在弹头的轨道平面内垂直 ox 轴，指向运动方向为正；oz 轴与 ox 轴和 oy 轴构成右手坐标系。

诱饵相对于母舱运动的动力学方程为

$$\frac{\mathrm{d}^2\boldsymbol{\rho}}{\mathrm{d}t^2} = \frac{\mathrm{d}^2\boldsymbol{r}_1}{\mathrm{d}t^2} - \frac{\mathrm{d}^2\boldsymbol{r}_2}{\mathrm{d}t^2} = -\mu\left(\frac{\boldsymbol{r}_1}{r_1^3} - \frac{\boldsymbol{r}_2}{r_2^3}\right) \qquad (5-79)$$

方程的近似解析解为

$$\begin{cases} x = v_{x0}t + \omega_E v_{y0}t^2 - \dfrac{1}{6} \times \dfrac{1 - 3e_2}{1 - e_2}\omega_E^2 v_{x0}t^3 \\[3mm] y = v_{y0}t + \omega_E v_{x0}t^2 - \dfrac{1}{6} \times \dfrac{4 - 3e_2}{1 - e_2}\omega_E^2 v_{y0}t^3 \\[3mm] z = v_{z0}t - \dfrac{1}{6} \times \dfrac{1}{1 - e_2}\omega_E^2 v_{z0}t^3 \end{cases}$$

$$\begin{cases} \dot{x} = v_{x0} + 2\omega_E v_{y0}t - \dfrac{1}{2} \times \dfrac{1 - 3e_2}{1 - e_2}\omega_E^2 v_{x0}t^2 \\[3mm] \dot{y} = v_{y0} - 2\omega_E v_{x0}t - \dfrac{1}{2} \times \dfrac{4 - 3e_2}{1 - e_2}\omega_E^2 v_{y0}t^2 \\[3mm] \dot{z} = v_{z0} - \dfrac{1}{2} \times \dfrac{1}{1 - e_2}\omega_E^2 v_{z0}t^2 \end{cases} \qquad (5-80)$$

在已知诱饵相对母舱的初始运动条件下，就可以通过代数方程获得任一时刻诱饵在相对坐标系中的状态。由此可见，对于按恒定速度释放的诱饵，其距母舱的距离只受 x 方向的分速度和时间影响，如果时间一定，x 方向的分速度越大，则距离越大。同时，由于 z 方向的运动独立于 xoy 平面的运动，因此，在 xoy

平面内的诱饵与弹头的分离距离为

$$\rho_{xy} = \left[v_{xy}^2 t^2 + \frac{(3v_x^2 - v_{xy}^2)\omega^2 t^4}{3(1 - e_2)} \right]^{\frac{1}{2}} \tag{5 - 81}$$

3. 电子干扰模型

电子干扰措施,是有效阻塞或削弱敌方使用电磁频谱而采取的措施,主要有遮盖型干扰和欺骗型干扰两大类。针对远程警戒雷达,多采用遮盖型干扰来降低雷达对战略导弹的探测概率;对跟踪制导雷达,多采用欺骗型干扰使战略导弹摆脱威胁。采用电子干扰后,真实目标为处于飞行中段的战略导弹弹头,干扰机为导弹自身携带干扰机或抛撒干扰机。

1）压制型干扰突防

远程预警雷达对来袭导弹进行搜索、探测和跟踪,对远程预警雷达的压制型干扰效果评估,采用雷达自卫距离 R_{j0} 作为评估标准。雷达自卫距离指雷达收到干扰信号功率和回波信号功率相等时的雷达作用距离。

根据雷达方程,雷达回波信号功率为

$$P_r = \frac{P_t G_t^2 \sigma \lambda^2}{(4\pi)^3 R_t^4} \tag{5 - 82}$$

式中:P_t 为雷达发射功率;R_t 为雷达与目标之间的距离;G_t 为发射天线增益;σ 为目标雷达散射截面;λ 为雷达工作波长。

根据干扰方程,可以求得雷达接收到雷达目标上自卫式干扰机发射的干扰信号功率为

$$P_{rj} = \frac{P_j G_j G_t \sigma \lambda^2}{(4\pi)^2 R_t^2} \tag{5 - 83}$$

式中:P_{rj} 为干扰机发射功率;R_t 为雷达与目标之间的距离;G_j 为干扰机发射天线增益;G_t 为发射天线增益;λ 为干扰机工作波长。

由雷达回波信号功率和接收到的干扰机信号功率,可得雷达在任何信干比 $(P_r/P_{rj})_s$ 下的自卫距离为

$$R_{j0} = \left(\frac{P_j G_t}{P_j G_j} \cdot \frac{\sigma}{4\pi(S/J)} \right)^{1/2} = \left(\frac{P_t G_t}{4\pi \Delta f L} \cdot \frac{1}{(P_r/P_{rj})_s} \cdot \frac{\sigma}{P_{j0} G_j} \right)^{1/2} \tag{5 - 84}$$

式中:P_t 为雷达发射功率;G_t 为发射天线增益;σ 为目标雷达散射截面;Δf 为雷达接收机带宽;L 为系统总损耗;P_r 为雷达接收目标功率;P_{rj} 为雷达接收干扰功率;P_j 为干扰机发射功率;P_{j0} 为干扰机在每赫带宽内发射的干扰功率;G_j 为干扰机正对雷达方向增益;$(P_r/P_j)_s$ 为干扰机干扰情况下雷达检测信干比;S/J 为信干比。

144

求有源压制型干扰时,信干比 $S/J(S_{\mathrm{j}})$ 的计算模型为

$$S_{\mathrm{j}} = (R_{\mathrm{j0}}/R)^2 \qquad\qquad (5-85)$$

式中:R 为雷达作用距离;R_{j0} 为当 $S/J=1$ 时雷达作用距离。

计算得到信干比 S/J 后,通过远程相控阵雷达探测概率与信干比的函数关系得到远程相控阵雷达作用距离、探测概率等定量评估结果。

2) 欺骗型干扰突防

欺骗性干扰原理是:采用假目标和信息作用于雷达的目标检测与跟踪系统,使雷达不能正确检测真正目标或者不能正确测量真正目标的参数信息,从而达到迷惑和扰乱雷达对真正目标检测和跟踪的目标。

设 V 为雷达对各类目标的检测空间,对具有四维(距离、方位、仰角和速度)检测能力的雷达,其典型的 V 为

$$V = \{[R_{\min},R_{\max}],[\alpha_{\min},\alpha_{\max}],[\beta_{\min},\beta_{\max}],[f_{\mathrm{dmin}},f_{\mathrm{dmax}}],[S_{\min},S_{\max}]\}$$

$$(5-86)$$

式中:$R_{\min}$、$R_{\max}$、$\alpha_{\min}$、$\alpha_{\max}$、$\beta_{\min}$、$\beta_{\max}$、f_{dmin}、f_{dmax}、$S_{\min}$、$S_{\max}$ 分别为雷达的最小和最大检测距离、最小和最大检测方位、最小和最大检测仰角、最小和最大检测的多普勒频率、最小检测信号功率(灵敏度)和饱和输入信号功率。

理想的点目标 T 仅为 V 中的某一个确定点,$T = \{R,\alpha,\beta,f_{\mathrm{d}},S\} \in V$。

雷达能够区分 V 中两个不同点目标 T_1、T_2 的最小空间距离 ΔV 称为雷达的空间分辨力,即

$$\Delta V = \{\Delta R,\Delta\alpha,\Delta\beta,\Delta f_{\mathrm{d}},[S_{\min},S_{\max}]\} \qquad (5-87)$$

一般条件下,欺骗性干扰所形成的假目标 T_{f} 也是 V 中的某一个或某一群不同于真目标的确定点的集合:$\{T_{fi}\}_{i=1}^{n}(T_{fi}\in V, T_{fi}\neq T; \forall i=1,\cdots,n)$。

根据 T_{f} 与 T 在 V 中参数差别的大小和调制方式分类,由此产生的干扰有距离欺骗干扰、速度欺骗干扰、角度欺骗干扰三种。

在欺骗干扰条件下,无论采用何种欺骗方式,干扰对雷达的作用效果只有受欺骗(干扰有效)和不受欺骗(干扰无效)两种状态,因此可采用受欺骗概率 P_{j} 作为评估指标。受欺骗概率是指在欺骗型干扰下,雷达检测、跟踪系统发生以假目标当真目标的概率。

欺骗型干扰对抗示意图如图 5-14 所示,欺骗型干扰对雷达的有效干扰概率为

$$P_{\mathrm{j}} = P_{\mathrm{j1}}P_{\mathrm{j2}}P_{\mathrm{j3}}(1-P_{\mathrm{r1}})(1-P_{\mathrm{r2}})(1-P_{\mathrm{r3}}) \qquad (5-88)$$

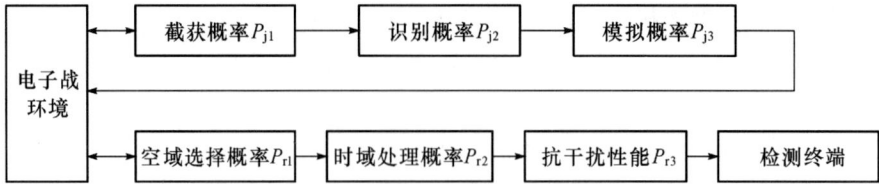

图 5 - 14 欺骗型干扰对抗示意图

弹道导弹采用电子干扰后,突防概率为无突防措施条件下导弹突防概率 P 与欺骗型有效干扰概率 P_k 之积。

4. 弹道机动模型

提高弹头突防能力的一个重要方面是采用机动变轨技术,机动弹头与弹体分离后,可根据需要改变飞行弹道来躲避防御方的拦截。机动变轨技术是导弹在飞行过程中,通过控制系统、动力系统或气动升力面改变其惯性飞行弹道,以躲避敌方反导系统拦截的主动突防技术[102]。

1)实施反拦截机动的基本过程

反导系统命中弹道导弹的概率取决于反导系统从发现目标到实施拦截的所有工作段中任务完成的情况。从目标搜索、反导导弹发射、导弹制导到目标相遇,整个过程环环相扣,其中起主要作用的是反导导弹的制导误差。制导误差由反导导弹制导方法、反导导弹和弹道导弹的动态特性来确定。在已知制导方法、反导导弹和弹道导弹的动态特性和相对运动参数等信息的基础上,实施最佳的反拦截机动,可使制导动态误差增大,继而使拦截弹命中概率减小。

当控制导弹飞行时,导弹的突防装置在再入段的工作状态是接收反导系统预警雷达的探测信号。当发现反导预警雷达信号时,突防装置转入主动搜索反导系统的导弹,截获反导导弹信息之后,突防装置计算系统计算相对运动方程,以确定反导导弹战斗部爆炸点的坐标,随着相对运动而采集它的变化参数并及时地确定该点坐标。此外,还推算最佳机动所必需的实时参数值。当接近相遇点时,导弹实施最佳机动,以使反导导弹制导动态误差达到最大,然后沿着重新计算出来的弹道继续飞向目标。

2)实施反拦截机动时的导弹飞行控制方法

以导弹相对运动参数为基础,分析导弹突防的飞行控制。为确定导弹相对运动参数,在导弹的惯性系统上设立一个用脉冲状态工作的突防装置,录取球面坐标系的相对运动参数。相遇时刻以及最佳机动参数的计算要基于相对运动实时参数 ρ、ε、β 及它们的变化,导弹和反导导弹横向过载,导弹和反导导弹制导方法和控制的动态特性及可能相遇点的坐标。

假设 t_0 为反导导弹捕瞄开始时刻。在 $t_0, t_1, t_2, \cdots, t_m$ 时反拦截控制装置录取相对运动参数:$\rho_0,\rho_1,\rho_2,\cdots,\rho_m$;$\varepsilon_0,\varepsilon_1,\varepsilon_2,\cdots,\varepsilon_m$;$\beta_0,\beta_1,\beta_2,\cdots,\beta_m$。

自动惯性控制系统制导时,导弹的实时坐标是由解空间运动微分方程确定的,即

$$\begin{cases} x_3 = \displaystyle\int_0^t v_{\mathrm{P}}\cos\theta\cos\sigma\mathrm{d}t \\ y_3 = \displaystyle\int_0^t v_{\mathrm{P}}\sin\theta\mathrm{d}t \\ z_3 = \displaystyle\int_0^t v_{\mathrm{P}}\cos\theta\sin\sigma\mathrm{d}t \end{cases} \tag{5-89}$$

式中:x_3、y_3、z_3 为导弹的位置坐标;v_{P} 为导弹的速度;θ 为航迹倾斜角;σ 为航迹角。

由式(5-89)得到可能的相遇点为

$$\begin{cases} x_3^{\mathrm{B}} = x_3^0 + \displaystyle\int_{t_0}^{t_{\mathrm{b}}} v_{\mathrm{P}}\cos\theta\cos\sigma\mathrm{d}t = x_3^0 + \displaystyle\int_{t_0}^{T_{\mathrm{B}}} v_{\mathrm{P}}\cos\theta\cos\sigma\mathrm{d}t \\ y_3^{\mathrm{B}} = y_3^0 + \displaystyle\int_{t_0}^{t_{\mathrm{b}}} v_{\mathrm{P}}\sin\theta\mathrm{d}t = y_3^0 + \displaystyle\int_0^{T_{\mathrm{B}}} v_{\mathrm{P}}\sin\theta\mathrm{d}t \\ z_3^{\mathrm{B}} = z_3^0 + \displaystyle\int_{t_0}^{t_{\mathrm{b}}} v_{\mathrm{P}}\cos\theta\sin\sigma\mathrm{d}t = z_3^0 + \displaystyle\int_{t_0}^{T_{\mathrm{B}}} v_{\mathrm{P}}\cos\theta\sin\sigma\mathrm{d}t \end{cases} \tag{5-90}$$

式中:x_3^{B}、y_3^{B}、z_3^{B} 为可能相遇点的坐标;x_3^0、y_3^0、z_3^0 为 t_0 时刻导弹坐标;$T_{\mathrm{B}} = t_{\mathrm{b}} - t_0$ 为从捕瞄开始到可能相遇时刻的时间间隔。

根据已知的瞬间值 $\rho_0,\rho_1,\rho_2,\cdots,\rho_m$,要寻找导弹相对运动时导弹距离变化关系式 $\rho = f(t)$,确定 T_{B} 值使 $\rho = 0$,则式(5-90)可以确定相遇点的坐标。在 t_{m+1} 时得到新的相对运动参数 ρ_{m+1}、ε_{m+1}、β_{m+1},重新计算 T_{B} 并解式(5-90)。于是在相对运动的过程中不断精确计算可能相遇点坐标和相遇时间。

随着导引反导导弹导向目标,相对运动的速度值和速度方向也发生变化。当计算反截获机动参数时,除参数 ρ 和它的变化外,还必须考虑:ε、β 和它们的变化,突防导弹和反导导弹的横向过载 n_{P}^{ρ}、$n_{\mathrm{P}}^{\vartheta}$,突防导弹实时需求横向过载 $n_{\mathrm{B}}^{\vartheta}$。在相对运动的过程中 n_{P}^{ρ} 和 $n_{\mathrm{P}}^{\vartheta}$ 参数变化较慢,因此,它们可以取常量。$n_{\mathrm{B}}^{\vartheta}$ 变化值由下式确定,即

$$n_{\mathrm{B}}^{\vartheta} = \frac{2(\rho_1^2 - 2\rho_1\rho_2\cos u + \rho_2^2)\cos\left[\arctan\dfrac{\rho_1\cos\alpha - \rho_2}{\rho_1\sin\alpha}\right]}{g\rho_2(t_2 - t_1)} \tag{5-91}$$

$$u = \arctan\sqrt{\tan^2(\varepsilon_2 - \varepsilon_1) + \tan^2(\beta_2 - \beta_1)} \tag{5-92}$$

147

反拦截控制装置计算机计算 n_B^ϑ 值,并检查条件:

$$n_B^\vartheta + n_B^\vartheta > n_P^\vartheta \qquad (5-93)$$

当满足式(5-93)时,导弹开始实施反拦截机动。此时由于可调横向过载的限制,反导导弹偏离航路,达不到目标;如果不满足式(5-93),则在相互运动的过程中借助于计算并分析反导导弹制导的动态特性,参考机动限制,与导弹的动态特性对比。利用反拦截机动程序确保反导导弹制导动态误差。实施反拦截机动时要分析导弹和反导导弹相对运动参数,以此为基础采取结束机动的决定,然后导弹控制系统计算飞向目标的新弹道。

5.5 反导预警作战体系对抗仿真信息域建模

BMEWOS 对抗仿真信息域模型由信息网络模型和信息处理模型组成。

5.5.1 反导预警信息网络模型

BMEWOS 的信息传输网络系统是联络预警探测传感器、预警情报中心和指挥机构以及系统内部各组成部分之间的信息纽带,通常由卫星通信系统和地面通信传输网络构成。卫星通信系统包括通信卫星、中继卫星和地面站。地面通信传输网络除包含传统通信网络的交换设备、传输设备、终端设备和通信软件外,还包含路由器、网关等转发设备和网络协议等计算机网络的所有软、硬件。

构成反导预警信息网络的各个节点之间,通过互连、互通、互操作实现信息的交换,从而把分立松散的作战单元连接成作战网络。网络化作战环境下,传感器网络、信息传输网络、指挥控制网络等虽然功能侧重不同,但在组网方面具有一定的相似性,且信息传输网络是以上各种功能网络的构建基础。信息传输网络由通信节点和相连的通信链路组成。在通信网络层,一般采用事件驱动的机制仿真网络中的包流和信息;在链路层,一般采用时间驱动的机制仿真波形的失真、噪声和干扰等效果[90]。信息传输网络的仿真是信息域仿真的重点,本章侧重讨论网络的拓扑结构与节点连通性仿真问题。

1. 信息网络拓扑模型

作战信息是 BMEWOS 的核心,它包括情报信息和指挥信息,这些信息构成情报信息流和指挥信息流,把远程相控阵雷达节点、地基多功能雷达节点、天波雷达节点、红外预警卫星节点、指挥控制中心节点和其他作战系统联系起来,构成一个具有体系作战能力的整体。信息网络是 BMEWOS 的基础,是实现 BME-WOS 网络化作战的信息基础设施。在仿真域中,一个作战节点实体一般由作战要素和通信要素构成,作战要素包括传感器、指挥控制、平台、资源管理等,通信要素包括设备性能和接口等[42]。因此,根据反导预警作战网络各个节点之间的连接关系,可以得到其信息网络拓扑结构,如图 5 – 15 所示。

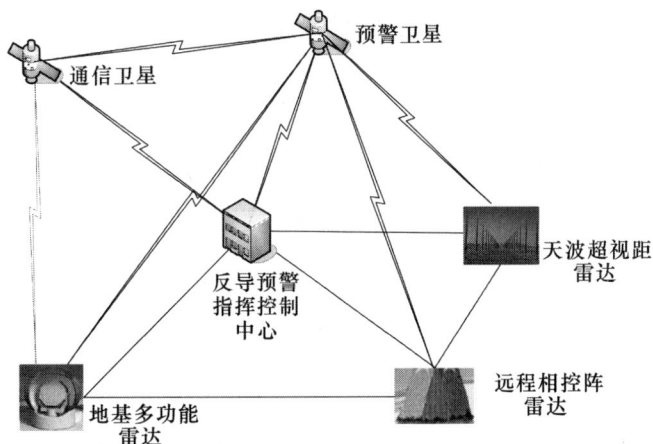

图 5 – 15　反导预警体系网络拓扑结构

　　根据图论的知识,网络可以用图 $G = <V,E>$ 来表示,其中:V 是网络中节点(也称为顶点)的集合,而 E 是节点之间的有向边的集合。对信息网络图,顶点 V 可以表示作战实体节点,它是作战要素和通信要素的复合体;而边 E 可以代表节点之间的通信链接。对于某个链接 E,如果它在信息传输的双向均具备相同的属性(如传输时延、通信容量),则认为该通信链接是对称的,E 是无向的。如果通信链接是非对称的,这时每个双向链接需用正、反两个方向的边来表示。由此,图 5 – 15 可抽象为图 5 – 16。

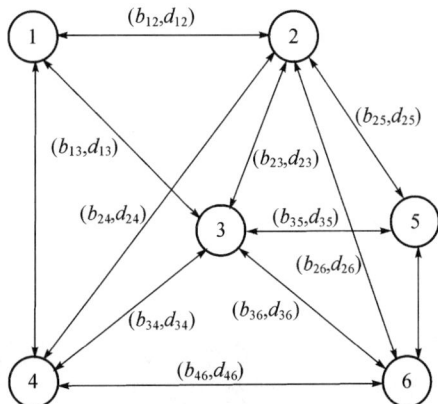

图 5 – 16　反导预警体系网络有向图

每个链接可以用有关服务质量的度量标准来衡量。例如,在图 5 - 16 中,每个链接的状态由剩余带宽 b、时延 d 构成的二元组组成,这里的剩余带宽表示未分配给通信业务的带宽,是可用的带宽资源。对于有向图,需要维护的网络拓扑信息包括节点与链路,此时可以用对象指针链表结构来表示,其结构如图 5 - 17 所示。

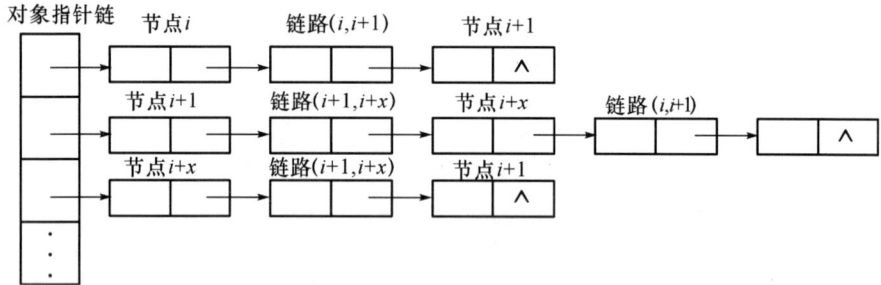

图 5 - 17 对象指针链表结构.

如果仅需要维护网络节点的拓扑信息,则可以采用基于邻接矩阵的描述方式。一个具有 n 顶点的图 $G = <V, E>$ 的邻接矩阵是一个 $n \times n$ 维的矩阵 A,A 中的每一个元素为 1 或 0。假定 $V = (1, 2, \cdots, n)$,A 中的元素定义为

$$A(i,j) = \begin{cases} 1, \forall (i,j) \in E \\ 0, 其他 \end{cases}$$

则对于图 5 - 16 所表示的网络,其邻接矩阵为

$$A = \begin{bmatrix} 0 & 1 & 1 & 1 & 0 & 0 \\ 1 & 0 & 1 & 1 & 1 & 1 \\ 1 & 1 & 0 & 1 & 1 & 1 \\ 1 & 1 & 1 & 0 & 0 & 1 \\ 0 & 1 & 1 & 0 & 0 & 1 \\ 0 & 1 & 1 & 1 & 1 & 0 \end{bmatrix}$$

2. 网络连通性分析模型

求解有向图中任意两点之间的连通性,需要利用图的搜索算法,如深度优先搜索方法和广度优先搜索方法。在确知两点的情况下,适宜采用深度优先搜索方法。深度优先搜索方法的搜索过程是[90]:从起始顶点 v 出发,先将 v 标记为已到达节点,然后选择一个与 v 邻接的尚未到达的顶点 u,如果这样的 u 不存在,搜索中止。假设这样的 u 存在,那么,从 u 开始新一轮搜索。当从 u 开始的搜索结束时,再选择另外一个与 v 相邻的尚未到达的节点,如果这样的节点不存在,终止搜索。如果存在,从这个节点开始新的搜索,如此循环下去,直到找到两

点之间的路径或两点间不存在连通。

如果以路径的长度作为通信的开销,那么,寻找任意两点之间开销最小的通信路径就演化成最短路径算法问题。最短路径算法决定了包交换相对于某种开销的最短路径。这种开销可以根据需要确定,例如,可以是链路带宽的倒数,或是链路的通信时延。

根据网络的拓扑结构模型和连通性算法,可以对网络中任意两节点之间的连通性以及信息的路由进行计算判定,实现网络模型的仿真。仿真网络在运行过程中,节点之间链路会频繁发生通断。这种通断:一方面,由节点间通信条件决定,可以用节点之间的可见性和信号功率衰减程度来判定;另一方面,链路在受到人为或非人为因素的干扰或设备出现故障时,会导致节点或链路发生暂时或永久的失效,此时,需要即时更新链路的拓扑结构,重新评估网络的连通状态。

3. 网络连通性仿真模型

为了仿真在实际行动过程中反导预警信息网络节点可能失效的情况,这里利用可靠性理论来对节点和链路的失效与修复情况进行模拟。假定节点或链路的平均故障率为 λ,修复率为 u,故障的发生和修复符合指数分布,即 $f(t) = \lambda e^{-\lambda t}$,$g(t) = \mu e^{-\mu t}$,对于仿真周期的每一步推进,从时间 t 到 $t + \Delta t$,节点或链路 i 发生故障的概率为 $1 - e^{-\lambda \Delta t}$,被修复的概率为 $1 - e^{-\mu \Delta t}$,则某时刻节点或链路状态 $x_i(t)$ 为

$$x_i(t + \Delta t) = \begin{cases} 0, r_i \leqslant 1 - e^{-\lambda \Delta t},\text{节点或链路} i \text{故障} \\ 1, r_i > 1 - e^{-\lambda \Delta t},\text{节点或链路} i \text{正常} \end{cases}$$

$$x_i(t + \Delta t) = \begin{cases} 0, r_i \leqslant 1 - e^{-\mu \Delta t},\text{节点或链路} i \text{修复} \\ 1, r_i > 1 - e^{-\mu \Delta t},\text{节点或链路} i \text{不能修复} \end{cases}$$

在每个仿真周期中,都对反导预警信息网络的各个节点和链路进行故障与修复的仿真,并对网络的连通情况即网络的连通性做出效能评估。

5.5.2 反导预警信息处理模型

反导预警信息处理模型完成目标航迹综合处理和信息分发等信息处理过程,下面对其分别建模。

1. 目标航迹综合处理模型

目标航迹综合处理采用数据融合技术。数据融合技术是高层次的共性关键技术,在 C^3I 系统、综合电子战系统和武器控制与精密制导系统等各种军事系统上都具有广泛的应用。它涉及指挥信息系统中多种传感器和各种信息源的有效

结合,包括有用数据的获取、过滤、相关和综合,以便进行态势和环境判定、探测、规划、验证、对抗以及战略与战术辅助决策等。反导预警情报处理系统中多源情报目标航迹融合信息流程如图 5-18 所示。

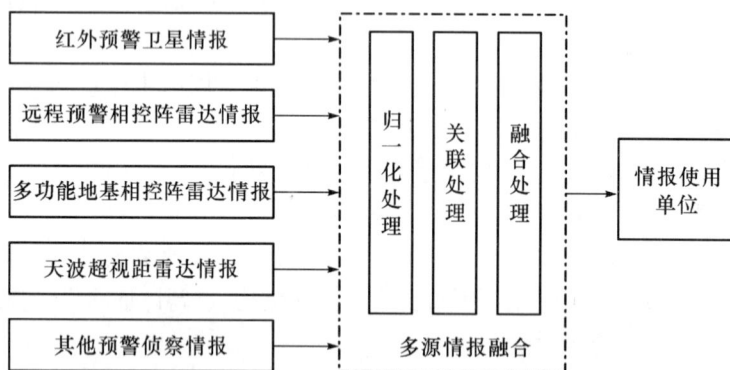

图 5-18　多源情报目标航迹融合信息流程

信息处理系统接收红外预警卫星情报、天波超视距雷达情报、远程预警相控阵雷达情报、多功能地基相控阵雷达情报以及其他预警侦察情报,进行时空配准、坐标转换、滤波、关联、融合等一系列的信息处理过程后得到融合情报,提供给指挥人员和情报使用单位。

根据多源情报目标航迹融合信息流程可构建弹道导弹目标航迹综合处理模型。

1) 归一化处理模型

归一化处理模型的作用是统一坐标系,即以地心坐标系作为统一坐标系进行数据处理中的坐标变换,减小地球曲面误差的影响。

(1) 地心坐标系(ECEF)的定义如图 5-19 所示。它是地心、地球固定坐标系,原点位于地球质心,z 轴平行于地球的自转轴,x 轴和 y 轴在赤道平面上。x 轴确定了零大地经度。正的地球经度(l)从 x 轴向东测量。

地心坐标系包括大地水准面和参考椭球两部分。大地水准面是地球重力场的等位面,它与连续延伸到大陆下的平均海平面相合。不规则的质量分布使得大地水准面成为起伏面。参考椭球是与大地水准面紧密拟合的椭球旋转体。它是根据位于地球质心的用数学方法定义的正交坐标系,并且随地球旋转。WGS-84 是大地坐标系,其坐标原点在地球质心。WGS-84 坐标系定义的相关参数有椭球长半轴 a、短半轴 b、偏心 e 和扁率 f,WGS-84 参数见表 5-6 所列。

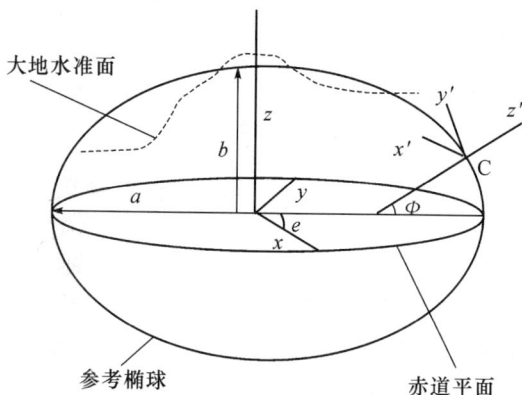

图 5 - 19　地心坐标系示意图

表 5 - 6　WGS - 84 参数

参数	参数值
长半轴 a/m	6378137
短半轴 b/m	6356755
偏心 e	0.08181919
扁率 $f = (a + b/a)$	1/298. 257223563
地球的自转率 $\omega/(\text{rad/s})$	7.292115×10^{-5}

如果已知雷达站 C 点的大地坐标(经、纬度)为(l, φ, H),其中,l 为经度,φ 为纬度,H 为海拔高度。则相应的在地心坐标系中的位置由下式确定:

$$\begin{cases} x' = (N + H)\cos l \cos\varphi \\ y' = (N + H)\sin l \cos\varphi \\ z' = [N(1 - e^2) + H]\sin\varphi \end{cases} \quad (5 - 94)$$

式中:N 为卯酉圈曲率半径,$N = \dfrac{a}{(1 - e^2 \sin^2\varphi)^{1/2}}$。

反之,当知道空间一点的地心直角坐标,则该点的大地坐标由下式给出:

$$\begin{cases} l = \arctan(y'/x') \\ \varphi = \arctan[(z' + Ne^2\sin\varphi)/(x'^2 + y'^2)^{1/2}] \\ H = [(x'^2 + y'^2)^{1/2}/\cos\varphi] - N \end{cases} \quad (5 - 95)$$

式中:大地纬度 φ 可通过迭代法求出,初始值 $\varphi_0 = \arctan(z'/(x'^2 + y'^2)^{1/2})$。

(2)以地心坐标系作为统一坐标系进行数据处理中的坐标变换,是由本地直角坐标变换成地心直角坐标,再由地心直角坐标变换为情报处理中心直角坐

153

标。具体转换步骤如下：

① 雷达站极坐标到本地直角坐标的变换。设目标在雷达站 C 极坐标系中的坐标为 $(\rho,\theta,\varepsilon)$，其中，$\rho$ 为斜距，θ 为方位角，ε 为仰角。目标在雷达站 C 直角坐标系中的坐标为 (x_1,y_1,z_1)，则变换公式为

$$\begin{cases} x_1 = \rho\sin\theta\cos\varepsilon \\ y_1 = \rho\cos\theta\cos\varepsilon \\ z_1 = \rho\sin\varepsilon \end{cases} \tag{5-96}$$

② 雷达站本地直角坐标到地心直角坐标的变换。设目标在雷达站 C 直角坐标系中的坐标为 (x_1,y_1,z_1)，在地心直角坐标系中的坐标为 (x_e,y_e,z_e)。在这一变换过程中要进行坐标系旋转变换，变换公式为

$$\begin{bmatrix} x_e \\ y_e \\ z_e \end{bmatrix} = \boldsymbol{R}_T \begin{bmatrix} x_1 \\ y_1 \\ z_1 \end{bmatrix} + \begin{bmatrix} x' \\ y' \\ z' \end{bmatrix} \tag{5-97}$$

式中：$\boldsymbol{R}_T$ 为从雷达站本地直角坐标到地心直角坐标变换的旋转矩阵，可表示成

$$\boldsymbol{R}_T = \begin{bmatrix} -\sin l & -\sin\varphi\cos l & \cos\varphi\cos l \\ \cos l & -\sin\varphi\sin l & \cos\varphi\sin l \\ 0 & \cos\varphi & \sin\varphi \end{bmatrix} \tag{5-98}$$

③ 雷达站地心直角坐标到情报处理中心直角坐标的变换。设目标在处理中心直角坐标系中的坐标为 (x_0,y_0,z_0)，处理中心的直角坐标为 (X_c,Y_c,Z_c)，大地坐标为 (l_0,φ_0)，则变换公式为

$$\begin{bmatrix} x_0 \\ y_0 \\ z_0 \end{bmatrix} = -\boldsymbol{R}_{e0}^T \begin{bmatrix} X_c \\ Y_c \\ Z_c \end{bmatrix} + \boldsymbol{R}_{e0}^T \begin{bmatrix} x_e \\ y_e \\ z_e \end{bmatrix} \tag{5-99}$$

式中：$\boldsymbol{R}_{e0}$ 为从雷达站地心直角坐标到情报处理中心直角坐标变换的旋转矩阵，可表示成

$$\boldsymbol{R}_{e0} = \begin{bmatrix} -\sin l_0 & -\sin\varphi_0\cos l_0 & \cos\varphi_0\cos l_0 \\ \cos l_0 & -\sin\varphi_0\sin l_0 & \cos\varphi_0\sin l_0 \\ 0 & \cos\varphi_0 & \sin\varphi_0 \end{bmatrix} \tag{5-100}$$

从上述转换可以看出，以地心坐标系作为统一坐标系进行数据处理中的坐标变换都是大地坐标之间的变换，因此是简单和精确的，也就减小了地球曲面误差的影响。

154

2）扩展卡尔曼滤波[103]

利用扩展卡尔曼滤波来解决跟踪滤波问题，去除误差的影响，尽可能精确地确定目标在各个时刻的位置、速度、加速度和运动方向等参数。

状态估计的一步预测方程为

$$\hat{X}(k+1\mid k) = E[X(k+1\mid Z^k)] = f(k,\hat{X}(k\mid k)) + \frac{1}{2}\sum_{i=1}^{n}e_i\mathrm{tr}[f_{XX}^i(k)P(k\mid k)]$$

$$(5-101)$$

一步预测误差协方差为

$$P(k+1\mid k) = E[\tilde{X}(k+1\mid k)\tilde{X}'(k+1\mid k)\mid Z^k] = f_X(k)P(k\mid k)f'_X(k) +$$

$$\frac{1}{2}\sum_{i=1}^{n}\sum_{j=1}^{n}e_ie'_j\mathrm{tr}[f_{XX}^i(k)P(k\mid k)f_{XX}^j(k)P(k\mid k)] + Q(k)$$

$$(5-102)$$

观测预测为

$$\hat{Z}(k+1\mid k) = h(k+1,\hat{X}(k+1\mid k)) + \frac{1}{2}\sum_{i=1}^{n_z}e_i\mathrm{tr}[h_{XX}^i(k+1)P(k+1\mid k)]$$

$$(5-103)$$

观测的预测误差协方差为

$$S(k+1) = \boldsymbol{h}_x(k+1)P(k+1\mid k)h'_x(k+1) +$$

$$\frac{1}{2}\sum_{i=1}^{n_z}\sum_{j=1}^{n_z}e_ie'_j[\boldsymbol{h}_{XX}^i(k+1)P(k+1\mid k)$$

$$\boldsymbol{h}_{XX}^j(k+1)P(k+1\mid k)] + R(k+1) \quad (5-104)$$

式中：$\boldsymbol{h}_x(k+1)$ 为雅可比矩阵，$h_x(k+1) = [\nabla_X h'(k+1,X)]'_{X=\hat{X}(k+1|k)}$。它的第 i 个分量的海赛矩阵 $\boldsymbol{h}_{XX}^i(k+1) = [\nabla_X\nabla'_X h^i(k+1,X)]'_{X=\hat{X}(k+1|k)}$。

滤波器增益为

$$K(k+1) = P(k+1\mid k)h'_x(k+1)S^{-1}(k+1) \quad (5-105)$$

算法的状态更新方程为

$$\hat{X}(k+1\mid k+1) = \hat{X}(k+1\mid k) + K(k+1)$$

$$[z(k+1) - h_x(k+1,\hat{X}(k+1\mid k))] \quad (5-106)$$

$$v(k+1) = Z(k+1) - h(k+1)\hat{X}(k+1\mid k) \quad (5-107)$$

滤波误差协方差更新为

155

$$P(k+1\mid k+1) = \left[\,\boldsymbol{I} - K(k+1)h_x(k+1)\,\right]$$
$$P(k+1\mid k)\left[\,\boldsymbol{I} + K(k+1)h_x(k+1)\,\right]' -$$
$$K(k+1)R(k+1)'K(k+1) \tag{5-108}$$

式(5-101)~式(5-108)中:$\hat{X}(k)$ 为 k 时刻的状态预测值;$P(k+1\mid k)$ 为一步预测协方差;$Q(k)$ 为过程噪声的协方差;$\boldsymbol{I}$ 为与协方差同维的单位阵;K 为滤波器增益;Z 为观测值;S 为预测误差协方差。

这样,式(5-101)~式(5-108)构成了扩展卡尔曼滤波算法的基本方程。扩展卡尔曼滤波的递推过程如图5-20所示。

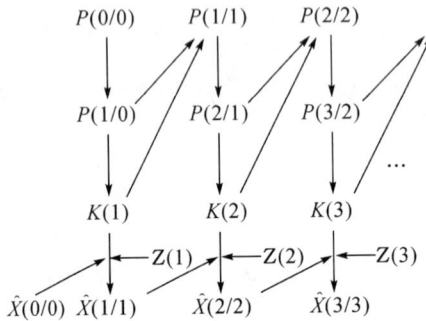

图5-20 卡尔曼滤波的递推过程

在卡尔曼滤波器开始工作之前,由于不知道目标的初始状态,这时可以利用前几个观测值建立状态的起始估计,这里利用时刻1和时刻2两点的坐标值,即 $Z(1)$、$Z(2)$ 来确定 $\hat{X}(2/2)$、$P(2/2)$。

$$\hat{X}(2/2) = \begin{pmatrix} Z(2) \\ [\,Z(2) - Z(1)\,]/T \end{pmatrix} \tag{5-109}$$

$$P(2/2) = E\{\hat{X}(2/2)\hat{X}^{\mathrm{T}}(2/2)\} = \begin{bmatrix} \sigma^2 & \sigma^2/T \\ \sigma^2/T & \sigma_a^2 T^2/4 + 2\sigma^2/T^2 \end{bmatrix} \tag{5-110}$$

式中:σ 为测量噪声方差;σ_a 为运动噪声方差。

3)数据关联算法

数据关联算法可以采用最近邻域关联算法或概率数据互联算法[103]。

(1)最近邻域关联算法的工作原理是先设置跟踪门(相关波门)由跟踪门初步筛选所得到的回波成为候选回波,以限制参与相关差别的目标数目。跟踪门是跟踪空间中的一块子区间,中心位于被跟踪目标的预测位置,跟踪门大小的设计应保证以一定的概率接收正确回波,落入跟踪门内的量测作为候选回波,既

156

目标的量测值 $z(k+1)$ 是否满足

$$[z(k+1) - \hat{z}(k+1 \mid k)] S^{-1}(k+1)[z(k+1) - \hat{z}(k+1 \mid k)] \leq \gamma$$

$$(5-111)$$

式中：γ 为滤波器参数。

若落入相关波门内的测量值只有一个，则该测量值可直接用于航迹更新；若有一个以上的回波落在被跟踪目标的相关波门内，此时要取统计距离最小的候选回波作为目标回波，也就是在最近领域标准滤波器中使信息加权范数

$$d^2(z) = [z - \hat{z}(k+1 \mid k)] S^{-1}(k+1)[z - \hat{z}(k+1 \mid k)] \quad (5-112)$$

达到极小的量测，用于在滤波器中对目标状态进行更新。最近领域法的优点是计算简单，缺点是在多回波环境下离目标（特别是相距较近或轨迹交叉的目标）预测位置最近的候选回波并不一定是目标的真实回波，可能出现误跟和丢失目标的现象。但这种算法简单，计算量小，容易实现。在目标回波稀疏和不太密集情况下具有一定的意义。

（2）概率数据互联算法可表示为

$$\theta_i(k) = \{Z_i(k) \text{ 为源于目标的正确量测的事件}\}$$

$$\theta_0(k) = \{\text{传感器所确认的量测没有一个是正确的事件}\}$$

$\beta_i(k) = P\{\theta_i(k) \mid Z^k\}$ 表示在 k 时刻、第 i 个量测来自目标这一事件的概率，量测 $z_i(k)$ 是源于目标的正确量测的事件，则有以下状态估计式

$$\hat{X}(k/k) = \sum_{i=1}^{m_k} \beta_i(k) \hat{X}_i(k/k) \quad (5-113)$$

和估计误差协方差式

$$P(k/k) = \beta_0(k) P(k/k-1) + (1 - \beta_0(k)) P^c(k/k) + \tilde{P}(k)$$

$$(5-114)$$

式中

$$P^c(k/k) = [I - K(k)H(k)] P(k/k-1)$$

$$\tilde{P}(k) = K(k) \left[\sum_{i=1}^{m_m} \beta_i(k) v_i(k) v'_i(k) - v(k) v'(k) \right] K'(k)$$

概率数据互联算法将目标跟踪转化为计算每一量测来自被跟踪目标的概率，这种方法尤其适用于杂波环境下的目标跟踪。

4）航迹融合的两种处理结构

航迹融合有两种处理结构，即航迹－航迹融合和航迹－系统融合[104]。

对于航迹－航迹融合结构，假设分布式数据融合系统中有两个局部节点 LP_1 与 LP_2，融合中心 FC 总是使用最近接收到的两个局部节点各自上报的目标状态估计进行融合以产生融合航迹，即

$$X_f(t_f^k \mid t_f^k) = F(X_1(t_1^k \mid t_1^k), X_2(t_2^k \mid t_2^k)), i = 1, 2 \qquad (5-115)$$

对于航迹－系统融合结构，假设分布式数据融合系统中有两个局部节点 LP_1 与 LP_2，融合中心 FC 总是使用最近接收到的某个局部节点的目标状态估计和融合中心的上一次目标状态估计进行融合，以产生融合航迹，即

$$X_f(t_f^k \mid t_f^k) = F(X_i(t_i^k \mid t_i^k), X_f(t_f^{k-1} \mid t_f^{k-1})), i = 1, 2 \qquad (5-116)$$

在式（5－115）与式（5－116）中，F 均代表融合算法。

5）航迹融合算法

航迹融合算法一般遵循两种思路进行设计：一种是对带融合航迹进行线性加权；另一种是重构最优集中估计。采用的算法有协方差加权航迹融合算法和分布式融合算法[96]。

（1）协方差加权航迹融合算法（Bar－Shalom 算法）

$$\begin{cases} \hat{X}_f = (P_1 + P_2 - P_{12} - P_{21})^{-1}[(P_2 - P_{12})\hat{X}_1 + (P_1 - P_{21})\hat{X}_2] \\ P_f = (P_1 P_2 - P_{12} P_{21})(P_1 + P_2 - P_{12} - P_{21})^{-1} \end{cases}$$

$$(5-117)$$

式中略去了时间系数。在航迹－航迹融合结构中，X_1 和 X_2 分别代表了两个局部节点的航迹；在航迹－系统融合结构中，X_1 和 X_2 分别代表某一局部节点的航迹和融合中心上一次融合航迹的预测估计。

（2）分布式融合算法（Chong 算法）

$$\hat{X}_f = P_f(P_1^{-1}\hat{X}_1 + P_2^{-1}\hat{X}_2 - \overline{P}_1^{-1}\overline{X}_1 - \overline{P}_2^{-1}\overline{X}_2 + \overline{P}_f^{-1}\overline{X}_f) \qquad (5-118)$$

式中

$$P_f = P_1^{-1} + P_2^{-1} - \overline{P}_1^{-1} - \overline{P}_2^{-1} + \overline{P}_f^{-1} \qquad (5-119)$$

式（5－118）和式（5－119）为基于航迹－航迹结构的融合算法，其中，$(\overline{X}_1, \overline{P}_1)$、$(\overline{X}_2, \overline{P}_2)$ 和 $(\overline{X}_f, \overline{P}_f)$ 分别表示局部节点 1、局部节点 2 和融合中心的上一时刻的估计值的外推估计和估计误差协方差。

经过上述坐标转换、滤波、关联、融合等一系列的信息处理过程后得到的目标航迹和融合情报，通过信息传输网络发送给情报用户。

2. 信息分发模型

反导预警体系作战时，由各种预警力量获得的预警情报将不断汇聚到情报

网上,形成了空天全域统一的预警态势。这些由多种探测手段和多种探测力量所产生的情报资源,包含大量丰富的空情信息。不同情报用户对情报的需求差异很大,如何根据用户需要,在大量的情报信息中筛选出用户所需情报,及时有效地发送至作战部队和作战单元,快速形成战斗威力,实现将合适的信息在适当的时间推送给合适的对象,是信息系统情报分发必须解决的问题。

1) 预警情报分发方式

目前,预警情报分发具有两种方式:一是按照指定的保障关系向作战部队、上级指挥所或友邻情报中心定向传送情报,或向其他军兵种广播情报;二是基于定制的情报按需分发,根据用户的定制内容,将相应的情报推送至情报用户。前一种情报分发方式是传统的情报分发方式,适合于情报量少、空情单一的场合。后一种方式是最基本的情报按需分发方式,可按照用户的需求推送情报。

反导预警情报信息的分发目标是实现即插即用、按需分发。整个的情报信息分发由信息分发管理中心管理,信息分发管理中心提供分布式网络情报资源调度服务功能,执行用户管理、信道资源调度管理和传输控制等工作,保证强制推送、定制推送和筛选推送等情报信息分发方式的实现,为情报用户提供快速、准确、透明的分发管理能力,实现由情报信息源到信息用户间的情报实时和按需分发。

其中:用户管理提供对情报用户进行分类、分级、鉴权管理的服务,并依据登录用户的请求,激活信息分发功能;传输控制可为用户提供广播、组播或单播等信息分发方式,并按需提供不同等次的可靠分发服务;信道资源控制调度能够为大容量用户提供实时情报并发的信道资源调度和流量控制服务,并确保分发系统运行的稳定性。

2) 信息分发模型描述

目前,信息分发研究工作主要关注信息分发本身的设计和实现,而对于信息分发模型研究较少。信息分发描述模型,应综合考虑信息种类、分发需求和实现等要素,而且还可以进行扩展[105]。根据反导预警信息分发方式和流程构建信息分发模型。

信息分发模型(Information Dissemination Model, IDM)可以表示为一个六元组:

$$IDM_{mode} = <T, I, E, D, C, \{R:A\}> \qquad (5-120)$$

式中:

T 表示信息是未来将要产生的($I=F$)或是过去已产生的历史信息($I=H$)。

I 表示信息种类,包括实时信息、文件信息、格式报信息、作战命令等,可用NA 表示不指定,其他取值可以扩展和定义。

E 表示分发是主动式($E=I$)还是被动式($E=P$);主动式为在信息需要之前

发起,被动式为在信息需要时发起。

D 表示分发模式是由哪一方发起,如果由信息提供者方发起,称为推送信息($D = \text{PUSH}$);如果由信息用户方发起,称为拉取信息($D = \text{PULL}$)。

C 表示传输控制方式,包括广播($C = B$)、组播($C = M$)和单播($C = S$),广播向所有用户发送,组播向指定的多个用户发送,单播向单一用户发送。

$\{R:A\}$ 表示$\{$角色 Role:动作 Action$\}$,代表信息分发中的不同角色在不同的分发模式下采取哪些动作。Role $= \{R_{\text{provider}}, R_{\text{manager}}, R_{\text{user}}\}$,分别代表信息提供者、分发管理中心、信息用户;Action $= \{A_1, A_2, \cdots, A_n\}$,表示某个角色中采取的行为。

按信息分发需求,反导预警信息分发有强制推送、定制推送和智能推送三种信息分发模式。

(1) 强制推送模式(CP 模式)是指由分发管理中心决定该信息应发送给谁,随后通知信息提供者发送信息。这种模式适用于分发作战命令或者因作战任务需要临时推送的一些信息。用信息分发描述模型表示为

$$\text{IDM}_{\text{CP}} = \ < F/H, \text{NA}, P, \text{PUSH}, B/M/S, \{R:A\}\ > \qquad (5-121)$$

式中

$$\{R:A\} = \{R_{\text{provider}}:\text{PubInfo}, \text{SendInfo}\}, \{R_{\text{manager}}:\text{PolicyMgt}\}, \{R_{\text{user}}:\text{Receive}\}$$

从$\{$角色:动作$\}$集合可以看出:这种分发方式下,信息提供者发布信息,并完成发送信息操作;分发管理中心负责策略管理;用户接收信息。强制推送分发流程(图 5-21)如下:

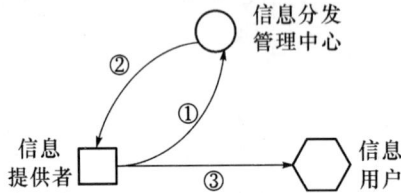

图 5-21 强制推送分发流程

① 信息提供者发布自己能提供的信息。

② 分发管理中心确定强制推送关系,并通知信息提供者。

③ 信息提供者将信息发送给信息用户。

(2) 定制推送模式(PS 模式)又称发布/订阅模式,是指信息发布者发布信息内容,单个或多个信息用户基于内容目录列表进行信息定制。信息分发管理中心完成信息匹配,并通知信息提供者。当信息产生后,信息提供者就发送给用户。这种模式可看作由信息用户端主动拉取信息的过程,比较符合反导预警信息实时性分发需求。用信息分发描述模型表示为

160

$$\text{IDM}_{\text{PS}} = < F, \text{NA}, I, \text{PUSH}, M/S, \{R{:}A\} > \qquad (5-122)$$

式中

$$\{R{:}A\} = \{R_{\text{provider}}{:}\text{PubInfo}, \text{SendInfo}\}, \{R_{\text{manager}}{:}\text{SendCat}, \text{MatchInfo}\}, \{R_{\text{user}}{:}\text{SubInfo}\}$$

定制推送分发模式的具体分发流程(图5-22)如下:

① 信息提供者发布信息。

② 分发管理中心将信息目录发送给信息用户,供订阅使用。

③ 信息用户订阅信息。

④ 分发管理中心进行信息匹配,并通知能提供信息的信息提供者。

⑤ 信息提供者将信息发送给信息用户。

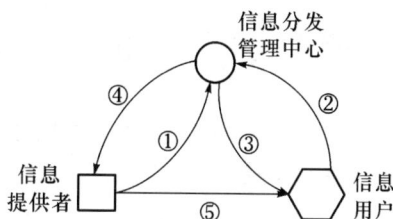

图5-22　定制推送分发流程

(3)智能推送模式(SP模式)是信息分发中最高级模式,指信息用户在不参考信息内容列表情况下根据自己的信息需求,填写信息需求描述文件并发给分发管理中心,由分发管理中心根据目前的信息情况,智能地组织具体的信息内容,再通知提供这些内容的信息提供者发送给该用户。智能推送模式是信息按需分发最好的体现方式。智能推送模式既针对未来产生的信息,又可能是历史信息;但都是以主动方式提供给用户。因此,这种模式可以用信息分发描述模型表示为

$$\text{IDM}_{\text{SP}} = < F/H, \text{NA}, I, \text{PULL}, S, \{R{:}A\} > \qquad (5-123)$$

式中

$$\{R{:}A\} = \{R_{\text{provider}}{:}\text{PubInfo}, \text{AccessDb}, \text{SendInfo}\}, \{R_{\text{manager}}{:}\text{ProfilePase}\},$$
$$\{R_{\text{user}}{:}\text{Editfile}, \text{SendProfile}\}$$

从{角色:动作}集合可以看出:这种分发方式下,信息提供者需要完成发布信息、访问历史信息、发送信息等操作;分发管理中心负责需求文件的解析,判别该需求由哪些信息提供者提供;信息用户需要编辑并发送其需求文件。智能推送分发流程(图5-23)如下:

① 信息提供者发布自己能提供的信息。

② 信息用户编辑需求文件并发送给分发管理中心。

③ 分发管理中心解析信息需求文件,确定并通知能提供产品的信息提

161

供者。

④ 信息提供者将信息发送给信息用户。

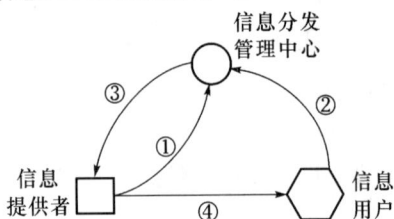

图 5 – 23　智能推送分发流程

5.6　反导预警作战体系对抗仿真认知域建模

BMEWOS 对抗仿真认知域模型包括:目标综合识别模型;发射点、落点估计与弹道预报模型;威胁估计模型以及情报协同模型。

5.6.1　反导预警目标综合识别模型

目标识别是实施反导作战的前提和基础。现代弹道导弹普遍采用诱饵和假目标欺骗措施以提高弹头的突防能力,特别在进入飞行中段后,弹头中夹杂着轻、重诱饵,红外诱饵等诱饵,以及箔条云团、包络球、反射偶极子、金属涂层锥体角反射器等各种假目标[1]。目标识别的任务就是从众多诱饵和假目标中识别出有威胁的再入体,对系统武器资源或传感器资源进行更加合理有效的分配,从而提高拦截效能。弹道导弹识别技术是反导防御系统的核心和关键技术之一。

弹道导弹中段飞行时间占全部飞行时间的 $80\% \sim 90\%$,是弹道防御系统中识别与拦截的重要阶段。弹道导弹在中段飞行时,红外辐射信号基本消失,红外识别手段无法发挥作用,通常只能靠地基预警雷达进行弹道中段的目标识别。从某种程度上讲,地基预警雷达的目标识别能力在很大程度上反映了防御系统目标识别的总体水平,尤其是在中段真假目标识别中发挥着极为重要的作用。提高识别能力主要包括两种手段,分别是提高单部传感器的固有能力和使用多传感器网络进行预警识别。单部传感器的固有能力是预警识别基础,使用多传感器网络进行综合识别是反导预警目标识别的主要发展趋势。所以构建基于多传感器的信息融合模型十分重要。

1. 反导预警融合识别原理

信息融合是指把来自多个传感器和信息源的数据与信息加以联合、相关及组合,以获取精确的位置估计和身份估计,以及时对战场情况和威胁及其重要程

162

度进行适时的完整评价[98]。对来自多个不同传感器的信息进行有效融合,具有提高系统获取信息的准确度与可信度、扩大系统时空覆盖范围、增强系统的抗干扰能力和环境适应能力、提高系统的稳定性和可靠性等优势。为了更好地发现和识别弹道导弹目标,反导预警作战时通常使用多传感器进行组网探测,综合各种传感器经过信息处理而获得的目标特征信息如温度特性、轨迹特性、材料特性、质量特性以及结构特性等信息,做出目标群中各目标属于弹头的可信度判断,以完成对目标群中各目标的威胁排序[108]。

反导预警目标识别是根据反导预警作战时序进行的多传感器网络时空信息融合识别过程。融合识别过程是基于空域融合和时域融合的综合处理。空域融合即把某传感器基于某种特性判断的目标属性作为综合识别模型中的一个"技术途径",对当前时刻多个技术途径的识别结果进行融合处理,作为当前时刻系统的融合识别结果;时域融合是将当前时刻的融合识别结果与前期的融合结果再合成,从而实现弹道导弹目标的综合融合识别。反导预警目标融合识别过程如图 5 - 24 所示[107]。

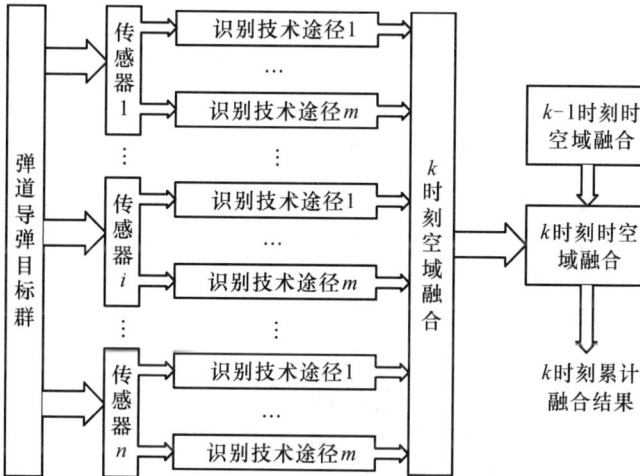

图 5 - 24   反导预警目标融合识别过程

2. 弹道导弹中段综合识别模型

根据基于空域和时域结合的反导预警目标融合识别原理,可以推导出综合识别模型。设威胁目标群在时间 t 的状态 $X(t) = \{x_1(t), x_2(t), \cdots, x_N(t)\}$,其中 N 为目标群中的目标数目。各种传感器根据获取的目标群状态 $X(t)$ 的某一可测目标特性信息形成识别可信度,其中可测特性集 $S = \{s_1, s_2, \cdots, s_M\}$,其中 M 为特性数。特性包括轨迹特性、材料特性、结构特性以及辐射特性等。可测特性集中每个元素对应一个技术途径,其可信度识别框架为{弹头,诱饵,假目标,有

163

源干扰,未知 $}$。由于传感器本身测量能力有限以及目标特性表现的时效性,一般情况下,在某一个时刻 k 只能利用可测特性集 S 的一个子集 S_k 进行识别。在 k 时刻通过技术途径 i 识别目标 j 形成的可信度包括:在 k 时刻通过技术途径 i 将目标 j 认为是弹头的可信度 $d_j^i(k)$;在 k 时刻通过技术途径 i 将目标 j 认为是诱饵的可信度 $y_j^i(k)$;在 k 时刻通过技术途径 i 将目标 j 认为是假目标的可信度 $h_j^i(k)$;在 k 时刻通过技术途径 i 将目标 j 认为是有源干扰的可信度 $z_j^i(k)$;在 k 时刻通过技术途径 i 不能对目标 j 进行分类的可能性 $b_j^i(k)$。则有

$$d_j^i(k) + y_j^i(k) + h_j^i(k) + z_j^i(k) + b_j^i(k) = 1 \quad (i = 1,2,\cdots,M_k;j = 1,2,\cdots,N_k)$$

$$(5 - 124)$$

式中: M_k 为 k 时刻参与综合识别的技术途径个数; N_k 为 k 时刻待识别目标群中的目标数目。

到时刻 l 为止,综合识别系统判断第 j 个目标为弹头的可能性为[108]

$$G_j[l] = F[d_j^i(k),y_j^i(k),h_j^i(k),z_j^i(k),b_j^i(k)]$$
$$(i = 1,2,\cdots,M_k;j = 1,2,\cdots,N_k;k = 1,2,\cdots,l) \quad (5 - 125)$$

式中: F 为融合算法。

融合算法有很多,根据对象层次的不同可分为数据级融合、特征级融合和决策级融合。数据级融合是直接在原始数据层上的融合;特征级融合是对传感器的原始数据进行特征提取后的融合;决策级融合是一种提供决策依据的高层次融合,其优点是,在融合之前,每个传感器已相应地完成了决策或分类任务,具有很好的实时性和容错性。决策级融合方法有很多,主要有统计学方法、贝叶斯方法、D - S证据理论、模糊概率方法、规则法及表决法等[109]。

弹道导弹中段综合识别是基于前一时间段先验数据和当前探测数据的信息融合,所以融合算法可采用贝叶斯方法。贝叶斯方法[110]是人工智能、概率论、图论、决策分析相结合的产物,是目前不确定知识表达和概率推理领域中最有效的理论模型之一。它以图形化的方式直观地表达各变量的联合概率分布,并利用条件独立性假设大大减少了概率推理计算量,为复杂的不确定性推理问题提供了良好的解决办法。

在进行弹道导弹中段综合识别时,利用贝叶斯方法对 l 时刻共 M_i 个技术途径的识别结果和 l 时刻以前的融合识别结果进行融合,作为到时刻 l 为止关于目标 j 属于弹头的融合可信度,如果 $G_q(l) = \max_{1 \leqslant j \leqslant N} \{G_j(l)\}$,则可以判别目标 q 为主要威胁目标,即弹头。

5.6.2 发射点、落点估计与弹道预报模型

反导预警作战要求尽早和准确估计出来袭导弹的发射点和落点,为威胁区

域的防护与反导作战等提供预警信息。准确的弹道预测可以为各种预警装备之间的任务交接、为拦截火力的目标指示提供有利依据。

根据预警卫星获得的弹道导弹关机点位置、速度、加速度等参数的估计,加上通过分析早期情报得到的征候信息,以及预警卫星得到的尾焰特征信息,包括推测的导弹类别、型号等信息,可以推算发射点位置,并可以初步推算导弹落点。如果再加入远程相控阵雷达获得的航迹数据,在滤波的基础上,依据弹道方程,能够计算出较精确的弹道。

计算发射点、落点和弹道的方法有椭圆弹道法和微分方程组计算法。前者计算速度快,但精度较差;后者把弹道目标落点的计算问题转化为某种初值条件下的常微分方程组的解法问题,并且所取得的雷达数据越多,精度越高。本节基于预警卫星探测,使用椭圆弹道法来进行发射点、落点估计与弹道预报建模。

1. 基于预警信息库的弹道模型

两颗或两颗以上的预警卫星监视同一地区时,可以利用视线的交汇方法来确定弹道导弹的位置,再对位置求导便可确定弹道导弹的速度,进而可计算弹道进行预警。但通常对一个地区进行探测的预警卫星只有一颗,不足以独立确定弹道导弹的位置,必须借助战前收集形成的预警信息数据库,才能估算弹道导弹参数。预警信息数据库的数据项包括各类弹道导弹飞行时发动机尾焰红外辐射强度的标准值 $I(t)$、主动段飞行中各时刻飞行高程的标准值 $h_\mathrm{p}(t)$、主动段飞行中各时刻飞行距离的标准值 $L_\mathrm{p}(t)$,将这三个参数用整理过的四次样条函数表示为[115]

$$
\begin{cases}
I(t) = a_0 + a_1 t + a_2 t^2 + a_3 t^3 + a_4 t^4 \\
h_\mathrm{p}(t) = b_0 + b_1 t + b_2 t^2 + b_3 t^3 + b_4 t^4 \\
L_\mathrm{p}(t) = c_0 + c_1 t + c_2 t^2 + c_3 t^3 + c_4 t^4
\end{cases}
\tag{5-126}
$$

2. 确定弹道导弹坐标初值模型

已知预警卫星的纬度 φ'、经度 λ'、球心距 r',用预警卫星探测视线与地球表面交点近似代替弹道导弹的位置,根据预警卫星的 (φ', λ', r') 及探测视线角的 $\psi(t)$ 和 $\theta(t)$,便可确定弹道导弹位置点的纬度、经度和球心距 (φ, λ, r)[118]:

$$
\begin{cases}
\varphi = \pi - \theta - \arcsin\dfrac{r'\sin\theta}{r} \\[2mm]
\lambda = \lambda' + \pi - \psi - \arcsin\dfrac{r'\sin\psi}{a} \\[2mm]
r = a(1-f) \times \sqrt{\dfrac{1}{\sin^2\varphi + (1-f)^2 \cos^2\varphi}}
\end{cases}
\tag{5-127}
$$

式中:a、f 分别为 WGS-84 椭球体的长半轴和扁率。

3. 确定弹道导弹发射时刻

首先,根据实际探测的 $I(t)$ 与信息库中存储的 $I'(t)$ 比较,初步确定弹道导弹的型号,然后再选择弹道。

设 t_1 时刻预警卫星探测弹道导弹一个点 $(\varphi'_1, \lambda'_1, r'_1)$,$t_2$ 时刻探测一个点 $(\varphi'_2, \lambda'_2, r'_2)$,进而用大地反算公式[116]计算出两点间的大地距离 $\Delta L'$ 和大地方位角 ψ_d。根据式(5 – 126)得

$$\Delta L' = c_1 \Delta t_2 + c_2 \left[(\Delta t_1 + \Delta t_2)^2 - \Delta t_1^2 \right] +$$
$$c_3 \left[(\Delta t_1 + \Delta t_2)^3 - \Delta t_1^3 \right] + c_4 \left[(\Delta t_1 + \Delta t_2)^4 - \Delta t_1^4 \right] \quad (5 – 128)$$

式中:$\Delta t_1 = t_1 - t'_0$;$\Delta t_2 = t_2 - t'_1$。

利用式(5 – 134)迭代求出 Δt_1 后,便可求出初值 t'_0。重复式(5 – 127)和式(5 – 128)的计算,便可计算出比较准确的导弹型号和导弹发射时刻 t_{01}。

预警卫星每探测弹道导弹的一个新点,均可利用式(5 – 127)和式(5 – 128)推出一个比较准确的发射时刻,依次得到 $t_{01}, t_{02}, \cdots, t_{0n}$,最后可确定弹道导弹发射时刻的最终值为

$$t_0 = \frac{1}{n} \sum_{i=1}^{n} t_{0i} \quad (5 – 129)$$

4. 确定发射点坐标

将式(5 – 129)计算出的 t_0 代入式(5 – 126)可计算出发射点与第一测点间的大地距离为

$$\Delta L_0 = c_0 + c_1 t_0 + c_2 t_0^2 + c_3 t_0^3 + c_4 t_0^4 \quad (5 – 130)$$

再根据第一测点坐标 (φ_1, λ_1) 和计算的 ΔL_0 以及用大地反算公式[116]计算得到的大地方位角 ψ_{d1},用大地正解公式[116]便可计算出发射点的坐标 (φ_0, λ_0)。

5. 确定关机点及对应的弹道参数

设从 t_0 时刻到关机时刻的时间为 t_k,类似于式(5 – 127)可确定关机时刻对应的坐标 $(\varphi_k, \lambda_k, r_k)$ 和方位角 ψ_{dk},将 t_k 代入式(5 – 132),再求导便可确定关机点的速度,即

$$h'_p(t_k) = b_1 + 2b_2 t_k + 3b_3 t_k^2 + 4b_4 t_k^3$$
$$L'_p(t_k) = c_1 + 2c_2 t_k + 3c_3 t_k^2 + 4c_4 t_k^{3'} \quad (5 – 131)$$

6. 计算弹道及落点

按式(5 – 131)计算的相对速度,可求出弹道导弹的绝对速度 v_k,根据 v_k 和 $(\varphi_k, \lambda_k, r_k)$,用椭圆理论计算出弹道导弹的弹道,进而求出落点坐标。椭圆理论计算落点和弹道方法步骤如下[117]:

166

（1）确定涉及的坐标系和弹道椭圆参数。由于弹道导弹末段距离相对较近,忽略大气对目标的作用,把末段看作中段椭圆的延伸,并确定地心惯性坐标系(ECI)①和平面坐标系(图5-25)。

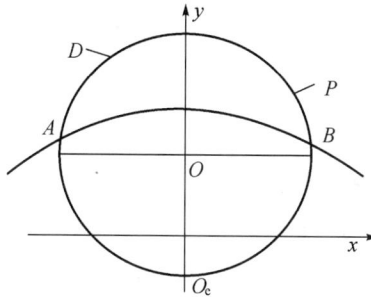

图5-25　弹道平面坐标系

图5-25中,O_e为地心,也是弹道椭圆的一个原点,D为某一时刻的弹道导弹的位置,P为再入点。设某一时刻弹道导弹在D点,其在地心惯性坐标系内的运动参数为位置(x,y,z)、速度(x',y',z'),则椭圆的轨道参数被确定。

（2）确定弹道椭圆中D点的位置。D点到地心的距离$r = \sqrt{x^2 + y^2 + z^2}$。设$D$点的偏近地点角为$E_d$,其平面坐标为$(x_d,y_d)$,则$E_d = \arccos[(a-r)/ae]$。当$r \geq 0$时,$E_d \in [0,\pi]$,否则$E_d \in [\pi,2\pi]$。由此可求出$E_d$。

根据椭圆方程条件$y_d/x_d = -\tan(E_d - \pi/2)$可解出$D$点坐标:

$$\begin{cases} x_d = -\tan(\pi - E_d)y_d \\ y_d = \sqrt{q + p^3} + p \end{cases} \qquad (5-132)$$

式中

$$p = \frac{b^2 c}{a^2 \tan^2(\pi - E_d) + b^2}, q = \frac{b^4}{a^2 \tan^2(\pi - E_d) + b^2}$$

（3）落点在地心惯性坐标系中位置的确定。在地心惯性坐标系内取M、N两个点,坐标分别为$m(x_1,y_1,z_1)$、$n(x_2,y_2,z_2)$,根据求D点平面坐标的方法同理求出M、N两点的平面坐标,设为$M(x_m,y_m)$、$N(x_n,y_n)$。

设落点B的平面坐标为(x_b,y_b),在地心惯性坐标系内坐标为(x_3,y_3,z_3)。由于B点的偏近地点角$E_B = \arccos[(a-r)/ae]$,$E_B \in [\pi,2\pi]$,根据式(5-138)、式(5-139)可得出B点的平面坐标。

---

① 地心惯性坐标系ECI定义为:x轴、y轴在赤道平面内,x轴指向赤道平面与黄道平面的交点,z指向北极点,y的指向服从右手法则。

由于 B 点与 M、N、O_e 三点共面,按照立体几何方法可求出 B 点的惯性坐标为

$$\begin{cases} x_3 = \alpha(x)x_b + \beta(x)y_b \\ y_3 = \alpha(y)x_b + \beta(y)y_b \\ z_3 = \alpha(z)x_b + \beta(z)y_b \end{cases} \qquad (5-133)$$

式中

$$\alpha(x) = (x_1/y_m - x_2/y_n)/(x_m/y_m - x_n/y_n), \beta(x) = x_1/y_n - \alpha(x)x_m/y_n$$

$$\alpha(y) = (y_1/y_m - y_2/y_n)/(x_m/y_m - x_n/y_n), \beta(y) = y_1/y_n - \alpha(x)x_m/y_n$$

$$\alpha(z) = (z_1/y_m - z_2/y_n)/(x_m/y_m - x_n/y_n), \beta(z) = z_1/y_n - \alpha(x)x_m/y_n$$

然后根据弹道导弹的飞行时刻和落地时刻,确定弹道导弹某一时刻弹道和落点的实际地理坐标,从而进行弹道和落点预报。

5.6.3 反导预警威胁估计模型

威胁估计是依据弹道导弹目标状态属性估计与态势估计结果及相关信息,对其杀伤能力、企图和威胁程度进行的评估。目前,对威胁评估的方法大多采用改进的 AHP 方法、多属性决策方法、模糊集理论、D-S 证据理论、效用理论、人工神经网络和 BP 算法、遗传算法以及它们的组合方法,这些方法在各自的应用领域有一定的适用性,也存在各自的不足。威胁估计常用威胁度和威胁等级来描述,作为威胁判断的基础。

威胁估计中,通常要选择威胁估计指标体系,然后,利用构建的威胁估计数学模型进行威胁度或威胁等级计算,进而实现威胁估计。

1. 反导预警威胁估计指标体系

弹道导弹的威胁程度是由多种因素决定的,主要有目标类型、距离、速度、数量、高度、遂行攻击企图、干扰能力、毁伤能力、突防能力等多个方面,在进行威胁判断时必须综合考虑。而这些因素之间有的相互影响、相互重叠,必须进行筛选、归类,确定合理且便于计算和分析的威胁判断指标。根据这些因素的性质和相互关系,归纳为以下五个:

1) 被威胁要地的重要程度

被威胁要地的重要程度是指要地被攻击后,在政治上、军事上可能造成的影响大小,它是决定弹头威胁程度排序的一个重要因素。每一被保卫要地必须指定一个优先级,要地的重要程度用其优先级来表示。当弹道导弹正在威胁一个或几个要地时,它就被赋予一个威胁值,其值等于正在受到威胁的最重要要地的优先级[119]。由此可知,被威胁要地的重要程度是决定弹道导弹威胁程度大小

的一个重要因素。

2）导弹威力

弹道导弹的威力与其尺寸、再入速度、重量、命中精度以及装药有关。对防御方来说,能够反映弹道导弹尺寸和重量的量主要是弹头的雷达反射截面积。利用雷达回波幅度信号,可估算出弹头的雷达反射截面积,从而计算出弹头的尺寸,进一步可推算出导弹的大致威力。

3）目标距离

目标距离主要反映了弹道导弹对被保卫目标的攻击企图、达成攻击的可能性,并在一定程度上反映反导系统对该目标拦截的紧迫性[112]。目标距离越远,威胁越小。

4）目标速度

目标速度高会降低反导武器系统对目标跟踪制导的精确性和稳定性,降低拦截导弹的杀伤概率;同时,目标速度越高,穿越反导武器探测区和杀伤区时间越短,对其拦截次数越少。目标速度反映了反导武器对其探测和拦截的适宜性和紧迫性。

5）目标电子干扰能力

目标电子干扰能力与反导武器对其探测和拦截的有效性及难易程度相关。目标干扰能力越强,反导系统探测和拦截难度越大,威胁也越大。

2. 反导预警威胁估计指标量化

为了将具有不同量纲和物理意义的威胁因素进行综合分析,必须采用一定的隶属函数对指标进行量化和归一化处理。

1）被威胁要地的重要程度

被攻击目标的重要性用要地重要度描述,通常可分为若干级,比如分为 A、B、C、D、E 5 级,用以表示被攻击目标的相对重要性。具有较大的政治意义和军事意义的目标其重要度也较大,为了便于比较,可对其分别赋予不同的数值,如:$M_A = 1, M_B = 0.7, M_C = 0.5, M_D = 0.3, M_E = 0.1$。则弹道导弹的要地威胁值 μ_1 为 0.1、0.3、0.5、0.7 和 1.0 中的某一数值。

2）导弹威力

弹道导弹的威力 μ_2 可视为其雷达截面积 s 的函数,即 $\mu_2 = f(s)$,该函数的具体形式与预警雷达的性能参数有关,只要预警雷达的性能参数已知即可求解。

3）目标距离

目标距离与被保卫目标受攻击的可能性相关,目标距离越近,则威胁越大。距离威胁隶属度在性质上属于偏小型模糊分布类型,随着距离的减小,威胁程度增大,并且威胁增大的速度加快。目标威胁隶属度函数选取 k 次抛物分布隶属

169

度函数:

$$\mu_3(x) = \begin{cases} 1, & x \leqslant D_c \\ \left(\dfrac{D_d - x}{D_d - D_c}\right)^k, & D_c < x < D_d \\ 0, & x \geqslant D_d \end{cases} \quad (5-134)$$

式中:x 为目标距离;D_c、D_d 分别为威胁距离的下限和上限,目标在 D_d 以外威胁为 0,在 D_c 以内威胁为 1。

4) 目标速度

目标速度越高,穿越反导防御体系的时间越短,可拦截次数越少,拦截的紧迫程度越高,反导武器对其杀伤概率越低。因此,目标速度威胁隶属度函数选取升岭型分布隶属度函数。

$$\mu_4(x) = \begin{cases} 0, & x \leqslant v_a \\ \dfrac{1}{2} + \dfrac{1}{2}\sin\left[\dfrac{\pi}{v_b - v_a}\left(x - \dfrac{v_b + v_a}{2}\right)\right], & v_a < x < v_b \\ 1, & x \geqslant v_b \end{cases} \quad (5-135)$$

式中:x 为目标速度;v_a、v_b 分别为目标威胁速度的下限和上限,速度小于 v_a 威胁为 0,大于 v_b 威胁为 1。

5) 目标电子干扰能力

目标电子干扰能力越强,对反导防御体系突防能力越强,越难以拦截,威胁也越大。目标电子干扰能力可分为强、较强、一般、较弱、弱、无 6 个等级,各等级对应的隶属度如表 5-7 所列。

表 5-7　目标电子干扰能力等级及威胁隶属度

级别	强	较强	一般	较弱	弱	无
隶属度	1.0	0.8	0.6	0.4	0.2	0

3. 目标威胁程度综合评估

假设来袭目标数量为 m,威胁指标因素个数为 n。第 i 个来袭目标的指标威胁隶属度 $\boldsymbol{R} = (r_{1i}, r_{2i}, \cdots, r_{ni})^T$,则 m 个目标的指标威胁隶属度构成 $n \times m$ 阶模糊矩阵 $\boldsymbol{R} = (r_{ij})_{n \times m}$。则目标威胁值 $\boldsymbol{T} = \boldsymbol{W} \circ \boldsymbol{R} = (t_1, t_2, \cdots, t_m)$,据此,得到目标的威胁程度排序。

其中,合成算子"。"为加权平均型合成算子"$\bullet - \oplus$",该算子综合考虑了各种因素的影响,对所有因素的影响结果进行加权综合,避免各种因素信息丢失。W 为威胁指标权重向量,$\boldsymbol{W} = (\omega_1, \omega_2, \cdots, \omega_n)^T$。$\omega$ 可由 AHP 法、熵权法[121]、离

170

差最大法[122]等方法获得。

5.6.4 反导预警情报协同模型

弹道导弹属于空间轨道目标,发动机关机后,无推力作用时,其运动过程是可预测的。远程预警装备,如远程相控阵雷达和地基多功能雷达,截获到弹道导弹后,对其进行连续跟踪测量,经滤波可估计出目标在空间的瞬时运动状态,经初轨确定、轨道改进等过程对目标定轨,依据轨道根数可外推任意时刻目标所处的位置,因而可预测目标进入其他雷达威力空间的时间和位置信息,潜在接班雷达在预警信息指引下实现对目标的扫描截获,从而完成引导信息条件下弹道导弹跟踪的雷达交接班过程。在反导预警体系中,远程相控阵雷达和地基多功能雷达在功能上主要体现为级联的接力引导关系,其交接班包括实时波束交接和预测交接两种模式[125]。交接班需要满足以下条件:

(1)交班点在接班雷达的探测能力范围内;

(2)交班雷达在交班点的跟踪预测精度能够满足接班雷达的截获概率需求;

(3)导弹穿过截获屏的时间大于接班雷达截获导弹的时间。

雷达交接示意图如图 5 – 26 所示[123],图中 P、X 和 Z 是反导预警体系的监视节点,P 为远程相控阵预警雷达,X 为地基多功能雷达,Z 为反导预警指控中心。远程相控阵雷达进行空域搜索时,发现并截获某来袭目标,经初步识别判断为弹道导弹,对其进行连续跟踪测量,并计算其轨道,将轨道数据实时上报给指控中心 Z。Z 对其轨道进行外推,预测导弹在远程相控阵雷达所在雷达威力空域的飞行时间,并预测其进入地基多功能雷达所在空域的时间和位置,一旦发现目标外推轨道进入地基多功能雷达的威力空间,Z 将目标进入雷达 X 空域的时间、位置及误差信息及时发布给后者。雷达 X 根据获取的预报信息形成截获命令,对目标进行接班截获,实现反导预警网对弹道导弹的交接班跟踪。

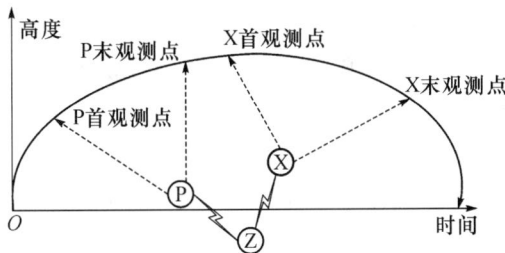

图 5 – 26　雷达交接示意图

171

1. 交班雷达的滤波定轨

远程相控阵雷达发现、截获并跟踪某弹道导弹后,将在地球惯性坐标系(ECI)下完成对目标的跟踪和轨道确定。设目标在雷达观测坐标系①下的观测向量 $s = (r,a,e)$,经坐标变换,可得其在惯性坐标系下观测值,即[123]

$$s_k = f(S_k) + \eta_k \tag{5-136}$$

式中:s_k 为 k 时刻雷达观测值;η_k 为 k 时刻雷达观测误差。

由此,可得观测矩阵为

$$H_k = \frac{\partial f}{\partial s_k} \tag{5-137}$$

假设雷达观测误差服从高斯分布,$\eta_k \sim N(0, R_k)$,则协方差矩阵为

$$R_k = \begin{bmatrix} \delta r^2 & 0 & 0 \\ 0 & \delta a^2 & 0 \\ 0 & 0 & \delta e^2 \end{bmatrix} \tag{5-138}$$

以开普勒定理为基础,目标滤波状态可以确定 k 时刻的导弹轨道的 6 个根数[124],即

$$(a_k, e_k, i_k, \Omega_k, \omega_k, M_{0k}) = \psi(X_k, Y_k, Z_k, \dot{X}_k, \dot{Y}_k, \dot{Z}_k) \tag{5-139}$$

式中:a 为弹道导弹轨道半长轴;e 为轨道偏心率;i 为轨道倾角;Ω 为轨道升交点赤经;ω 为轨道近地点幅角;M_0 为轨道平近点角。

因雷达观测澡声会引起滤波误差,进而会造成瞬时轨道根数与理论轨道存在偏差,但可作为初轨并进行修正后得到改进的轨道根数,从而完成目标的跟踪和定轨。

2. 指挥控制中心的轨道预报

指挥控制中心 Z 根据交班雷达提供的跟踪滤波和轨道数据,对目标的轨道依照时间进行外推并预测目标的轨道,当预测轨道进入雷达 X 的威力空间,指挥控制中心 Z 及时将目标进入雷达 X 的威力空间的时间和位置及其误差信息报告给后者,完成指挥控制中心的轨道预报任务。

已知某接班雷达站的坐标,经过坐标变换,目标预测状态可转换到接班雷达的观测坐标系下,如果该观测值在某接班雷达的威力范围内,表明该雷达预期可截获该目标。设某待接班雷达的威力空间为 $(r_{max}, a_{max}, e_{max})$。

具体的雷达交班预报算法设计如下[123]:

(1)雷达 P 截获跟踪某弹道导弹,对该目标跟踪滤波,得 ECI 坐标系下目标的 r 和速度 v。

---

① 雷达观测坐标系(RAE)定义为:r 沿雷达与目标径向距离方向,a 平行于地平面沿逆时针方向,e 沿地平面向上形成右手坐标系。

（2）雷达 P 利用滤波值确定目标初轨,并尽可能改进轨道根数,得到目标轨道根数$(a,e,i,\Omega,\omega,M_0)$。

（3）Z 对目标轨道根数进行外推预报,对给定某时间 $t > 0$,外推轨道,并转换到潜在接班雷达观测坐标系下,得到(r_x,a_x,e_x),推算出两个时刻,$t_1 > 0$,$t_2 > 0$,且 $t_1 < t_2$,使得$(r_{t1},a_{t1},e_{t1}) < (r_{\max},a_{\max},e_{\max})$,且$(r_{t2},a_{t2},e_{t2}) > (r_{\max},a_{\max},e_{\max})$。

（4）对于某给定的误差门限 $\varepsilon > 0$,执行如下循环:

① $t = t_1 + (t_2 - t_1)/2$。

② 如果$(r_{t1},a_{t1},e_{t1}) < (r_{\max},a_{\max},e_{\max})$且$(r_{t2},a_{t2},e_{t2}) > (r_{\max},a_{\max},e_{\max})$,或者$(r_{t1},a_{t1},e_{t1}) > (r_{\max},a_{\max},e_{\max})$且$(r_t,a_t,e_t) < (r_{\max},a_{\max},e_{\max})$,令 $t = t_2$。

③ 如果$(r_{t2},a_{t2},e_{t2}) < (r_{\max},a_{\max},e_{\max})$且$(r_t,a_t,e_t) > (r_{\max},a_{\max},e_{\max})$,或者$(r_{t2},a_{t2},e_{t2}) > (r_{\max},a_{\max},e_{\max})$且$(r_t,a_t,e_t) < (r_{\max},a_{\max},e_{\max})$,令 $t = t_1$。

④ 如果 $|t_2 - t_1| > \varepsilon$,转到①,继续;否则,$t_x = t_2$,循环终止。

⑤ t_x 为雷达 P 和 X 交接时刻,外推轨道,并转换到接班雷达观测坐标系下,得到(r_x,a_x,e_x)末交接位置。

定义目标位置$(r,a,e) < (r_{\max},a_{\max},e_{\max})$,当且仅当同时满足 $r < r_{\max}$,$a < a_{\max}$,$e < e_{\max}$,表示目标预测位置(r,a,e)在该雷达的威力空间;否则,不在雷达威力空间。

3. 接班雷达的截获设计

接班雷达 X 根据接收到的来自指挥控制中心 Z 的预警信息,提早获取来袭目标信息,并及时生成目标截获指令,在指示的时间和位置完成空域扫描,并截获目标,从而完成雷达间的预报交接班。

假设雷达 P 在交班处的角精度为 $\Delta\varphi$,雷达 X 的波束宽度为 $\Delta\theta$,交班时与目标的距离为 R,雷达 X 一个波位的驻留时间为 T,弹道导弹的速度为 v。如果系统要求目标的截获概率要达到 0.99,则截获屏单边厚度应设为交班雷达角精度的 3 倍,考虑两维角度上的截获,截获屏厚度为 $6\Delta\varphi \times 6\Delta\varphi$。目标单次探测概率为 0.9,三次探测概率为 0.999,总的截获概率为 0.996,满足系统 0.99 的截获概率要求。此时,总的截获时间为 $\dfrac{6\Delta\varphi \times 6\Delta\varphi}{\Delta\theta \times \Delta\theta}T$。导弹穿过雷达角引导精度区域的时间为 $\dfrac{\Delta\varphi \times R}{v}$。有效截获的条件是截获时间必须小于穿屏时间,即

$$\frac{6\Delta\varphi \times 6\Delta\varphi}{\Delta\theta \times \Delta\theta}T \leqslant \frac{\Delta\varphi \times R}{v} \tag{5-140}$$

雷达交接班时,在满足交班条件的前提下,应尽早进行交接,以加大系统的预警时间。

第6章 反导预警作战仿真
模型服务资源管理

在反导预警作战仿真模型服务体系中,"管"是模型服务的基础。面向服务的 MSCP 的主要目标是以服务的形式实现广域、跨组织和异构环境下的资源共享。MSCP 资源是所有可以被请求使用的实体总称,包括计算资源、存储资源、模型资源、数据资源和通信资源等。本章结合当前计算机技术的发展和反导预警作战仿真模型服务的需要,提出了基于云计算的硬件资源管理反导预警作战仿真模型全生命周期管理、数据管理、工作流管理等核心管理功能。

6.1 基于云计算的硬件资源管理

软件即服务是云计算的重要技术之一。随着部队对作战仿真系统需求的不断增长,系统的数量和规模迅速扩大。传统的单打独斗,各自为阵的作战仿真系统的管理方法已无法适应未来作战仿真的需要。统一规划、基于网络分布建设、实现资源合理利用,必将成为模型服务中心日益关注和重点研究的一个关键问题。

6.1.1 基于云计算的资源池设计

根据云计算的虚拟化技术把服务器、存储设备等网络资源全部整合进行分割,实现资源随需分配和自动增长。从控制端来看,云计算将所有的模型服务资源看成是一个资源池,并且根据资源的物理属性将资源归于不同的资源池中,利用云计算的虚拟化技术,将资源虚拟化成 n 个槽,根据资源的某个共同的特性,(如资源的属地、操作系统、CUP 型号、内存大小等)将资源归类,形成资源池。云计算的多级资源池结构如图 6-1 所示。

其中的一个资源池充当服务器与云外面交互、维护其他资源池负载平衡、分配任务等服务。

在多级负载平衡算法中,充分利用多级资源池结构的优势。对于通信量较小的任务,尽量将其分配在临近的同一个资源池网络域中,降低进程间通信的开销。这样可以极大地提高系统的性能。对于网络或其他原因可能会导致服务器

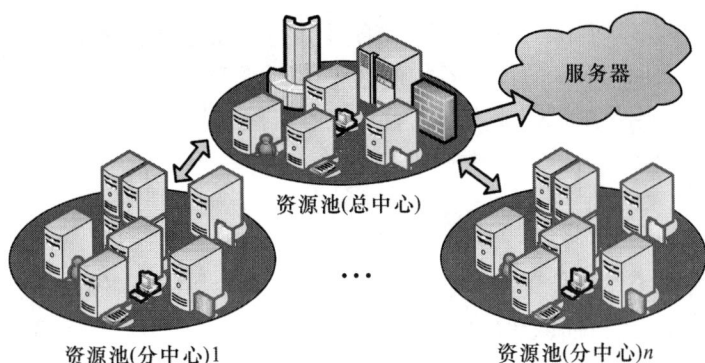

图 6-1 云计算的多级资源池结构

死机或其他故障,采用双机热备份技术,对文件备份以及配置若干个候选服务器。

6.1.2 云中的资源发现方法

作战仿真模型服务资源发现主要涉及资源信息存储方法、资源发布方法和资源发现方法三个方面。

资源信息存储分为集中式和分布式两种模式。集中存储方式可以使用网络目录接口 X.500/LDAP 来访问底层的关系数据库或分布式数据库。如果把资源信息存储在关系数据库中,还可以使用结构化查询语言(SQL)或 SQL 的限定子集查询资源信息。在 Web 服务环境中 UDDI(Universal Description、Discovery and Integration)也属于集中注册的信息存储模式。在分布式存储模式中,资源信息可以存储在对象模型(如 CORBA)或编程语言(如 Java 语言)提供的持久性对象中。

资源信息发布到存储信息库中的方法主要包括定期批处理和适时在线发布两种。定期批处理模式是指在每个资源池网络节点备份其拥有的资源信息,然后定期向存储库发送。定期批处理又可分为推送和抽取两种模式。推送是指资源信息提供者主动把信息送往存储库,抽取则是指由信息存储或查询一方发送请求并获取资源信息。适时在线发布模式是指在资源信息发生改变时,资源提供者主动把信息发布到资源池的信息存储库。

资源发现方法可分为基于查询和基于代理两种。基于查询的资源发现是指用户查询资源池中的资源信息存储库来获取有关资源的信息。基于代理的资源发现是指主体把代码片段发往各个网络节点,通过代码的本地执行获得资源信息。与查询的方法相比,代理能够控制查询过程且由本身所拥有的内部逻辑而不是外部查询引擎进行资源发现决策。显然,通过查询获取的资源信息是静态

175

的,有可能存在过时不适用的现象。通过代理获取的信息则是动态的。通过资源发现方法获取到有关资源的各种信息后,资源管理系统还要对资源进行过滤,即去除那些不满足最低作业需求或者用没有访问权限的资源,最终得到所有的可用资源列表。

6.1.3　云中的资源调度策略

在反导预警作战仿真模型服务体系中包含有多个模型服务资源池,如探测模型服务资源池、目标识别模型服务资源池、信息处理模型服务资源池等。考虑到资源利用、经济效益等各方面的原因,将资源池划分成共享池和私有池。共享池和私有池是一个相对的概念,例如,在进行探测仿真时,探测模型服务资源池就是其私有池,而目标识别模型服务资源池和信息处理模型服务资源池等就是共享池。结合不同资源池的性质,反导预警作战仿真模型服务云中提供四种资源调度策略完成对资源的调度,包括私有策略、借还策略、共享策略和要策略。

(1) 私有策略:根据实际部署情况,在 Products. xml 中利用 own 节点来存储软件配置环境需要的槽数。保证在独立情况下就可以完成软件部署以及完成基本任务。

(2) 借还策略:根据租借机制实现应用程序对私有的槽进行租借。权衡收益和资源利用,以及考虑运行阶段应用程序私有的槽有可能空闲,因此,可以利用空闲的槽去协助完成其他的任务。利用 lend 和 borrow 节点记录程序之间的借还关系。

(3) 共享策略:为提高收益,利用分享率节点记录应用软件对共享池资源的占有率(收益率和分享率映射),约束共享资源是不能借的,否则,与现实违背。

(4) 要策略:是实现权力的维护和负载平衡。解决空闲的槽数不能满足任务需要问题,凭借要策略完成 Reclaim 资源,最终完成任务。由于考虑到使用的槽数是根据用户请求波动而变,所以配置实践段的要策略,可以手动调整满足特定时间业务的需要。

6.1.4　资源调度策略的实现

在任务分配时,考虑到负载平衡和效益等影响因素。服务器利用策略调节资源,同时利用基于进程迁移机制的进程 pbs_mon,根据资源的负载状况和资源池的空闲槽的变化,动态地调节系统的负载平衡。

如图 6 - 2 所示,服务器启动 ps_lim 进程后,先读取 backup 配置服务器的环境,启动子进程 ps_vemkd 和 ps_pem,启动 ps_vemkd 进程开始数据备份。ps_vemkd 启动后会对全部资源的列表进行管理和维护,全局模块(whole_resource_

176

pool)配置为自动加载模块,同时启动子进程 ps_esc 和将监听到的信息备份。而其他资源池启动 ps_lim 读取资源的信息和启动 ps_pem 子进程,实时地给服务器发送应答信号。

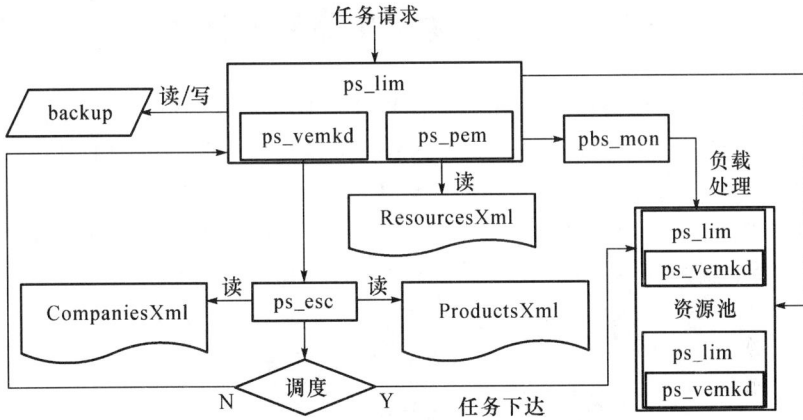

图 6-2　多级资源池任务执行流程

ps_esc 利用函数 $f(x,i)$ 算出应用程序(x)空闲的私有槽数:

$$f(x,i) = a - \sum_{i=0}^{\infty} xy_i - \omega(x), i \in N \qquad (6-1)$$

式中:y_i 代表向 x 已借资源的应用程序;xy_i 代表了 x 已经借给 y_i 的槽数;a 代表配置的私有槽数值;$\omega(x)$ 代表由于资源死机等其他因素损失的槽数。

$$f(x) = f(x,i) + c + \sum_{i=0}^{\infty} y_i x - \omega(x), i \in N \qquad (6-2)$$

式中:c 代表在共享池空闲的槽数;$y_i x$ 代表 x 借 y_i 的槽数。

$$f(x,r) = \begin{cases} (s - \omega(x)) - (s - \omega(x))(1-r), x \in \text{leftnode} \\ (s - \omega(x))r, x \in \text{rightnode} \end{cases} \qquad (6-3)$$

式中:s 代表共享池的总共槽数;r 代表分享率。

$$f(x,c) = \sum_{i=0}^{\infty} xy_i + f(x,r), i \in N \qquad (6-4)$$

$$f(x,u) = f(x) + f(x,c) - g(m) \qquad (6-5)$$

式中:$g(m)$ 代表使用时被收回的槽数。

如果 $f(x,i)$ 的值大于或等于需要的槽数,就读取 x 的 license,部署程序完成任务;如果 $f(x,i)$ 的值小于需要的槽,就要利用 $f(x)$ 扩大资源搜索范围,计算是否有更多的空闲资源。如果 $f(x)$ 的值小于需要的槽数,利用 $f(x,c)$ 函数计算收回的槽数。最终得到资源的数目为 $f(x,u)$ 的结果,由于分配是动态的,导致 $f(x,u)$ 是变化的。

6.2　模型资源全生命周期管理

模型作为反导预警作战仿真模型服务最主要的软件资源,其管理的成功与否直接决定着模型服务的质量。反导预警作战仿真模型服务中的模型建设不是模型的简单堆积,必须对模型进行有序管理,避免重复开发。从面向领域特征的模型开发要求出发,提出了模型资源全生命周期管理,管理过程包括领域需求分析、模型需求制定、模型设计实现、模型评审验收和模型资源注销共 5 个步骤。模型资源全生命管理周期如图 6－3 所示。

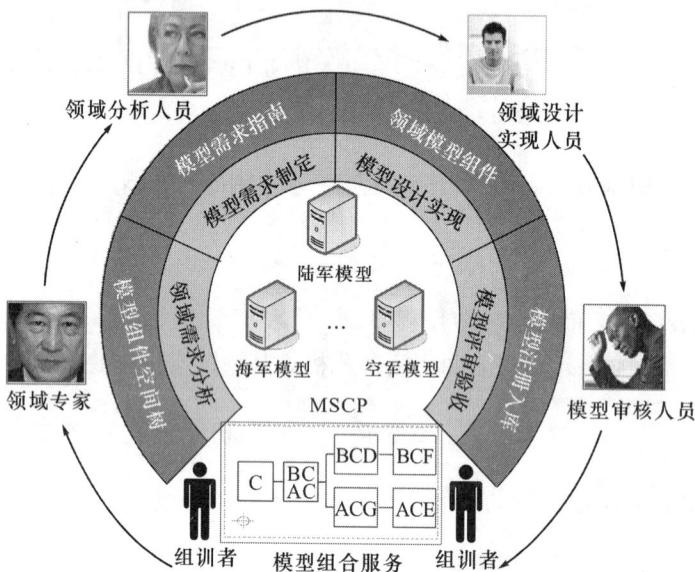

图 6－3　模型资源全生命管理周期

6.2.1　领域需求分析

以需求为导向,是系统建设的基本原则。支撑反导预警作战仿真的模型服务体系的核心需求是作战仿真。有的文章认为模型管理的第一步是模型立项,本书认为模型全生命周期管理的第一步应是根据反导预警作战仿真的需求,确定需要建哪些模型的问题。这一步骤的工作主要由领域专家来完成,领域专家包括对该领域有经验的用户,从事该领域中系统的需求分析、设计、实施和项目管理有经验的软件工程师等。

领域专家的主要任务包括以下四个方面：

（1）规范行业术语，制定相关标准规范。提供关于领域中系统的需求规约和实现的知识，帮助组织规范、一致的领域术语字典，帮助选择或制定本系统作为领域工程依据的标准和规范。MSCP 中的模型资源管理将为领域专家完成这一工作提供手段上的帮助。

（2）制定/修订反导预警作战仿真模型组件空间树。反导预警作战仿真模型组件空间树是模型服务建设的基础和系统建设的重要依据。它是模型建设的重要依据，也是 MSCP 提供模型服务时，模型组件聚合的重要依据。MSCP 中的模型资源管理将为领域专家完成这一工作提供手段上的帮助，同时接收来自各方的意见、建议，甚至是批评，为领域专家和反导预警作战仿真用户之间搭建一个沟通交流的平台。

（3）接收反导预警作战仿真组织者的反馈意见。领域需求分析是模型管理的起点，但其必须要接收反导预警作战仿真需求的牵引，领域设计专家将直接与组训者进行沟通，了解反导预警作战仿真的现实需求，解决反导预警作战仿真存在的问题。MSCP 中的模型资源管理将为领域专家完成这一工作提供手段上的帮助。

（4）预测未来的反导预警作战仿真需求和发展趋势，引领作战仿真的发展方向。

6.2.2　模型需求制定

如果将面向领域特征的反导预警作战仿真模型组件空间比作一棵树，那么模型组件结构分支就好比是树干和树枝，而模型就好比是树上的树叶。在领域需求分析中，构建了一棵没有叶子的树，模型需求制定将在领域分析的基础上，由领域分析人员来完成树叶的添加工作，最后完成模型需求指南的制定和修订。

领域分析人员应由具有反导预警作战仿真知识工程背景的有经验的系统分析人员来担任，要求应熟悉软件复用和领域分析方法；熟悉进行知识获取和知识表示所需的技术、语言和工具；应有一定的该领域经验，以便与领域专家交流；应具有较高的进行抽象、关联和类比的能力；应具有较高的与他人交互和合作的能力。

领域分析人员的主要任务包括控制整个领域分析过程，进行知识获取，并将获取的知识组织到领域模型中。根据现有系统、标准规范等验证领域模型的准确性和一致性，维护领域模型目录表。其具体任务主要包括以下三个方面。

（1）了解和掌握领域专家所制定的模型组件空间树。反导预警作战仿真模型空间树是领域分析人员展开工作的基础和重要依据,MSCP 的模型资源管理将为领域分析人员提供方便直观的查询反导预警作战仿真模型空间树的每一个节点,为领域分析人员提供理解模型空间树的辅助分析工具。

（2）制定或修订模型需求指南。领域分析人员按照领域专家制定的模型组件空间树,对作战仿真的功能空间进行合理的粒度划分,增加或修改模型需求指南。对新增或修改的模型需要定义其功能、找出其领域特征、给出其设计视图、制定其接口规范,并对接口标准进行模型复合匹配初始验证。MSCP 的模型资源管理功能将辅助领域分析人员完成上述工作。在新增模型时,模型资源管理帮助领域分析人员进行查重判断,对模型功能的定义提供标准化模板;辅助完成模型领域特征的定义和制定模型的接口规范;自动完成模型复合匹配的初始验证,统一量纲。

（3）对没有使用价值的模型给出注销建议。随着武器装备的发展和作战仿真系统需求的变化,对模型目录表中长期处于闲置,且没有使用价值的模型给出注销建议。

6.2.3 模型设计实现

模型设计实现是对模型目录表中的模型进行编程实现(主要指仿真程序模型)。此项工作应主要由领域设计实现人员来完成。领域设计实现人员应由有经验的软件设计人员来担任。其应熟悉软件设计方法;应熟悉软件复用和领域设计方法;应有一定的该领域经验,以便与领域分析人员进行交流。

领域设计实现人员的任务包括以下三个方面:

（1）控制整个模型的设计过程。模型的开发是一个相对独立的软件功能模块的实现,其开发过程需要严格按照软件工程的开发要求,进行严格的模型设计流程控制,以便保障模型组件开发的质量。

（2）根据模型目录表中,对模型功能的定义,采用合适的解决算法对模型进行功能实现。MSCP 将提供统一的模型组件开发语言和开发平台,并协助领域设计实现人员完成模型调用视图的填写。

（3）对模型的准确性和一致性进行验证。模型的准确性是模型实现的根本要求,一个模型设计完成后,除需要领域设计实现人员自测试外,MSCP 模型资源管理还将提供基础的模型接口调用及运行测试功能。

6.2.4 模型评审验收

模型评审验收是模型管理中的最后一个流程,负责对模型实体的基本管理功能。这部分的工作主要由模型审核人员(或称为专门的模型管理人员)来完成,其应具有充足的领域知识和熟悉整个模型的空间结构。

模型审核人员的工作任务包括以下四个方面：

(1) 模型评审。模型评审分为专家评审和模型动态评审两个方面。专家评审是组织领域专家,集中对新开发的模型进行评审,评审的重点包括模型是否符合军事模型体系结构建设的要求、模型是否已经存在、模型的建设单位是否专业对口、模型的实施视图是否正确、模型是否具有先进性和可靠性和模型的粒度是否符合模型服务的建设要求。模型的动态评价是指 MSCP 通过对军事模型的调用时间及调用频率的统计,对模型服务中心的模型进行动态评价。

(2) 模型版本的管理。随着时间的推移,使用军事模型制作工具开发的模型数量将越来越多。在模型开发的初期,由于数量不多,版本也不复杂,因此模型开发的客户端不会感觉到模型管理的问题。但是随着模型数量和版本数量的增加,模型制作客户端必将会希望模型制作工具能够帮助完成模型的管理工作。军事模型管理实现的就是为模型开发用户提供了一个基本的模型管理功能,具体功能包括模型的新增、修改、删除、查询和版本登记等。其中模型的版本管理相对复杂一点,军事模型的版本号包括大版本号和小版本号两部分,大版本号由模型服务中心统一规定,小版本号由模型开发者来定义。大版本号与小版本号之间用点分隔,小版本号固定为两位。如 1.00,代表大版本号为 1,小版本号为00。00 代表原始版本,以后依次增加,如 01、02 等。

(3) 模型注册提交。军事模型开发完成后,用户需要将模型通过网络提交到模型服务中心,这个工作也是通过用户端软件来完成的,模型注册的内容包括模型名称、模型编号、版本号、关键字、密级、所属军兵种专业、红蓝方、应用层次、适用范围和内容、所支持模拟应用类型、模型属性、建模语言抽象程度、模型描述形式、实体聚合水平、行动要素抽象程度、项目简介(模型功能)、简化假设、研制单位、负责人、研制者、审定人、上级主管单位、批准时间、模型登记时间、模型文件列表等。军事仿真模型的注册采取一次注册,允许多次修改。系统对用户的每次修改进行权限审核,并且对每次修改的内容进行登记。

(4) 模型入库及信息发布管理。模型经过验证和专家评审打分后,利用模型注册工具完成模型入库处理。模型入库后,MSCP 模型资源管理将此模型以通报的形式发送到各个模型服务平台,模型服务平台的模型资源列表将进行更新,方便模型的调用。同时,反导预警作战仿真模型服务中心通过网站向用户进行公开发布,以方便用户使用。

6.2.5 模型资源注销

任何模型都有其自身的生命周期,随着时间的推移,部分军事模型将退出模型服务的行列。对模型是否注销采用"应用价值"评价法进行确定,应用价值包括可用性、使用率和价值率三个方面。

1. 可用性、使用率和价值率的定义

(1)可用性表示军事模型正确地反映描述对象本质的程度和易于使用的程度,主要用于对首次注册模型的评定。

(2)使用率表示军事模型在单位时间内的使用次数。

(3)价值率表示军事模型单次使用所产生的政治、军事和经济效益。

使用率和价值率主要用于军事模型的转级评定。

可用性、使用率和价值率的等级划分如表6-1所列。

表6-1 可用性、使用率和价值率的等级划分

等级	可用性	使用率	价值率
1	完全适用	广泛使用	极大效益
2	较好适用	较多使用	较高效益
3	适用	一般使用	一般效益
4	部分适用	极少使用	较小效益
5	不适用	未被使用	无效益

2. 量化计算方法

应用价值值计算公式为

$$\begin{cases} V = aX_1 + bX_2 + cX_3 \\ a + b + c = 1 \end{cases} \tag{6-6}$$

式中:X_1为可用性等级值,取值$1\sim5$;X_2为使用率等级值,取值$1\sim5$;X_3为价值率等级值,取值$1\sim5$;a为可用性权重,值域为$0\sim1$之间的实数;b为使用率权重,值域为$0\sim1$之间的实数;c为价值率权重,值域为$0\sim1$之间的实数;X_1、X_2、X_3等级值根据模型的实际情况选定;a、b、c权重值根据评价的价值观选定。

3. 报废条件

报废模型应具备下列之一的条件:

(1)应用价值等级降到4级以下。

(2)随应用需求消失而退出现役。

(3)因特殊情况必须放弃。

6.3 模型数据资源管理

按照"数据与模型分离、模型与系统分离"的作战仿真系统建设思想,模型

数据的管理是 MSCP 资源管理中的一项重要任务之一。支撑作战仿真的模型服务体系中,基础数据采用模型与数据分离的思想,而少数专用模型的数据管理依然采用模型与数据结合的方式。作战仿真模型服务数据资源管理主要实现基于云计算的数据虚拟化、数据传输、数据副本管理以及资源调度等问题。由于关于数据管理的研究较多,本节只对作战仿真模型服务中的数据虚拟化映射、数据传输和数据副本管理进行论述。

6.3.1 数据虚拟化映射

MSCP 中的模型数据大多来自现有的数据库,这必然存在数据结构的异构性、数据标准的不一致性等数据不匹配的情况,为了便于数据的调用,此时需要对这些数据进行数据虚拟化映射工作,主要包括建立目的与源的数据映射关系、建立目的与源的数据运算关系和建立标准数据与非标准数据对照表。

1. 元数据定义

元数据最本质、最抽象的定义为"说明数据的数据"。在信息界,元数据定义为提供关于信息资源或数据的一种结构化数据,是对信息资源的结构化描述。元数据库为应用系统提供共享数据资源的可视化服务:整个环境中存在哪些数据;数据的存储形式是什么;数据之间的关系是什么等。元数据已经成为信息共享的基础。

2. 数据抽取与转换

定义完数据的映射关系以后,就可以按照映射关系将数据源的数据经过抽取与转换加载到共享数据库中,并提供基于数据映射规则获取数据和调用特定运算程序的功能。

3. 共享数据库的命名原则

(1)选择有意义的、易于记忆的、描述能力强的名称。

(2)通过使用数据模型段前缀、下划线和特性修饰符使名称在特定的相关环境中唯一,并且具有清晰的层次关系。

(3)采用汉语拼音抽头的模式对数据库对象进行命名。

(4)组织机构编码采用总参军务部的编码规则。

(5)序列码为 2 位表示一层。

(6)干部人员编码采用人事部门的人员编码规则,标识码为人员身份证号,格式为 18 位字符。

(7)装备编码采用装备部门的现行编码,其标识码为 24 位字符,序列码为 40 位字符。

(8)物资编码采用后勤部门的现行编码,其标识码为 13 位字符,前 2 位表示大类,第3、4位表示中类,第5、6位表示小类,后7位是细类由流水号表示,序列码与标识码规则相同,但可以调整顺序。

4. 共享数据库的扩充原则

(1)以表的方式进行扩充。

(2)扩充的数据对象符合共享数据库的命名规范。

(3)扩充数据库段表名不能与原有共享库中的相同。

(4)扩充的数据模型通过共用数据库段生成工具打包成共用数据模型段。

(5)通过基础数据配置工具进行数据的安装。

关于模型数据虚拟化管理方面可参考联合共享数据库的建设方法。联合共享数据库是用于联合作战指挥的综合数据库,为指挥员提供联合作战所需要的敌情、我情和战场环境等信息,为及时反映战场情况的变化提供数据支持。联合共享数据库以已有的公共数据库为基础,并进行了应用模型的扩充,其数据集成方法如图6-4所示。

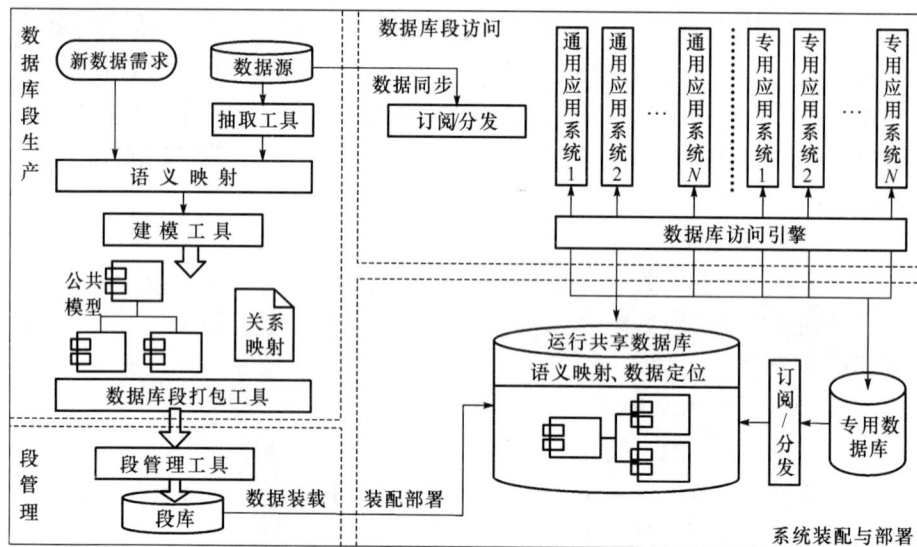

图6-4 联合共享数据库数据集成方法

6.3.2 数据传输

数据传输是基于多平台的基础数据管理的重要功能之一,其功能具有普遍性的需求。本节将对数据传输的技术进行基本的论述。

1. 数据传输分类

数据传输不仅仅是指数据比特的移动,还包括与之相关的安全、访问控制和数据传输管理等诸多方面。数据传输技术分层结构如图6−5所示。

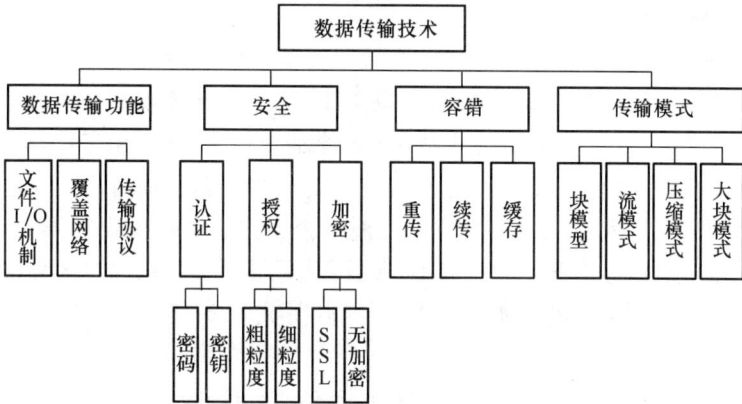

图6−5 数据传输技术分层结构

数据传输的功能可分为三层:最底层是传输协议,它是两个网络节点发起和控制数据传输的通用语言和传输通道,关注的是两个网络主机之间数据比特的移动;中间层是可选的覆盖网络,它关注的是数据路由,例如在 P2P 网络中,基于分布式散列表的覆盖网络能够更有效地支持文件的定位和传输;顶层是与特定应用相关的功能,如 I/O 机制,借助文件 I/O 机制,用户访问远程文件就如同访问本地文件一样。

数据传输的安全包括三个方面,分别是对用户的认证、授权和对数据传输的加密。可以采用密码认证,或者基于对称/非对称公开密钥的认证协议,对数据传输的授权,可以采取传统的方法,如利用 UNIX 文件许可控制用户对文件的访问,这是一种粗粒度的授权方法。由于 MSCP 网络应用往往跨越多个管理域,所以更需要细粒度的授权方法,要求能够就文件和数据集的读写权限进行协商,即使用户有访问权限,也可以限制并发访问数等。细粒度访问控制方法包括时间和用法受限票据、访问控制列表、基于角色的访问控制和基于任务的访问控制等。在数据传输过程中,既可以对数据加密也可以不加密。最常用的一种加密方法是通过安全套接层(Security Socket Layer,SSL)传输数据。

容错能力是成功完成数据传输的重要保证,尤其传输的数据文件很大时。当数据传输出错时,完全重新开始传输,意味着前功尽弃。传统的数据传输协议(如 FTP)支持数据块、数据流和压缩三种传输模式。在数据流模式中,以连续的字节串流形式传输数据。在块模式中,数据被分成多个数据记录进行传输。数据记录由数据头和有效数据组成,数据头含有数据长度等信息。在压缩模式中,首先用游程长度编码技术对数据进行压缩,然后采用类似于块模式的方式传输数据。

2. 数据传输技术

1）传输协议

文件传输协议（File Transfer Protocol，FTP）是互联网环境下支持数据传输的基础性协议之一，它把数据传输过程分为两个通道：控制通道用于在客户和服务器之间传输命令和相应消息；数据通道进行实时的数据传输。FTP 发送方通过在数据流中定期加入标记来检测数据传输是否出错。如果出现错误，将重新开始进行传输。FTP 有关安全的内容不多，且仅限于控制通道、用户名和密码以明文形式传送，不对数据进行加密。文件可以明文形式传送，也不对数据进行加密。

安全文件传输协议（Secure File Transfer Protocol，SFTP）是对 FTP 的一种扩展，它把 SSL 协议应用于用户认证和数据通道加密。SFTP 并不支持各种高性能数据传输协议，例如并行和条形化数据传输、断点续传和 TCP 窗口调整等。

2）覆盖网络

互联网背板协议（Internet Backplane Protocol，IBP）提供网络环境下存储资源共享机制。IBP 在物理存储资源及其本地访问层的基础上建立了资源虚拟层，从而屏蔽了资源的异构性。IBP 的作用与 IP 在互联网协议栈中的地位相似，以固定大小的字节数组（类似于 IP 数据报）作为传输单位、采用存储—转发机制，提供统一的全局服务名机制。IBP 还提供一系列的客户端 API 和库，IBP 客户可以使用这些接口函数向 IBP 服务器请求分配存储空间，服务器接受请求并返回一个通行证。通行证是加密的字符串，表征了用户对数据存储的读、写和管理权限。在后续操作中，IBP 客户可凭借通行证读取、写入和管理字节数组。

在 IBP 的基础上，L – Bone（Logistical Bone）提供了基于 LDAP 的 IPB 服务器信息服务，借助 L – Bone 可以发现符合查询请求的 IBP 服务器。exNode 的功能是把字节数组聚合成一个文件，其作用类似于 UNIX 操作系统的 inode。实际上，exNode 记录了文件被分为几部分，每一部分又存储在哪个 IBP 服务器上等信息。LoRS（Logistical Running Systgem）则进一步提供了更加方便的工具和服务，包括文件上载、下载、删除和更新等功能。

基于 IBP 的文件上载流程是 IBP 客户决定把文件分为几部分，分别存储在哪些节点上。通过 L – Bone 找到可用的 IBP 服务器并申请分配存储空间、IBP 服务器返回相应通行证，客户完成数据上载工作，IBP 服务器将返回相应的 exNode 记录。客户可以把 exNode 记录存储在某个中央存储库中。如果下载该文件，首先要找到时应的 exNode 记录，然后通过 L – Bone 找到存储数据的各个 IBP 服务器。最后客户与 IBP 服务器进行通信，以便获得需要的数据，数据如何

186

存储,特别是存储在哪些 IBP 节点,是由客户应用决定和操控的。

3)文件 I/O

全局二级存储服务(Global Access Secondary Storage,GASS)协议提供了统一的远程资源读、写接口,文件缓存是 GASS 协议的关键所在。在读取和写入远程文件时,都要首先把远程文件取回到本地的文件缓存。这样,对应用而言,可以像操作本地文件那样读、写远程文件。GASS 是一种轻型协议,适合于数据量不是很大的应用环境。

存储资源代理(Storage Resource Broker,SRB)能够为异构存储资源(包括磁盘、磁带盒数据库等)提供统一且透明的访问接口。SRB 支持并行数据传输和数据流模式传输。SRB 提供传输多个文件的功能,它的安全机制是细颗粒度的,支持基于密码或公钥/私钥的认证,支持基于时间和用法受限票据的授权。

6.3.3　数据副本管理

数据复制是确保系统可扩展性、可靠以及减少网络带宽需求的重要手段。在数据复制和副本管理系统中,复制管理器的职能是根据用户需求和当前资源的可利用情况,创建和管理数据副本。目录服务提供查找和发现某个数据集的副本数量和位置的手段。

在集中式数据复制管理系统中,存在一个主要的数据副本,只要它得到更新,其他所有数据副本也会相应地被更新。如果数据复制管理系统是分布式的,就要求数据副本之间相互进行同步。如果数据复制管理系统采用开放的数据传输协议,那么可以实现副本数据的公开访问。

数据副本更新的传播,既可以采取同步方式也可以采取异步方式。数据副本目录的组织形式包括树型、散列表和关系数据库三种。

复制策略决定了创建数据副本的时机和地点,复制策略分类指标体系如表 6-2 所列。

表 6-2　复制策略分类指标体系

指标	二级指标	含　义
方法	静态	动态复制策略是指根据需求、网络带宽和资源可利用情况的变化决定创建数据副本的时间和地点。如果资源状态比较稳定,则适合采用静态复制策略
	动态	
分割粒度	容器	分割粒度是指在进行数据复制时的最小数据单元。容器可以包含多个数据集,每一个数据集由多个文件组成,文件有可以进一步细化为对象或文件片断。具体在哪一层次上进行数据复制,由管理系统决定
	数据集	
	文件	
	文件片段	

指标	二级指标	含　义
目标 函数	地点	根据数据访问和更新的需要,把最经常被请求访问的数据(即流行度最高的数据)复制到各个位置,最终达到最小化数据更新的代价的目的
	流行度	
	更新代价	
	冗余保存	数据复制的目的是实现数据的冗余保存,在出现存储节点失效或部分网络不可访问的情况时,仍然可以存取其他数据副本,获得目标数据
	有效发布	如何把新文件发送给感兴趣的用户

1. Giggle 服务

Giggle 是一种副本定位服务(Replica Location Service,RLS)框架,它提供有关数据副本的物理位置信息。RLS 通常由本地副本目录(Local Replica Caatalog,LRC)和副本位置索引(Replica Location Index,RLI)组成。

Giggle 服务使用逻辑文件名以及表征文件大小、创建日期等属性的元数据来标识数据,数据的物理位置则由唯一的物理文件名标识。LRC 的作用是把数据和数据副本的逻辑文件名映射为物理文件名。MSCP 环境中数据文件有可能跨越多个管理域,从而导致多个数据副本目录的存在。RLI 服务实现了对数据副本目录的索引。

RLS 只提供对复制数据的索引,并不涉及数据文件的传输和复制本身。

2. GDMP 服务

GDMP 能够为大型数据文件和对象数据库的复制提供安全、高速的数据传输与复制服务。GDMP 的工作模式是"发布 - 订阅":服务方发布一系列的新文件,有关文件的信息保存到副本目录中,客户方通过建立与服务方的安全连接来请求相应的数据副本。GDMP 使用 FTP 完成数据传输。复制过程中发生的故障由客户方处理。

GDMP 还能够处理由高能物理实验产生的对象数据库。由于一个文件可能包含亿万个对象,因此 GDMP 选择对象作为数据复制的单元。当客户方请求某个对象时,服务方创建一个仅包含该对象的新文件,然后把新文件复制到客户方,最后服务方把创建的临时文件删除。这是一种静态的复制策略,并没有考虑当时的网络条件。

6.4　任务调度管理

任务是最小的调度单元,任务调度组件负责把任务分配给某个资源。任务的属性由反映任务需求的多个参数组成。作业由一系列的原子任务组成,作业的执行有赖于某个资源集合。资源是指支撑作业执行的所有实体,如处理器、数据存储设备以及网络链接等。节点是由一个或多个资源组成的自治实体。任务调度是指通过优选,建立从任务集合到资源集合的映射,也称为资源调度、资源选择或分配。任务调度算法通常由目标函数和选择/搜索过程组成,目标函数是任务调度的优化目标,选择/搜索过程是指在各种可选的任务—资源映射方案中进行选择和搜索,最终得到的解决方案在目标函数度量下是最优的。

6.4.1　任务调度目标函数

MSCP 应用的主要双方是模型服务的请求者(用户)和提供者。从资源使用者的角度看,任务调度的目标函数主要包括:

(1)总时间跨度。从任务集合中第一个任务开始执行算起,到最后一个任务执行完毕所耗费的总时间。

(2)经济代价。基于经济模型定义使用资源所需付出的经济代价,任务调度的目标是使用户付出的经济代价最小。

(3)服务质量指标要求。例如,满足截止期限和对优先级以及安全性的特殊需求等。

从资源提供者的角度看,目标函数主要包括:

(1)资源利用情况。例如:吞吐量定义了在某个时间段内资源处理的任务数量;资源利用率定义为资源处于繁忙状态的时间百分比。负载均衡资源管理系统尽可能把工作负载分布到多个网络节点。

(2)经济效益。基于经济模型定义资源提供者能够获得的经济效益,任务调度的目标是使资源提供者的经济效益最大。

总时间跨度和经济效用(包括代价和收益)是经常用到的两种目标函数。

6.4.2　调度算法分类

任务调度算法可分为静态和动态两类。静态调度是指构成任务集合的所有任务一次性地映射到资源列表上,然后任务按照调度结果分别执行。静态调度是在应用执行之前进行,且在应用执行过程中保持不变。在做出静态调度决策之前,所有有关资源和任务信息都已经具备。动态调度是指在应用执行过程中进行任务和资源分配。根据动态调度的不同时机,又可以分为在线和批处理两种模式。在线动态调度模式是指一个任务送达后,调度组件立即把它映射到某个资源上。批处理动态调度模式是指任务到来后,不是立即进行任务调度,而是等待映射事件发生后把新任务与其他尚未开始执行的任务一起进行调度。映射事件可以使到达预定的时间间隔或者由某个任务执行完毕而触发。显然,在线模式每次只调度一个任务,而批处理模式则同时调度多个任务。

构成任务集合的各个任务之间有时存在依赖性,即任务之间存在先后顺序,只有当一个任务所依赖的所有任务都成功执行后,才能够执行该任务。很明显,有依赖关系任务和无依赖任务的调度算法有很大的不同。

6.4.3 无依赖关系任务的遗传调度算法

在讨论无依赖关系任务调度问题的求解算法之前,做如下约定:

(1) 任务集合 T,共包含 n 个无依赖关系任务,每个任务记作 t_i,其中 $1 \leq i \leq n$。

(2) 资源集合 R,共包含 m 个资源,每个资源记作 r_j,其中 $1 \leq j \leq m$。

(3) 用 $\mathrm{TE}_i X_j$ 表示任务 t_i 在资源 r_j 上的预期执行时间,用 $\mathrm{TC}_i X_j$ 表示任务 t_i 在资源 r_j 上的预期完成时间,二者之间的关系是 $\mathrm{TC}_i X_j = \mathrm{TE}_i X_j + \mathrm{TR}_j$,其中 TR_j 表示资源 r_j 准备就绪(例如完成正在执行的其他任务)所需要耗费的时间。

无依赖关系任务调度是一个 NP 完全问题。通常使用各种基于启发式函数的算法求解。

遗传算法(Genetic Algorithm, GA)是一种搜索大型问题空间的演化计算方法,包括以下四个主要方面:

(1) 初始种群生成。初始种群由一系列的染色体组成,每个染色体代表一种求解方案。在网络任务调度中,染色体代表的是从任务到资源的映射。一般可用其他启发式算法(如 Min - min 算法)生成初始种群。

(2) 评估染色体的适合度。对于每一个染色体,都可以计算它的适合度。在任务调度问题中,染色体的适合度定义为在该染色体对应的任务—资源映射关系下,任务集合的总跨度时间。

(3) 选择、交叉和变异算子。选择算子通常可采用轮盘赌的方法。交叉算子以概率 P_1 随机选取两条染色体,然后在第一条染色体的基因编码中随机选取一个位置,把从该位置开始到基因编码结束位置的基因片段与第二条染色体对应位置的基因片段相互交换。变异算子以概率 P_2 随机选择一条染色体,然后随机修改某个位置的基因编码。对 MSCP 任务调度问题而言,交叉算子意味着交换两种调度方案中某些任务资源映射关系。变异算子意味着把选中解决方案中的某个任务重新分配给另外一个资源。

(4) 迭代终止条件。迭代次数达到预定义阈值或者所有的染色体收敛于相同的映射。遗传算法的一般流程是首先生成初始种群,接下来进行染色体评估,最后循环执行下列步骤,直到满足迭代终止条件,即选择、交叉、变异、染色体评估。

下面介绍一种基于 GA 技术求解 MSCP 任务调度问题的方法。在该算法中,种群大小是 100,每条染色体代表一种任务—资源映射方案,初始种群的生成方法有两种:

(1)满足均匀分布的随机生成。

(2)1 条染色体使用 Min – min 策略生成,其他 99 条染色体随机生成。

生成初始种群后,接下来要评估染色体的适合度,这里采取的适合度评估函数是总跨度时间。然后,算法流程进入循环阶段。算法还保证最优染色体的存活。对选中的染色体执行变异和交叉操作后,重新评估染色体的适合度。算法的迭代截止需要满足下列三个条件之一:

(1)迭代次数超过 1000 次。

(2)最好染色体在经过 150 次迭代后仍然没有改变。

(3)所有染色体收敛于相同的基因编码。

由于其简单性,GA 已经成为求解优化问题的常用算法之一。

6.4.4 有依赖关系的调度算法

当任务之间存在依赖关系时,可用有向无环图(Directed Acyclic Graph,DAG)进行建模。DAG 端点表示任务,有向边代表任务之间的依赖关系。有时,DAG 的节点和有向边还可以有权值,分别表示计算代价和通信代价。

对有依赖关系的任务进行调度,既要充分提高并行性,又要尽量减少通信代价。高并行性是指尽可能把任务同时分配到不同的资源上执行,这无疑会增加通信代价。相反,如果把任务限制在少数资源上执行,虽然会降低通信代价,但同时也降低了资源的利用率。因此,有依赖任务的调度,本质上是一个 Max – min 问题。它的求解算法主要有列表类调度、基于任务复制的调度和聚类调度三种。

第7章 反导预警作战仿真
模型服务实现方法

在反导预警作战仿真模型服务体系中,为反导预警作战仿真提供服务,特别是模型资源的服务,是 MSCP 建设的主要目标。本章从反导预警作战仿真的组织流程出发,给出基于 MSCP 的反导预警作战仿真组织方法。结合反导预警作战仿真的一般组织流程,提出基于 MSCP 的反导预警作战仿真流程的技术实现方法。

7.1 基于 MSCP 的反导预警作战仿真

7.1.1 基于 MSCP 的反导预警作战仿真模式

MSCP 是一种新型网络化的反导预警作战仿真模型服务平台,它以应用领域的需求为背景,基于云计算理念,综合应用网格技术、普适计算技术和系统工程技术,实现了反导预警作战仿真模型等资源的集中服务,它的出现将改变传统的反导预警作战仿真模式。基于 MSCP 的反导预警作战仿真模式如图 7 - 1 所示。

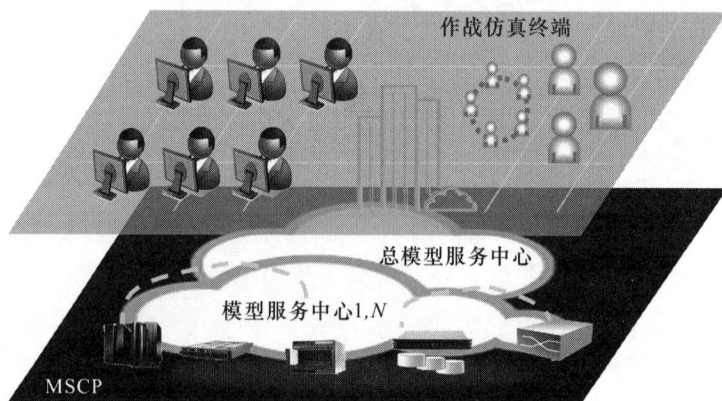

图 7 - 1 基于 MSCP 的反导预警作战仿真模式

192

按照瘦客户端的设计理念,在图 7-1 中,反导预警作战仿真终端的计算机上将安装统一的作战仿真客户端软件。客户端软件功能相对比较简单:一是接收并显示 MSCP 发来的战场统一态势;二是接收指挥员的指挥控制命令并通过网络将其发送到 MSCP 去进行处理。作战仿真客户端软件建议在当前作战指挥信息系统席位显示软件的基础上进行适当的功能扩充即可,这样既保证了战训一致的要求,也可省系统的开发费用。

反导预警作战仿真模型服务平台按照作战实验者的作战仿真请求,从模型服务资源库中提取模型和相关数据,独立于模拟系统在 MSCP 服务端运行。它可能运行在一台计算机上,也可能运行在多台计算机上。反导预警作战仿真终端与 MSCP 之间通过网络实现数据的交互。

7.1.2 基于 MSCP 的反导预警作战仿真流程

反导预警作战仿真实验是 MSCP 的重要功能之一,也是 MSCP 功能实现的重点和难点。基于 MSCP 的作战仿真实验与传统的作战仿真实验不同,传统的作战仿真实验先是由军事人员和软件开发人员共同按照作战仿真需求,开发作战仿真系统,然后实验人员在此基础上进行作战仿真实验设计。系统的开发周期长,作战仿真实验软件一旦开发完成,则很难再对功能进行修改,只能做局部的功能调整。实验人员只能在已有的系统基础上进行作战想定设计,系统的灵活性和适应性较差。

基于 MSCP 的作战仿真实验,具有很大的灵活性和自主性。MSCP 为作战仿真实验的组织人员提供了一个虚拟化的复杂的战场空间,空间中的实体模型犹如战场上的千军万马,指挥员可以根据自己的意图运筹帷幄,从容调度。作战研究者不再只是一个想定数据的制造者,同样也是作战仿真实验流程和作战样式的设计者。作战仿真实验设计者在进行作战仿真实验准备时,以实体模型的部署和行动设计为对象,将实体模型按照一定的时间和事件序列进行条件组合,构成一场完整的作战仿真实验脚本。

基于 MSCP 的作战仿真实验的组织实施需要在相对固定的实验场地内,将用于作战仿真实验的用户终端安装专用的 MSCP 客户端软件,并以局域网的身份连接到作战仿真实验模型服务中心即可。实验组织者通过专用的作战仿真实验服务请求软件来制定作战仿真实验计划,组织作战仿真实验战场环境和作战流程。实验者通过 MSCP 客户端软件,实现对模型服务中心正在运行的作战进行实时指挥控制。基于 MSCP 的作战仿真实验分为作战仿真实验筹划、作战仿真实验准备、作战仿真实验实施和作战仿真实验总结四个阶段,其流程如图 7-2 所示。

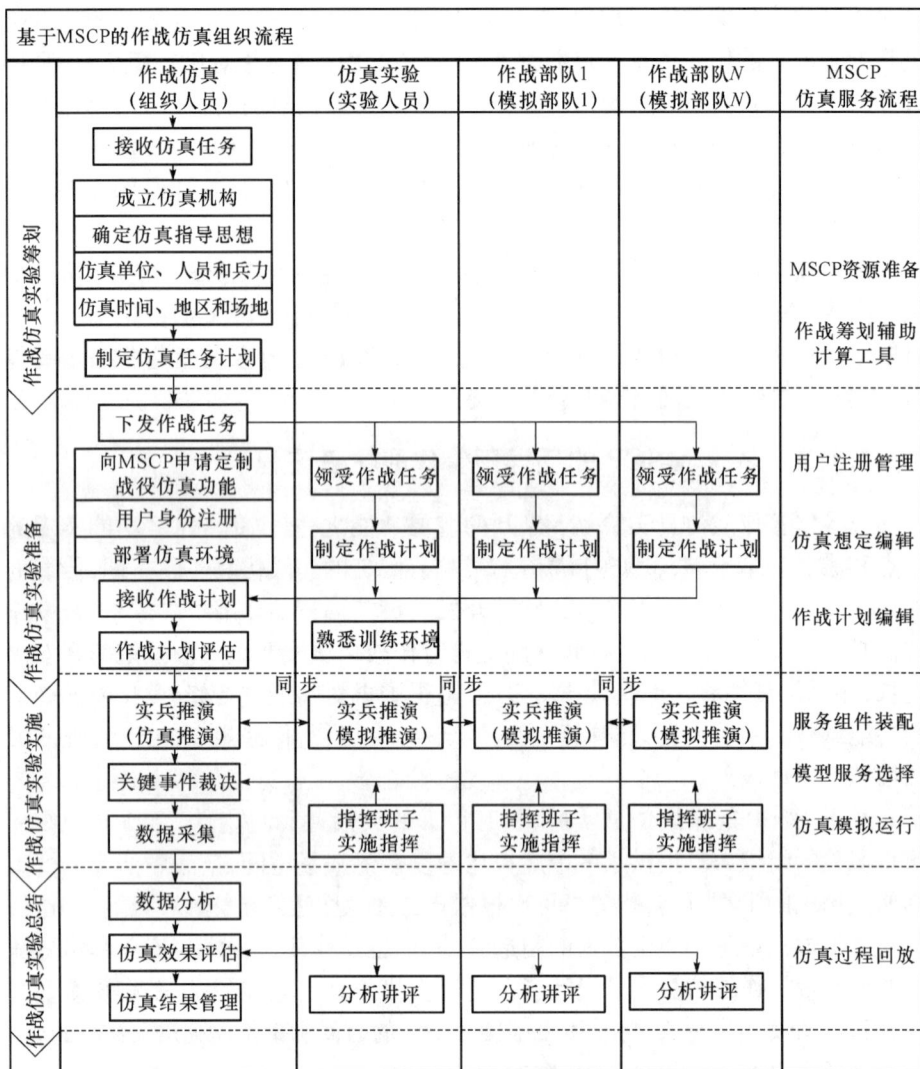

基于MSCP的作战仿真组织流程				
作战仿真 （组织人员）	仿真实验 （实验人员）	作战部队1 （模拟部队1）	作战部队N （模拟部队N）	MSCP 仿真服务流程

图 7-2　基于 MSCP 的作战仿真实验流程

1. 作战仿真实验筹划

作战仿真实验筹划,是指从下达作战仿真实验任务起到成立导演部之前的全部准备工作,是作战仿真实验准备和作战仿真实验实施的基础。其任务包括:接收上级下达的作战仿真实验任务;成立作战仿真实验领导机构;确定作战仿真实验指导思想;确定作战仿真实验问题;确定参演单位、人员和兵力;确定演习时间、地区和导演场地;制定演习准备工作日程计划等。

在此阶段,MSCP 为作战仿真实验筹划提供工具支持,如部队人员组成及实验情况分析工具、敌我装备性能比较工具、战场环境辅助分析工具等。部队人员组成及实验情况分析工具能够辅助实验人员查询和分析部队人员的构成及受训状态,使其合理制定仿真实验计划和布置作战仿真实验人员分工。敌我装备性能比较和战场环境辅助分析工具能够帮助实验人员合理制定作战仿真实验想定。

2. 作战仿真实验准备

作战仿真实验准备,是指从实验人员下达作战任务到实验正式开始前的全部准备工作。

(1)实验人员通过网络将红、蓝双方的有关初始情况、资料,通过系统以图表、导演文书的形式,分别提供给红、蓝双方的受训者,使受训者受领任务后,即进行了解任务、分析判断情况,定下作战决心,形成作战计划并上报导演部。

(2)实验人员根据作战仿真需求,向 MSCP 申请定制作战仿真实验功能,注册用户身份,利用 MSCP 提供的作战仿真实验想定编辑工具完成作战仿真实验的编辑录入,形成支撑本次作战仿真实验的仿真实验系统。这一点,与传统的作战仿真实验组织方法是不同的,其增加了实验者的难度,但增强了作战仿真实验系统的适应性、可组合性和灵活性,同时降低了传统作战仿真实验系统开发的工作量。

(3)接收受训者制定的作战计划,并对作战计划进行初始评估。实验者将作战计划导入作战仿真实验系统,同时对作战仿真实验系统进行数据、时间及各种状态的初始化。通知受训者及相关人员做好作战仿真实验的准备。

在此阶段,MSCP 辅助实验人员完成的工作包括用户注册管理、想定编辑和作战计划编辑录入。

3. 作战仿真实验实施

作战仿真实验系统根据红、蓝双方或多方输入的决心、计划和方案,在各种基础数据的支持下,进行作战过程的模拟,并将实时态势分别显示于红、蓝方和导演机构的席位上。参与演练的各方根据不断变化的情况,适时调整作战决心,做出新的处置和部队行动方案,通过系统下达命令。作战仿真实验系统将以新的指令继续模拟双方的作战活动过程,并及时将各方新的态势显示出来。上述过程周而复始,直至作战仿真实验结束。

在此阶段,MSCP 主要完成三个方面的工作:一是服务组件装配;二是模型服务选择;三是作战仿真模型服务运行。这些功能对用户是透明的,但其确是 MSCP 功能实现的关键,后续将对其进行专门论述。

4. 作战仿真实验总结

作战仿真实验,是通过对作战仿真实验过程的数据分析,得出实验结论,为作战仿真实验方法和手段的改进和创新提供依据,为指挥装备的发展提供数据支持。

7.2　反导预警作战仿真实验编辑

MSCP 将创建反导预警作战仿真系统的复杂度从开发者转移到了用户,也就是转移到了实验组织者。如果不去降低实验者的复杂度,那么,基于 MSCP 的反导预警作战仿真将很难取得成功。因此,需要开发一个好的用户接口来实现降低实验组织者的复杂度。本节提出了基于成熟插件技术的反导预警作战仿真实验编辑的设计实现方法。

反导预警作战仿真实验编辑包括想定编辑和作战计划编辑两个方面的工作,连同用户注册管理共同完成基于 MSCP 的反导预警作战训练准备工作。本节主要以作战计划编辑为例介绍反导预警作战组训编辑的设计与实现。为提高作战计划编辑的应用性和界面友好性,把作战计划编辑设计成一个 Eclipse 插件,可以借助 Eclipse 本身事件处理机制以及 Eclipse 的其他图形插件,加速作战计划编辑工具的开发。

7.2.1　Eclipse 插件机制

Eclipse 是由 IBM 公司开发的并于 2001 年捐出作为开发源码的集成开发环境(Integrated Development Environment,IDE),它不仅是功能强大的 Java 编辑工具,而且它的体系结构还提供了非常灵活的插件开发机制,允许程序开发者在 Eclipse 平台上开发各种插件。新开发的插件不仅可以继承和扩展 Eclipse 平台本身的 IDE 视图、事件处理机制以及内容管理等,而且还可以使用其他插件提供的功能和扩展接口,大大缩短开发时间和开发成本。

在作战计划编辑工具中主要使用 Draw2D 插件和 Eclipse GEF(Graphical Editing Framework)插件来实现作战计划编辑的设计。Draw2D 插件提供了绘制基本图形以及布局管理的接口,是绘制图形界面非常重要的工具。GEF 插件提供为各种模型设计各种图形表示与操作界面的功能,支持在界面上修改模型,比如修改模型中的元素属性或者修改模型结构等更复杂的操作,所有对模型的修改操作都可以在编辑界面上通过拖拽、复制和粘贴以及菜单或工具条等通用方法实现。

7.2.2　作战计划编辑器的设计

在 MSCP 模型组件空间的基础上,借助 Eclipse 的插件技术设计和实现反导预警作战计划编辑器。由于 XML 适合描述层次化结构的数据,所以采用 XML 描述想定数据,并通过 XML Schema 建立反导预警作战仿真的想定元模型。根据反导预警作战模型服务体系中的想定数据定义,可以开发与 XML Schema 想定数据一致的想定编辑系统。

在想定模型以及模型组建空间的目录(Catalogue)文档、组件实体(ComponentEntity)文档的支持下实现组建装配(Assembly)文档和模拟仿真流程(Schedule)文档的自动生成。这一过程包括生成仿真实体、建立实体之间的关系以及生成 Schedule 文件。根据反导预警作战模型体系规范的 ComponentEntity 文档中定义的仿真模型运行组件信息和模型组件空间的目录文档中定义的模型设计组件生成符合装配规范的模拟仿真实体;然后根据想定模型中的层次关系和模型目录文档中定义的仿真模型设计组件的层次化的基于类的组合关系,建立这些不同的模拟仿真对象的符合组件装配规范的包含关系。在 MSCP 中,设计的模型组件具有基于接口的组合关系,因此还需要按照组建装配规范的组合关系描述规范自动产生这些仿真对象的组合关系,从而建立仿真对象之间的关系,生成组建装配文档中确定的参与仿真运行的仿真模型运行组件及其包含关系。模型目录文档中定义的仿真模型设计组件的事件入口点以及想定模型设定的时间参数来自动生成仿真流程文档。

通过组件装配文档和仿真流程文档的自动生成,用户在进行不同的反导预警作战仿真时无需手动设置相应的组件装配文档和仿真流程文档来实现仿真模型的集成调度,而只须在反导预警作战模型服务体系的支持下,通过想定编辑系统编辑生成想定模型,实现组件装配文档和仿真流程文档的自动生成。

作战计划编辑器的主要功能包括仿真时间配置、仿真环境配置、模型实体配置、用户配置和实验分析设置等。

(1) 仿真时间配置:通过图形化的方式定义仿真开始时间、仿真结束时间、时间步长等仿真基本信息。

(2) 仿真环境配置:对战场空间的电磁环境、生化环境、气象环境、电离层、对流层等与作战相关的环境模型进行配置,并设置参数。

(3) 模型实体配置:用户可以在想定编辑系统中确定敌我双方所使用的各种武器装备,通过打开 MSCP 的模型组件空间目录,添加所需的作战实体模型。为方便用户快速生成作战想定,可以直接导入不同实体模型的数据文件。

(4) 用户配置:用户可以根据仿真任务的需要添加不同的用户网络模型、接收机模型和移动用户模型,并配置相关模型的属性和参数。

(5) 实验分析设置:MSCP 支持可用性和连续性分析,可以根据反导预警作战分析的需要添加不同的分析任务,设置相应的分析限制参数、检测步长等对仿真结果进行分析。

7.2.3　作战计划编辑器的实现

MSCP作战计划编辑器的编辑界面分为如下三个视图：

（1）语义视图，相当于作战计划流程编辑器，如图7-3所示。包括计划浏览、作战计划流程编辑和作战子流程编辑等部分。计划浏览显示整个作战流程的框架结构，作战活动编辑列出流程的作战活动列表，作战计划子流程编辑器显示当前选中的作战活动的子流程。训练组织者在这个视图上设计作战活动和作战活动的子流程，以及为作战活动设定需求语义描述，发现和选取模型服务与在作战活动树上选定最后的执行流程。其中子流程编辑器是基于GEF（Graphical Editing Framework）插件实现的。

（2）执行视图，显示和编辑用户从作战活动树上选定的执行流程，实验组织者主要在执行视图上完成消息流的建立，需要分别为每个业务活动绑定的服务设定消息源。

（3）文本视图，直接显示MSCP上将运行的反导预警作战仿真脚本文本。实验组织者可以在编辑业务流程的同时切换到文本视图，查看反导预警作战仿真脚本文本来确认所编辑的流程是否正确。熟悉作战仿真脚本语法的用户还可以直接在文本视图上编辑脚本文档。

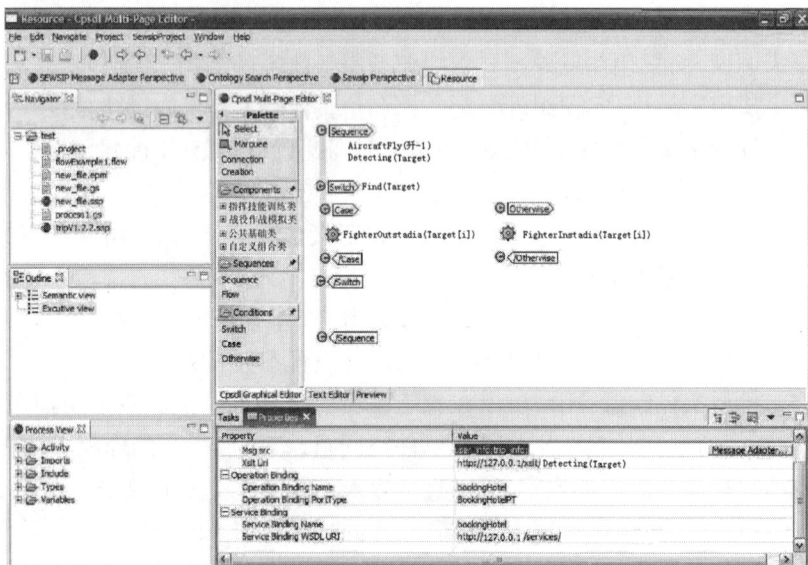

图7-3　作战计划流程编辑的语义视图

7.3 反导预警作战仿真模型服务组件装配

反导预警作战仿真资源装配主要是指模型组件资源的复合装配,按照云计算的资源虚拟化技术,反导预警作战仿真模型服务体系中的模型组件资源被统一归入到资源池中,所有的模型资源对用户来说都是透明的,用户不必关心模型具体所在的位置。基于 MSCP 的反导预警作战模型组件资源的装配包括模型组件的匹配、连接和组装三个步骤。

7.3.1 模型服务组件的匹配

作战仿真需求编辑器接收用户的模型请求信息,MSCP 根据用户的模型组件需求申请,从模型组件资源池中找出符合要求的模型组件。如果用 RC(Request Component)表示用户申请的模型组件,用 EC(Exist Component)表示模型库中已存在的模型组件,EC_i(i 小于或等于模型组件的总数量)表示模型组件库中的第 i 个模型组件,由于同一功能的模型组件在模型资源库中可能不存在实体或有多个实体存在,如何选取最符合用户需求的模型是本节要解决的问题。按模型描述规则的定义,本书选择模型组件的输入/输出、特征属性、功能文本描述和模型名称四个方面进行匹配计算,选择其中匹配度最高的模型组件。

1. 模型组件匹配度期望函数

匹配度是指 EC 与 RC 的模型组件属性匹配程度,其期望函数定义如下:

$$Match\_Dgree = IS\_M \cdot BE\_M \cdot (FS\_M + NA\_M) \qquad (7-1)$$

式中:Match_Dgree 为模型组件的匹配度;IS_M 为输入/输出匹配结果;BE_M 为特征属性匹配结果;FS_M 为功能文本描述匹配结果;NA_M 为组件名称匹配结果。

IS_M、BE_M、FS_M、NA_M 的计算方法如下。

2. 模型组件的输入、输出匹配

按照 UCRL 模型描述语言中的定义,MSCP 中模型组件的输入、输出主要通过消息的形式进行。EC 与 RC 的输入、输出匹配主要是输入、输出消息的匹配问题,在对 EC 与 RC 的输入、输出进行判断时,主要进行消息格式的判断,IS_M 匹配结果的定义如下:

$$IS\_M = \begin{cases} 1, & 匹配 \\ 0, & 不匹配 \end{cases} \qquad (7-2)$$

有关消息匹配更复杂的算法可见参考文献[126]中第五章的具体论述。

3. 模型组件的特征属性匹配

模型组件的特征属性匹配是指对 RC 中 BE 属性下的每一个特征值与 EC 中 BE 属性下的特征值进行逐一比较,每一项的匹配结果表示如下:

$$\text{Match}(\text{RC. BE. Item}[i], \text{EC. BE}) = \begin{cases} 1, & \text{RC. BE. Item}[i].\text{Value} \subseteq \text{EC. BE. Value} \\ 0, & \text{其他} \end{cases}$$

$$(7-3)$$

其中: $i >= 0$ 且 $i < \text{RC. BE. Item. Count}$。

当任一特征属性不匹配,即匹配结果为 0 时,则退出匹配计算,匹配结果返回 0;否则进入下一匹配。模型组件的特征属性匹配算法如下:

```
function bool BE_M (EC,RC)
{
    for(i = 0; i < = RC.BE.Count; i + +)
    {
        ComponentRV = RC.BE.Item[i].Value;  //取请求组件的第 i 项特征属性值
        ComponentEV = EC.BE.Item.Value;  //取 EC 的特征属性值
        RsID = Match(ComponentRV,ComponentEV);  //计算每一项的匹配结果
        if(RsID)continue;
            else return 0;          //匹配失败
    }
    return 1;          //匹配成功
}
```

4. 模型组件的功能描述匹配

模型组件的功能描述匹配是进行文本相似度匹配。目前大多数对文本相似度匹配都是采用基于关键字的匹配方法,本书采用的是在词汇相似度的基础上实现文本的语义匹配,也就是先按照 WordNet 本体将文本抽取成相应的单词,单词按照词性分成名称、动词、形容词和副词四类,在不同的词性集合中计算单词的相似度,最后综合得到所有单词的相似度即文本相似度。

每个词性都有一组词义与之对应,每一个词义都对应一个同义词组。这个同义词组中会包含其他有相同词义的词,这些词之间的关系都是同义关系。在计算同一词性中的两个单词的相似度主要是通过依次计算两个词语词义集合中所有词义间的相似度,其中最大的相似度作为两单词间的相似度度量值。

设两个单词 w_1、w_2,w_1 有 m 个词义 s_{11}、s_{12}、$\cdots$、s_{1m},w_2 有 n 个词义 s_{21}、s_{22}、$\cdots$、s_{2n},则两单词的相似度为对应词义相似度的最大值,即

$$\text{FS\_M} = \text{sim}_{\text{word}}(w_1, w_2) = \max_{i \in [1,m], j \in [1,n]} (\text{sims}(s_{1i}, s_{2j})) \qquad (7-4)$$

200

其中:$\mathrm{sim}_{\mathrm{word}}(w_1,w_2)$为单词相似度;$\mathrm{sims}(s_{1i},s_{2j})$为词义相似度。

文本相似度计算时针对不同的词性分别计算相应的相似度,具体的操作以名词集合为例说明如下:

设N_1、N_2分别为两文本分词后的名称集合,即

$$N_1 = \{w_{11},w_{12},w_{13},\cdots,w_{1m}\}$$
$$N_2 = \{w_{21},w_{22},w_{23},\cdots,w_{2n}\}$$

设$\boldsymbol{N}_{12}$是N_1、N_2文本相似度的特征矩阵,则有

$$\boldsymbol{N}_{12} = \boldsymbol{N}_1^{\mathrm{T}} \times \boldsymbol{N}_2 = \begin{bmatrix} w_{11}w_{21} & \cdots & w_{1m}w_{21} \\ \vdots & & \vdots \\ w_{11}w_{2n} & \cdots & w_{1m}w_{2n} \end{bmatrix} \qquad (7-5)$$

式中:$w_{1i}w_{2j}$为单词相似度,可由式(7-4)计算得到。

计算时首先遍历相似度特征矩阵,取出相似度最大的词语组合$\mathrm{sim\,max}_i$,再将其所属行和列从相似度特征矩阵中删除,继续选取余下矩阵中相似度最大的组合,直到矩阵中元素为零,得到词语相似度最大组合序列,计算其算术平均值,即

$$\mathrm{sim}_{\mathrm{text}_1}(T_1,T_2) = \frac{1}{k}\sum_{i=1}^{k}\mathrm{sim\,max}_i \qquad (7-6)$$

同时本书考虑到矩阵的不对称性,还要进一步计算N_1、N_2的语义相似度。利用上面同样的方法,可得到$\mathrm{sim}_{\mathrm{text}_1}(T_2,T_1)$,所以两文本中名词集合相似度为

$$\mathrm{sim}_{\mathrm{text}_1} = \frac{\mathrm{sim}_{\mathrm{text}_1}(T_1,T_2) + \mathrm{sim}_{\mathrm{text}_1}(T_2,T_1)}{2} \qquad (7-7)$$

类似地可以得到动词、形容词、副词集合的相似度,而两文本的相似度可由四种词性集合相似度加权平均得到,即

$$\mathrm{sim}_{\mathrm{text}}(T_1,T_2) = \sum_{i=1}^{4}\beta_i\mathrm{sim}_{\mathrm{text}_1} \qquad (7-8)$$

式中:β_i对应名词、动词、形容词、副词的加权系数。

所以服务的文本描述的相似度大小表示为

$$\mathrm{sim}_{\mathrm{td}}(T_1,T_2) = \mathrm{sim}_{\mathrm{text}}(T_1,T_2) \qquad (7-9)$$

式中:$\mathrm{sim}_{\mathrm{td}}(T_1,T_2)$表示两文本描述的相似度;$T_1$、$T_2$分别表示需求模型服务和发布模型服务的文本描述。

综合上面两方面的考虑,得到基本信息的相似度为

$$\mathrm{FS\_M} = \mathrm{sim}_{\mathrm{bas}} = w_1\mathrm{sim}_{\mathrm{sn}}(S_1,S_2) + w_2\mathrm{sim}_{\mathrm{td}}(T_1,T_2) \qquad (7-10)$$

式中：$\sum_{i=1}^{2} w_i = 1$，w_i 为权重。

5. 模型组件的名称匹配

模型组件的名称匹配过程进行的是字符串的匹配方法，本书采用的是 Levenshtein 算法，即文本信息相似性距离算法。该算法是一种确定两个字符串差距的方法，定义了将一个字符串转变成另一个字符串所需插入、删除和替换字母的最小数目。假定进行匹配的两个字符串分别为 S_1、S_2，edit 表示编辑距离，$|S_1|$、$|S_2|$ 分别表示字符串 S_1、S_2 的长度，则 S_1、S_2 的字符串相似度为

$$\text{sim}_{\text{str}}(S_1, S_2) = \frac{\min(|S_1|, |S_2|) - \text{edit}(S_1, S_2)}{\min(|S_1|, |S_2|)} \quad (7-11)$$

则模型组件名称相似度表示为

$$\text{NA\_M} = \text{sim}_{\text{str}}(S_1, S_2) = \frac{\min(|S_1|, |S_2|) - \text{edit}(S_1, S_2)}{\min(|S_1|, |S_2|)} \quad (7-12)$$

式中：$\text{sim}_{\text{sn}}(S_1, S_2)$ 表示模型组件名称相似度；S_1、S_2 分别表示请求模型组件名称和模型库中的模型组件名称。

7.3.2 模型服务组件的连接

一个模型组件的处理结果要交给另一个模型组件做进一步处理，则这两个模型组件存在连接关系。当模型组件组装成反导预警作战仿真服务系统后，模型组件的连接关系就是反导预警作战仿真服务系统对模型组件的调用次序，是对反导预警作战仿真模型服务处理流程的描述。对比研究当前组件连接的方式，常用且有代表性的包括基于体系结构的连接方式、基于的灰盒连接方式和基于组件引脚的连接方式等。本节在元编程灰盒连接的基础上，提出了基于组件引脚的连接方式。

1. 基于体系结构的连接方式

北京大学张世琨博士等在研究软件复用和基于组件的软件开发中，分析了三种不同的组件连接方式，对象连接、接口连接和插头插座连接方式[128]。

1）对象连接方式

在这种连接方式中，组件的接口只定义了其对外提供的服务，而没有定义组件对外要求的服务，其中以面向对象中的对象接口为典型代表，所以称为对象连接式。这种接口定义的非对称性使得组件在集成时，组件对外要求的服务被隐藏在代码的实现细节中，即组件之间的连接关系无法直接在接口处定义，只能是从一个组件的实现到另一个组件的接口。一个组件同其他组件的集成信息被固定在组件的实现中，组件难以适应环境的变化，因而难以复用。

2）接口连接方式

在这种连接方式中,组件的接口不但定义了其对外提供的功能,而且定义了其要求的外部功能,从而显式地表达了组件对环境的依赖,提高了组件接口规约的表达能力。组件的接口定义了所有对外交互的信息,组件在实现时不是直接使用其他组件提供的功能,而是使用它在接口处定义的对外要求的功能。组件之间的连接是在所要求的功能和所提供的功能之间进行匹配,因此,通过接口就可以定义系统中组件之间的所有连接。

3）插头插座连接方式

插头插座连接方式体系结构是接口连接式体系结构的一个特例。为了解决组件接口中的功能和接口连接的规模问题,考虑到组件之间的通信往往涉及组件接口中功能的成组连接,通过把彼此间关系紧密的功能组织成组,并封装为服务,使得接口中直接包含的内容减少,降低了接口中功能的规模。只有在两个对偶的服务之间才可以连接,对偶的服务是指两个服务所包括的功能完全相同,但其中提供的功能和需要的功能恰好方向相反。

2. 基于元编程灰盒连接器的连接方式

在基于胶合代码的组装过程中,开发人员需要对组件进行自适应性修改,通过生成合适的通信胶合代码将组件连接在一起,解决组装过程中出现的不匹配的问题,如消息格式不一致,组件交互关系不一致等。在软件体系结构中引入连接器,它可以将组件的通信胶合代码从组件的功能中分离出来,并且对于每种组件连接类型,连接器生成合适的胶合代码,支持体系结构的配置。但是现实系统中,通信代码通常与组件交织在一起,不利于复用。针对这种情况,Uwe Abmann等提出了基于元编程灰盒连接器的连接方式,在这种方式中,连接器封装了组件间通信信息,实现组件的通信和应用功能的分离,系统允许更灵活的配置。应用系统由带有 port 的组件组成,组件之间通过带有数据流连接的 port 连接,由连接器实现组件连接关系,如图 7-4 所示。

（1）端口。抽象端口对象是具有 transfer 方法的接口类对象,组件的抽象端口就是对抽象端口 transfer 方法的调用。out-port 端口只可以读传递的对象(单向的数据流出组件);in-port 端口只可以给传递的对象赋值(单向的数据流入组件)。抽象调用端口是 out-port 和 in-port 端口组成的元组,所以表示了双向数据流,也称为双向端口。

（2）连接。抽象连接是不同组件的抽象端口组成的元组,其中至少包括一个 in-port 端口和 out-port 端口,表明数据从 in-port 端口流向 out-port 端口。具体连接是可执行的实例化的抽象连接。元编程连接器可以通过生成合适的代码,将抽象连接映射到具体连接。

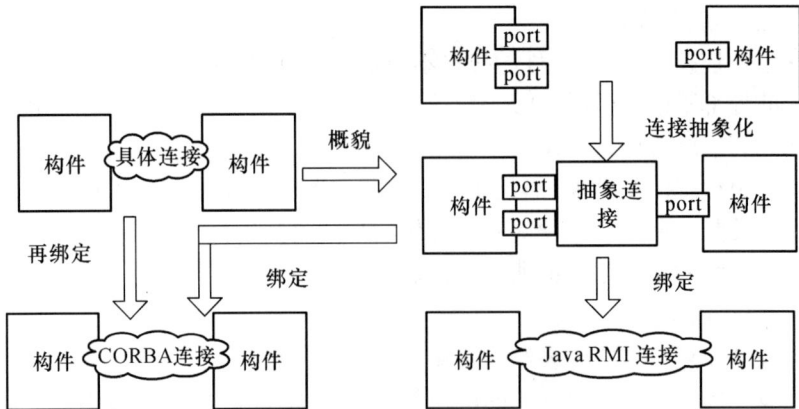

图 7-4 基于元编程灰盒连接器的连接方式

（3）灰盒连接器。将一组具体通信连接映射到组件端口的元程序。连接器分三种:绑定连接器,将抽象连接实例化为具体连接的元程序;概貌,用抽象端口代替具体端口的元程序;再绑定连接器,由绑定连接器组成的概貌元程序。

抽象端口说明了组件进行通信的位置,抽象连接说明了哪个端口要进行连接,具体端口表示了与组件相关的连接代码,具体连接表示了与系统相关的、可执行的通信胶合代码。所以绑定连接器可以将抽象的端口和连接实例化为具体的端口和连接。另外,由于需要能够适应性地修改现有组件,所以概貌可以从系统中删除一个具体的方法调用,同时引入抽象端口和连接。最后,再绑定连接器可以将连接和概貌结合起来,用于现有的工程。

3. 基于组件引脚的连接方式

在基于体系结构的连接方式中,组件通过定义的接口说明所要求的功能或服务和提供的功能或服务,而且接口都是通过特定的描述语言进行的描述。组件之间的连接是在所要求的功能或服务和提供的功能或服务之间进行固定的匹配,需要匹配其中各个函数的参数和返回值,匹配内容相对比较繁杂。

在基于元编程灰盒连接器的连接方式中,需要确定连接组件所需要的端口和通信协议,选择和调用多种连接器,生成组件通信胶合代码,组件连接过程相对较为复杂,而且生成的胶合代码是和对应的连接器绑定程度高,不同的连接器生成的胶合代码不一样,不利于应用系统执行统一的操作,降低了应用系统动态调整的灵活性。

在 UCDL 的模型描述语言中,输入、输出接口部分定义了每个消息包含一个或者多个元素。这些元素像引脚一样描述了组件的对外信息,与基于元编程灰盒连接器的连接方式中组件的端口有相似性,同时,MSCP 模型服务系统的执行是基于脚本解释执行的方式,所以在基于元编程灰盒连接器的连接方式的基础上,提出了基于组件引脚的连接方式。在这种方式下,组件的连接是通过对组件的引脚匹配实现的,组件的连接关系不再是以胶合代码的形式存储,而以脚本的形式存储,作为总控调用组件的依据。这种组件连接方式和基于体系结构的连接方式相比,对引脚的匹配方法相对较为简单,组件连接关系用脚本存储,与组件和总控都分离开来,具有更大的独立性,且容易实现总控对脚本的统一操作。总控根据脚本中存储的组件连接关系调度组件,易于实现系统软件处理流程的动态调整。

在基于组件引脚连接方式中,对组件输入引脚和输出引脚的数据类型进行匹配连接:如果组件 C_1 的输出引脚 q_o 和组件 C_2 的输入引脚 q_i 是基于相同的数据类型,则可以将 q_o 和 q_i 连接起来,表示 C_1 处理完毕后其处理结果要传递给 C_2 做进一步处理。图 7-5 为组件连接关系示意图,矩形框代表组件,组件矩形框的边上的灰色矩形盒代表了组件输入、输出引脚,in 表示该引脚为输入引脚,out 表示该引脚为输出引脚,引脚旁用数字标明该引脚的 ID 号,连接引脚的箭头连接边表示组件的连接关系,标明了数据的流向。

图 7-5　组件连接关系示意图

总控在调度组件执行时,C_1 执行完毕后,其输出引脚 q_o 的数据存入连接边 e 中,总控调度 C_2 执行时将 e 中的数据赋值给 C_2 的输入引脚 q_i。因此,这些连接边就成为组件数据交换的中介,组件的连接关系就是通过这些边来表示的,以此来描述系统的处理流程。

组件引脚的数据类型的匹配与组件接口的功能的匹配相比,匹配过程较为简单,连接组件引脚时,只要判断这两个引脚是否是基于相同的数据类型即可。而且可以借鉴 DirectX SDK 中的 GraphEdit 工具软件的操作方法,提供简单的操作方式,在图形化操作界面中以拖拽的方式对组件的引脚进行匹配连接。连接组件时,在源组件的输出引脚上按下鼠标左键,移动至目标组件的引脚上释放鼠标左键,系统将对这两个引脚的数据类型进行匹配。如果这两个引脚的数据类型相同,则画线连接,生成组件引脚的连接边,并存于组件连接关系脚本中;否则,不能连接。

7.3.3　模型服务组件的组装

组件组装是将相对独立的模型组件集合组织成一个有机的整体,共同完成

205

用户定制的功能。国内从事这方面的研究的机构有北京大学软件工程研究所、中国科学院软件研究所、上海普元、互联网实验室等。其中,北京大学软件工程研究所的青鸟工程已经取得了丰富的成果,在组装体系结构、组装机制以及组装行为推导方面均有成果发表。

1. 常见的模型组装方法

(1) 黑盒组装:指不必了解组件的内部原理和实现方法,只需将注意力集中在生成程序构架及选择组件上,无须考虑组件内部实现。其优点是可提高生产效率;缺点是无法直接修改组件,组装不够灵活。

(2) 白盒组装:用"黏合代码"将各个组件连接成应用程序,必要时还要修改组件以使它们符合装配需要。其优点是组装方式比较灵活;缺点是对组装者素质要求较高,而且,这种组装方式可能需要大量编码,生产效率较低。

(3) 灰盒组装:介于黑盒组装和白盒组装之间。它通过调整组件的组装机制而不是修改组件来满足应用系统组装的需求,既实现了组件组装的灵活性,又不过于复杂。

(4) 以框架为基础的方法:增加了组件的可复用性,也提高了系统设计和演化的柔性。但是,它在解决组件组装不匹配的问题上,并没有提供相应的措施。

(5) 基于总线的方法:通过严格限制系统中使用的组件形式,尽可能地避免组装不匹配的问题出现。基于总线的方法适用于特定的应用领域和体系结构的系统构造,它解决组装不匹配问题的能力有限,它的应用范围也是有限的。

(6) 以连接器为基础的方法:体现了将组件的功能实现与其交互关系的实现分离,从而增加组件组装的可配置性思想,是目前技术条件下,实现组件动态组装的有效技术途径之一。

2. MSCP 的模型组装方法

在搜索到满足功能需求的模型组件之后,便要进行组装工作。模型组件组装是根据功能顺序表以及模型组件的接口描述信息在模型组件之间建立调用关系。根据这种调用关系,协调接口行为使之成为一个有机整体。

在模型组件组装中,运用脚本语言定义一段主程序,按顺序、选择、循环、并行等控制方式调用并执行模型组件的功能,称为运行脚本。运行脚本是根据功能顺序表和模型组件的 UCDL 接口描述文件生成的。

为了方便用户根据功能顺序表和模型组件 UCDL 接口描述生成运行脚本,有图形化的模型组件组装工具,将模型组件之间的组合关系和外部接口以图形化的方式直观地显示给用户。通过交互,用户选择、调整并最终确定模型组件之间的组装关系。

经用户确认后,组装工具进一步将图形化组装方案转换为基于 XML 的运行脚本。在对运行脚本的解释执行中,根据运行脚本中定义的模型组件组装关系,提取模型组件的 UCDL 接口描述信息和调用条件,启动相应的 UCDL 模型组件代理调用模型组件实体。UCDL 模型组件代理的调用结果返回后,根据运行脚本所定义的组装关系,组装成一个完整的应用程序,提交给用户,完成模型组件的组装工作。多个模型组件组装完成后,生成的 XML 运行脚本可以以复合组件的形式保存到模型资源库中。

7.4　基于信任的模型服务选择

随着信息技术的飞速发展,计算处理出现了新的模式。如何让人们在任何时间任何地点以任何方式透明地访问到任何感兴趣的高信任度的计算服务,即普适计算,已成为热点研究之一。普适服务的宗旨是在获得精确的被测对象的状态、一致性估计和完整的实时评价的前提下,得到高信任度的主动伺候式服务。基于信任的模型服务选择,从多种角度、动态地对服务的信任程度进行全面合理的评估,最终在多个可选择的目标服务中,筛选出最符合用户要求的服务。

7.4.1　信任的定义

信任是一个含义很广泛的概念,目前还没有一个确切的定义。环境是人们理解信任的背景知识,在不同的环境下对信任的理解也是不同的。正是由于信任的多面性,所以很难给出一个统一的定义,下面给出本书对信任的定义。

信任是由信任值表征的客观实体的身份和行为的可信度评估,信任值取决于实体可靠性、诚信和性能等。信任是在不断地交互过程中,某一实体逐渐动态形成的对另外实体的能力的评价,这个评价可以用来指导这个实体的进一步动作。

信任具有如下特性:

(1)上下文相关性。信任是和上下文相关的,即与所处的环境相关。

(2)多角度性。即使是在同样的上下文里面,对于节点提供服务的不同角度,信任度是不一样的。上下文相关性强调的是对同一个节点,在不同的情况下信任值是不同的;多角度强调信任本身具有多个方面,每个方面都在影响着这个节点是否是可以信赖的。

(3)动态性。信任是变化的,不是一旦形成就永久不变的。

(4)时间滞后性。信任是经过不断学习和经验积累形成的,更新了的信任度只能在下一次的服务选择中用到。

根据模型服务过程中服务请求者对服务提供者信任值的要求,两者间的信任关系可以分为强信任关系、弱信任关系与无信任关系。

7.4.2 基于信任的服务选择算法

1. 服务选择

把信任值作为一个附加分量添加到服务的定义中,给出服务的新定义。它是一个四元组,服务(ID,属性,属性值,信任值)。构成服务的属性记为 P,P 是一个集合;每个属性都具有不同的属性值,记为 V;如果信任用 T(Trust)来表示,那么系统中的服务可以表示为 $S(\text{ID},P,V,T)$。

每个节点都保存有一个节点信任表和一个服务属性信任表。节点信任表对应系统中其他的节点,这是一个对其他节点进行总的衡量的标准,在总体上给出目标节点的信任情况。而服务属性信任表则是在多个方面给出了目标节点在不同的侧面的信任情况。MSCP 中将节点分为三类:

(1)请求服务的发起者,称为源节点 V_a。

(2)源节点提供服务的目标节点 V_t。

(3)源节点提供参考意见的参考节点,称为第三方节点 V_{act}。它们的集合分别记为 V_A、V_T、V_{ACT}。

信任值的处理由以下部分组成:

(1)直接信任和间接信任的合成模块:将直接信任 DTrust 和间接信任 CTrust 以某种算法融合在一起,给出一个最终的总体信任。

(2)信任度的调节模块:在信任的产生和使用过程中,外界因素对信任值的影响,这是对信任的细节调节,以使信任度的变化能将时间滞后性减小到最低程度。

对于服务选择系统,它的目标就是要在多个可选择的服务中选出一个最符合使用者要求的。本书主要根据信任值的高低进行选择,因此这是一个信任值的最优求解过程,工作的目的是为了找到 v_T。在这一工作过程中,参与者由三部分组成,服务发起者 V_a、间接信任节点集合 V_{ACT} 和目标节点集合 V_T,在 V_a 和 V_T 之间具有直接信任关系,在 V_{ACT} 和 V_T 之间是间接信任关系,这两种信任关系构成了最终的总的信任值。这一过程描述如下:

$$\text{Selecting}(V_T,V_a,V_{ACT},S_{Req}) = \{v_T \mid \exists v_T \in V_T, \cdot \ \forall V \in V_T(V_t \neq v_T \wedge$$

$$\text{TrustCalc}(V_t,V_A,V_{ACT},S_{Req}) \leqslant \text{TrustCalc}(V_T,V_A,V_{ACT},S_{Req}))\}$$

$$(7-13)$$

式中:S_{Req} 是由 V_a 发起的服务请求,它是一个二元组(P,V)的集合。比较计算出来的目标节点集合 V_T 中每一个节点的信任值,并选择出其中具有最大信任值的

208

目标节点。

要完成服务选择,需要确定 TrustCalc(V_t, V_A, V_{ACT}, S_{Req}),它是由服务选择发起节点 V_a 根据协作节点集合 V_{ACT} 提供的间接信任,针对服务请求 S_{Req},将直接信任与间接信任合成,计算目标节点集 V_T 中节点 V_t 的信任度的函数。而这一过程涉及两类信任度的计算,即直接信任度 TrustCalc(V_t, V_a, S_{Req}) 和间接信任度 TrustCalc(V_t, V_{act}, S_{Req})。计算间接信任值,首先要确定间接信任节点集合中由哪些节点组成,只有相似度大于阈值 $Thres_{Quali}$ 的节点之间才可以建立信任关系。

根据用户的不同侧重点分别给出直接信任和间接信任的权值,分别记为 W_{Dtrust} 与 W_{Ctrust},并且 $W_{Dtrust} + W_{Ctrust} = 1$,因此最终信任值可以计算如下:

$$Trust = W_{Dtrust} \times DTrust + W_{Ctrust} \times CTrust \qquad (7-14)$$

对最终选择服务的信任值的阈值为 T_{satis},如果最终信任值大于系统设定的阈值,那么服务是满足信任值要求的,可以进行服务;如果小于阈值,则说明服务不能满足用户的要求。

$$\begin{cases} Success, Trust \geqslant T_{Satis} \\ Fail, Trust < T_{Satis} \end{cases} \qquad (7-15)$$

2. 间接信任算法

对于 V_a 来说,由于它自己对于目标节点的信任判断具有局限性和片面性,如有时候搜索得到的服务提供者对服务需求者来说可能是一个陌生的节点,或者只进行过少数几次协作,无法对目标进行可靠的判断。在一些安全领域中,可能某个 V_t 还具有欺骗性,或者恶意地修改自己的可信任参数,导致在 V_a 选择了具有破坏性的实体。协作节点则能以第三方的角度,为 V_a 提供另外一个角度的对 V_t 的评测,这就是协作实体提供的间接信任的作用。

V_a 对协作实体集合 V_{ACT} 提供的间接信任可以分为两种:

(1)可信度:对于集合 V_{ACT} 中的每一个协作实体提供给 V_a 的对于集合 V_T 中的实体的信任值的可信度。这个值用于对 V_{ACT} 中的实体对 V_T 中实体信任的加权。

(2)资格参数:由 V_a 给出的对系统中其他任一实体 V_x 的评价值,用来确定 V_x 是否有资格成为集合 V_{ACT} 中的成员。

这样就把中间节点提供的间接信任传递给了源节点 V_a,如图 7-6 所示,充分地考虑了中间节点给出的信任值,可以使判断信任过程更全面,更好地增强系统信任关系的健壮性。

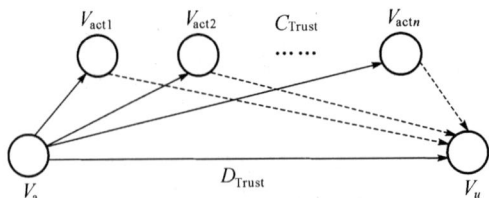

图 7-6　间接信任结构

3. 相似距离算法

如果第三方节点与源节点对目标服务的评测是基于不同偏好的,那么这样的第三方节点仍然是不可信的。为了解决这个问题,本节给出源节点与第三方节点的相似性度量。

衡量两个实体之间相似度的方法有许多,在具体的应用中可以根据实际情况采用不同的手段,因此没有一个固定的方法。但原则是一致的:实体之间的距离小,表明节点的相似性高;距离大,则表明相似性低。本书使用 Clard Distance 计算方法来说明节点之间的相似性。

针对目标服务 S 的各个属性,源节点和第三方节点分别形成结构相同的简单贝叶斯模型,其模型结构为 $D(P_1, P_2, \cdots, P_n, T)$。其中:$D$ 为数据实例的集合;P 为服务的属性;T 为信任值。

这是一个树型结构,只有一层,叶节点为属性,根节点为信任。在相似度的计算中,根节点与其他叶节点是有区别的。在计算两个根节点的相似度时,条件概率表中的列数 N 值为 1,而叶节点的 N 值为 2,分别为条件 $T=1$ 和 $T=0$ 时的条件概率。由于不同属性的值域是不一样的,因此在简单贝叶斯模型中的条件概率表中的行数也不一样,即服务属性中属性值的个数 M 是由具体的属性决定的。计算两个服务节点的相似度公式为

$$\text{Com} = \sqrt{\frac{(\text{Value1}_{11} - \text{Value2}_{11})^2}{(\text{Value1}_{11} + \text{Value2}_{11})^2} + \frac{(\text{Value1}_{12} - \text{Value2}_{12})^2}{(\text{Value1}_{12} + \text{Value2}_{12})^2}}$$

$$\text{Com}_i = \frac{\sum_{j=1}^{N} \sqrt{\sum_{k=1}^{M} \frac{(\text{Value1}_{ijk} - \text{Value2}_{ijk})^2}{(\text{Value1}_{ijk} + \text{Value2}_{ijk})^2}}}{2} \quad (i = 1, 2, \cdots n)$$

$$\delta = 1 - 2 \sum_{i-1}^{\text{mod } e} (W_i \times \text{Com}_i)$$

式中:Com 为根节点之间的距离参数;Com_i 为第 i 个节点之间的距离参数;W_i 为第 i 个节点的距离权值;Value1_{ijk} 为服务 1 中第 i 个属性的条件概率表中的第 j 列的第 k 个属性值的数值;δ 为服务 1 与服务 2 之间的距离,δ 值大表示服务之间

210

的相似度低,δ 值小表示服务之间的相似度高。

这样得到的 δ 即为节点 1 与节点 2 之间的相似度。因此不但考虑到了条件概率表中值的近似度,还使用权值来表现节点之间对不同属性的重视程度,即两个节点评判问题的角度或偏好。这样对第三方节点的信任值进行更新的时候将更加准确。

7.4.3 信任更新方法

在服务选择中,对目标集合 V_T 中的节点信任来自于两部分:一部分为直接信任 DTrust,另一部分则是来自于协作节点集合 V_ACT 的间接信任 CTrust。在每次服务选择之后,需要对这两部分值进行更新,以保证对目标节点信任值的有效性。更新的依据是服务提供的满意度。本书使用了概率方式来更新直接信任值。当服务成功时,模型计算出的对节点 V 的属性 P 的信任值将增加;当服务不成功时,只增加服务的总次数,从而降低其历史记录中的信任值,达到使其信任度下降的结果。

间接信任值的更新又分为两部分,分别为可信度更新 TUpdate 和资格更新 QUpdate。QUpdate(V_a, V_ACT) 可形式化描述如下:

$$\mathrm{QUpdate}(V_\mathrm{a}, V_\mathrm{ACT}) = \{ v_Y \mid \forall v_y \in V_\mathrm{ACT} \mid \mathrm{Sim}(v_y, v_x) < T_\mathrm{Quali} \}$$

$\mathrm{Sim}(v_y, v_x)$ 为系统中任意两节点 V_x 与 V_y 之间的相似距离,当相似度大于资格阈值 T_Quali 时,V_y 才会成为 V_y 的协作节点集合中的节点。

$$\begin{cases} \mathrm{Success}, \mathrm{Satis} \geqslant T_\mathrm{Satis} \\ \mathrm{Fail}, \mathrm{Satis} \geqslant T_\mathrm{Satis} \end{cases}$$

Satis 与 T_satis 为更新判断条件,服务成功与否,间接信任值的两部分内容都要更新。

间接信任的另外一部分是由协作节点集合提供给服务发起节点的信任值,这部分信任值的更新也与服务的成功与否相关,使用 TUpdate(V_x, V_y, P, V, S_satis, T_satis) 函数根据服务满意度情况对 V_ACT 提供给 V_a 的对 V_t 的信任值更新,可以使用如下公式:

$$\mathrm{CTrust}_\mathrm{new} = R \times \mathrm{CTrust}_\mathrm{old} + (1 - R)\mu$$

其中:$\mathrm{CTrust}_\mathrm{new}$ 为更新后的信任值;$\mathrm{CTrust}_\mathrm{old}$ 为更新前的旧值;R、μ 为调节参数,取值为 0～1。如果在固定 R 的前提下,只需调节 μ 值即可,通过使 R 的值大于或者小于旧信任值来调节。它们之间的绝对值表明了信任更新的粒度。这样可以得到新的信任值,来表示协作节点给出的信任值的重要性。在更新时,要确保 CTrust 的值不超过信任值的上限。

7.5　反导预警作战仿真模型服务运行

反导预警作战仿真模型服务运行是运行脚本在 MSCP 中执行的过程。MSCP 根据战场部署及作战计划,生成 XML 格式的作战仿真运行脚本,并对运行脚本进行解释执行,完成反导预警作战仿真模型服务的运行工作。本节提出作战仿真运行脚本的 XML 文档结构,设计 MSCP 运行脚本解析执行流程的结构组成。基于 MSCP 的反导预警作战仿真模型服务解释执行流程如图 7 - 7 所示。

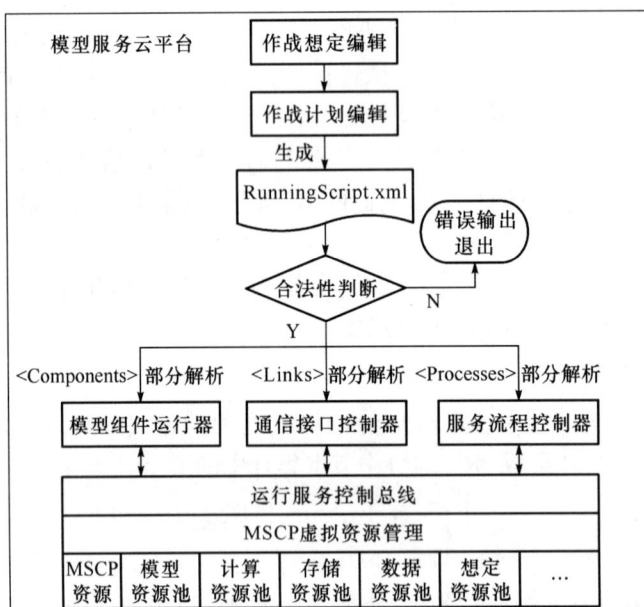

图 7 - 7　基于 MSCP 的反导预警作战仿真服务解释执行流程

7.5.1　运行脚本的 XML 文档结构

根据作战仿真想定,制定作战计划,实验人员独立或在作战实验人员的协助下,完成作战计划的编辑录入。反导预警作战仿真实验编辑器根据录入生成XML 运行脚本,用 XML 描述的作战仿真运行要素都包含在 XML 文档脚本的根元素中。在运行脚本中,根元素定义为 RunningScript,XML 文档结构如下:

```
<RunningScript >              //运行脚本定义起始
<Components >                 //模型服务中所用模型组件的声明
   <Component >               //某一模型组件声明
      <Interface >
```

```
            < InputMessage >              //接口的输入消息
            < OutputMessage >             //接口的输出消息
      .....
    < /Components >                       //模型服务中所用模型组件的声明结束
    < Links >                             //组装过程中模型组件接口连接关系定义
       < Link >                           //两个模型组件之间的接口连接关系
          < From >                        //调用关系的源模型组件
          < To >                          //调用关系的目标模型组件
      .....
    < /Links >                            //模型组件接口连接关系定义结束
    < Processes >                         //模型组件组装控制流程定义
       < sequence >按顺序执行的活动 < /sequence >
       < invoke >调用模型组件活动 < /invoke >
       < switch >条件分支活动 < /switch >
       < while >条件循环活动 < /while >
       < flow >并发活动 < /flow >
      .....
    < /Processes >                        //模型组件组装控制流程定义结束
    < /RunningScript >                    //运行脚本定义结束
```

XML 运行脚本中的标签含义：

1. 模型组件声明 < Components > 标签

描述所要组装的模型组件,包括对模型组件 ID、模型组件名以及模型组件外部接口的描述。运行脚本的解释程序根据该部分的声明载入相应的模型组件,为脚本活动的执行做准备。

< Components > 标签由一个或者多个子模型组件 < Component > 标签组成。每个 < Component > 标签标识一个模型组件的声明,包括 ID 和模型组件名称两个属性。ID 是模型组件的唯一标识,脚本解释程序可以根据该标识符在虚拟资源池中获取模型组件。

< Component > 标签包含一个或者多个 < Interface > 标签, < Interface > 标签用来标识该模型组件在组装过程中要使用的接口声明。 < Interface > 标签的 name 属性标识该接口的名称。其子标签 < InputMessage > 和 < OutputMessage > 分别标识该接口的输入消息和输出消息。

2. 接口连接关系 < Links > 标签

定义不同模型组件接口间的连接关系,包括源模型组件接口和目的模型组件接口。运行脚本的解释程序根据该部分的定义判断接口间是否匹配并建立消息通道,在模型组件组装过程中,消息根据该部分的定义,在相应的消息通道中传递。

　　<Links>标签包含一个或者多个<Link>子标签,每个<Link>标签定义了两个模型组件之间接口的连接关系。<Link>标签的name属性是组装脚本中对该<Link>引用的唯一标识符。每个<Link>标签下包含<From>和<To>两个子标签,分别代表该连接的源接口和目的接口,每个接口由接口名称属性和模型组件名称属性组成。

3. 模型组件组装控制流程<Processes>标签

　　定义模型组件的执行流程,描述模型组件间的组装关系,包括对模型组件调用顺序及模型组件间的消息传递的定义等。

　　<Processes>标签通过定义模型组件的执行流程来描述模型组件间的组装关系。模型组件的执行流程类似于算法流程图。流程中的每一步称为一个活动。<Processes>部分主要描述了以下基本活动:

　　<Invoke>:调用某模型组件的外部接口。<Invoke>标签的两个属性Component和Interfac。指明所要调用的模型组件名和该模型组件的接口。

　　<Stop>:终止对某模型组件的调用。

　　在此基础上,运行脚本通过定义模型组件执行的控制流模式将上述基本活动组合成更复杂的流程。模型组件执行的流程模式有:

　　<Sequence>:定义模型组件的顺序执行结构控制。一个Sequence控制流包含一个或者多个按顺序执行的活动,在组装过程中,脚本解释程序按这些活动在<Sequence>元素中被列出的先后次序顺序执行。

　　<Switch>:定义模型组件的分支执行结构控制。一个Switch控制流包含一个或者多个Case元素组成的有序列表和最后可选的Otherwise分支,每个Case元素定义了一个条件分支。执行时以Case分支的出现顺序来测试其条件,被满足的第一个分支被执行。如果所有Case分支的条件都未满足,则执行Otherwise分支。当被选的分支中的活动完成后,该Switch控制流结束。

　　<While>:定义模型组件的循环执行结构控制。While控制流实现循环,执行重复的活动直到给出的While循环条件不再被满足。

　　<Flow>:定义模型组件的并发执行结构控制。Flow控制流中所包含的一组活动在运行脚本解释执行中被并发执行。当Flow中的所有活动完成时,Flow控制流结束。

　　以上各个标签在运行脚本中可以相互嵌套。

7.5.2　运行脚本的解释执行过程

　　生成RunningScript.xml文件脚本后,系统首先对其合法性进行判断,若运行脚本错误则输出错误信息,终止运行,否则,对运行脚本进行解释执行。运行脚本的解析执行分三个部分: < Components > 部分解析完成模型组件运行器的初始化; < Links > 部分解析完成通信接口控制器的初始化; < Processes > 部分解析完成服务流程控制器的初始化。

图 7 - 7 中,模型组件运行器类似于 CPU 中的运算器,通信接口控制器类似于 CPU 中的通信控制器,服务流程控制器类似于 CPU 中的运行控制器。三个功能部分在运行服务控制总线的协同下,犹如计算机中的 CPU 一样,共同完成反导预警作战模型服务运行脚本的解析执行任务。

1. 模型组件运行器

根据 < Component > 标签中指定模型组件的 id 和 name 属性,从模型组件资源库中提取相应的模型组件实体和 UCDL 描述信息,初始化模型组件运行器,并根据 < Interface > 标签中定义的模型组件接口描述,在 UCDL 模型组件代理的模型组件控制器中生成相应的输入、输出接口。通过调用初始化接口,生成所代理模型组件的运行实例,并开始侦听输入消息。模型组件运行器负责模型组件的运行管理工作。

2. 通信接口控制器

< Links > 标签中定义了模型组件间接口的连接关系。通过对 Running-Script. xml 脚本文件中 < Links > 标签的解析,检查控制接口连接关系是否匹配、接口间的消息定义是否一致等,完成对通信接口控制器的初始化。通信接口控制器根据 < Links > 中的定义实现模型服务组件间的通信接口管理。

3. 服务流程控制器

< Processes > 标签中定义模型组件的执行流程和模型组件间的组装关系。通过对 RunningScript. xml 脚本文件中 < Processes > 标签的解析,生成模型组件交互所用的消息,并传输给服务流程控制器。服务流程控制器在接收到输入消息后,控制模型组件之间的执行关系,并将输出消息传递给 MSCP 的运行服务控制总线。服务控制总线将接收到的消息转换为模型组件实体可以理解的消息格式,并向模型组件实体相应的接口发出调用请求,运行模型组件实体,返回运行结果给运行服务控制总线,在通信接口控制器的控制下完成服务的输入、输出动作。

第 8 章　反导预警作战仿真系统设计实现

反导预警体系作战研究需要仿真平台的支撑。BMEWOS 作战仿真系统的设计与实现是模型服务方法和建模仿真框架的工程实践。本章在 HLA 技术架构下,利用模型驱动设计过程生成的联邦成员代码,在联邦集成的基础上,设计实现了一个 BMEWOS 仿真原型系统,并通过仿真实验分析,验证反导预警作战建模仿真方法以及模型服务体系的有效性。

8.1　"体系主导、模型驱动"的 BMEWOS 建模仿真框架分析

BMEWOS 作为复杂大系统,对其建模仿真必须遵循现代系统工程的思想和方法。以体系结构建模为核心,依据 MDA 的模型驱动架构思想,使用系统工程建模语言对复杂大系统进行高层概念建模和模型驱动仿真的方法,为 BMEWOS 建模仿真提供了可行的解决方案。

8.1.1　BMEWOS 建模仿真框架

针对 BMEWOS 的建模与仿真需求,本书提出以"体系主导、模型驱动"思想为指导的作战体系一体化建模仿真框架(简称"SD – MD"建模仿真框架)。其内涵是基于模型驱动体系结构/模型驱动开发(MDA/MDD),借鉴体系结构框架 DoDAF 标准,对 BMEWOS 进行多视图概念建模,使用 SysML 来建立系统的静态和动态仿真概念模型,通过构建反导预警体系对抗仿真模型体系,开发基于高层体系结构的体系作战仿真系统,通过仿真实验来验证、校核需求和仿真模型,从而保证反导预警体系作战仿真的可信性。

1. 框架的实现基础

1)"SD – MD"建模仿真框架构建的基本思路

基于"SD – MD"的建模仿真框架所依据的开发方法是军事仿真一般开发方法和基于 MDA 开发方法的结合。

军事系统仿真的一般过程可分为军事概念模型设计、数学/逻辑模型设计和仿真程序模型实现三个阶段。军事仿真开发方法指明了军事仿真的开发思路,

但在实际中往往面临着从概念模型到数学/逻辑模型再到程序模型的过程中,缺乏统一的一致性的描述规范的问题。这样往往造成军事人员、运筹人员和软件人员交流的困难,从而割裂了整个仿真开发的过程,导致从概念模型到程序代码的失真,降低了开发效率[67]。

基于 MDA 开发方法将模型分为领域概念模型(CIM)、平台无关模型、平台相关模型和程序模型(Code)四个层次,它们之间有着抽象和求精的关系。模型之间通过模型映射机制相互映射,从而保证了模型的可追溯性,其软件的开发和更新过程是模型自顶而下、逐步求精的过程。

军事仿真开发方法和基于 MDA 开发方法的共同点是以模型作为开发驱动。因此,可以将二者有效结合起来,形成基于 MDA 的军事仿真开发方法。该方法将概念模型、数学/逻辑模型、程序模型转化到对应的 MDA 模型中去,即将传统的军事仿真一般开发方法转化到 MDA 开发方法中去。综合军事仿真一般开发方法和 MDA 开发方法,基于 MDA 的军事仿真开发方法可分为CIM 建模、PIM 建模、数学/逻辑建模、PSM 建模和程序建模五个阶段,如图 8 - 1 所示。

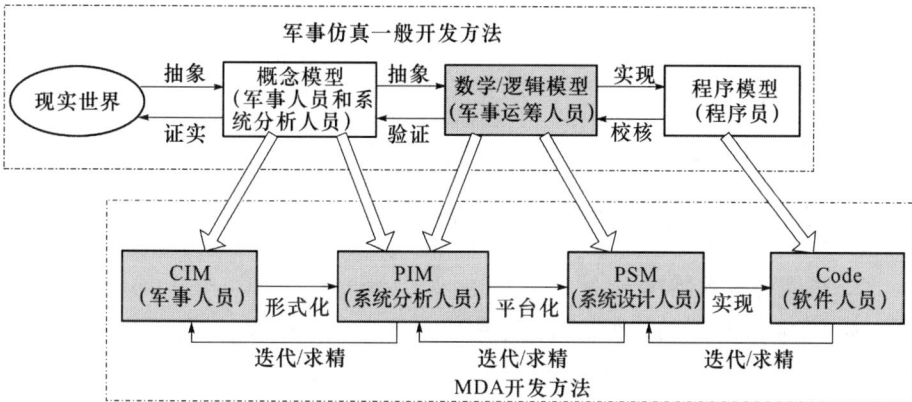

图 8 - 1   基于 MDA 的军事仿真开发方法示意图

2)"SD - MD"框架的技术参考视图

"SD - MD"框架以图 8 - 2 所示的建模技术参考视图为指导。建模技术参考视图由形式语言维和层次模型维构成。层次模型维中,由问题域的 CIM 领域概念模型逐步映射转换成仿真域的平台模型,进而映射成实现域的代码模型;形式语言维中,由语境、语用、语义、语法四要素构成描述各层次模型的完备性表示,语境界定模型的生成背景、语用标明模型的功用、语义约束模型的内涵、语法规范模型的表示形式。

技术参考视图旨在规范"SD–MD"框架建模过程,消除模型语义的歧义性、二义性及接口的不规范性,实现层次间模型映射的平滑转换,促进各层次模型的重用。

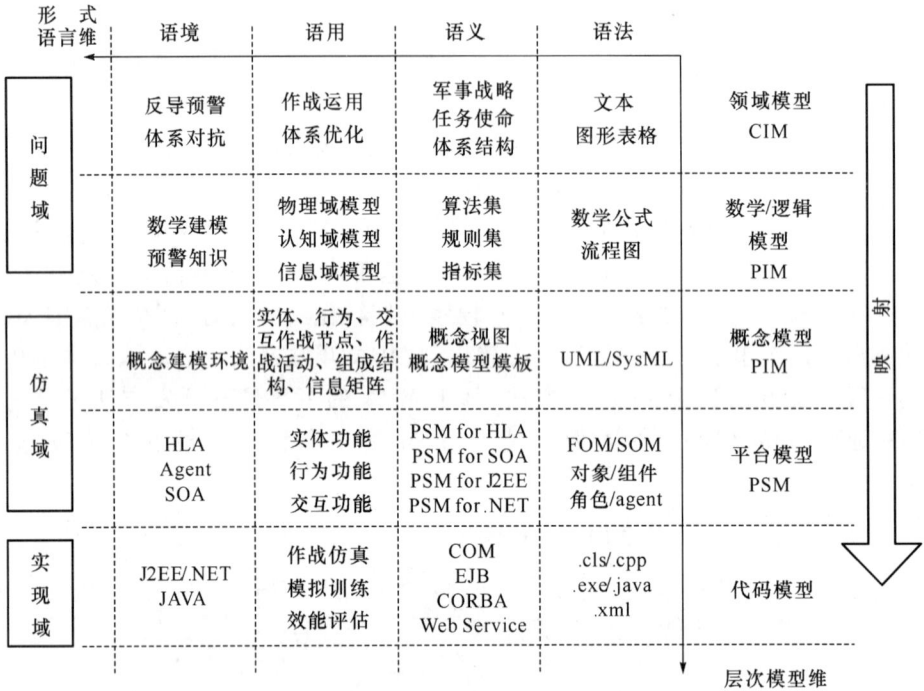

形式语言维	语境	语用	语义	语法	层次模型维
问题域	反导预警体系对抗	作战运用体系优化	军事战略任务使命体系结构	文本图形表格	领域模型 CIM
问题域	数学建模预警知识	物理域模型认知域模型信息域模型	算法集规则集指标集	数学公式流程图	数学/逻辑模型 PIM
仿真域	概念建模环境	实体、行为、交互作战节点、作战活动、组成结构、信息矩阵	概念视图概念模型模板	UML/SysML	概念模型 PIM
仿真域	HLA Agent SOA	实体功能行为功能交互功能	PSM for HLA PSM for SOA PSM for J2EE PSM for .NET	FOM/SOM 对象/组件角色/agent	平台模型 PSM
实现域	J2EE/.NET JAVA	作战仿真模拟训练效能评估	COM EJB CORBA Web Service	.cls/.cpp .exe/.java .xml	代码模型

图 8-2 "SD–MD"框架建模技术参考视图

2. 框架的体系结构

基于"SD–MD"的建模仿真框架由仿真概念建模框架、仿真模型体系框架、仿真模型驱动框架和仿真实现运行框架四个子框架构成,其体系结构如图 8-3所示。

组成总体框架的各子框架的构成和作用在第 2 章中 BMEWOS 建模仿真需求中已经做了分析,这里不再展开。

3. 框架实现的主要阶段

框架的实现过程包括 CIM 构建、PIM 构建、数学/逻辑建模、PSM 构建、仿真代码生成五个阶段,其实现过程如图 8-4 所示。

1)CIM 构建

CIM 是针对问题域的初次抽象,作为军事概念模型的 CIM,必须能够准确地表达(描述)军事行动的性质与作用过程,具备军事专家知识的权威性和完备性,既能全面准确地表达军事知识,又能让仿真开发人员理解,同时具有一定的

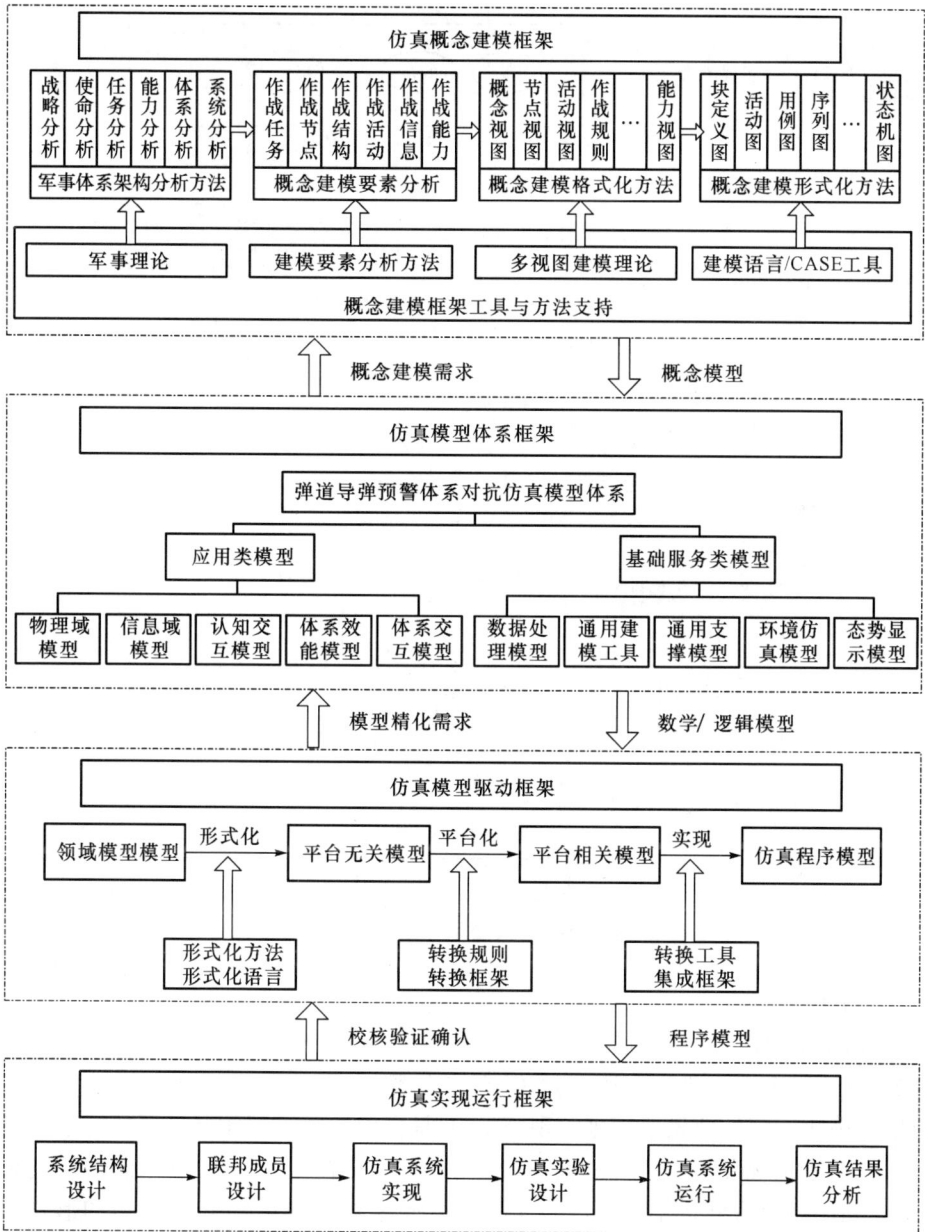

图 8 – 3 BMEWOS 建模与仿真框架体系结构

图形、文字、表格等标准化、规范化的表现形式。参考多视图建模理论,借鉴DoDAF 规范中作战视图概念,设计作战体系概念模型产品,对作战体系进行结构化描述,从而得到 CIM。

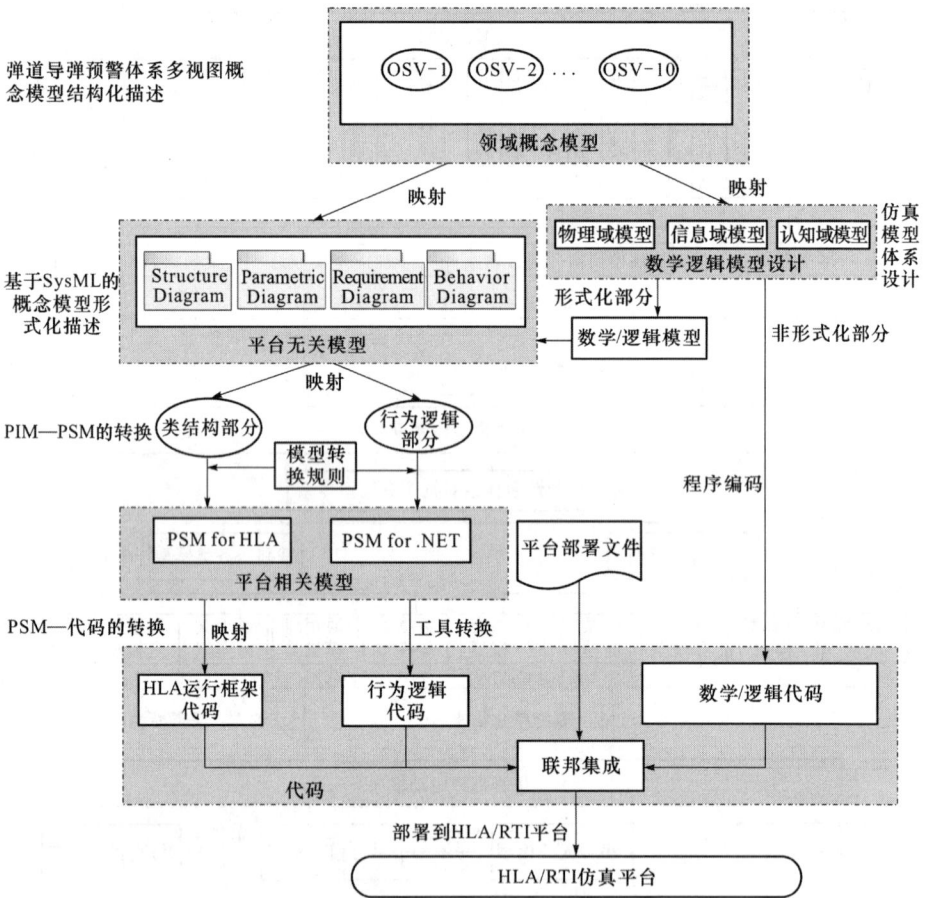

图 8-4　BMEWOS 建模与仿真框架实现过程

2）PIM 构建

PIM 是 MDA 中第二层模型，它是对 CIM 的"二次建模"，是仿真模型 PSM 的基础。PIM 不仅要求准确描述 CIM 的内容，而且还要求表现形式具有直观性，它采用一定的建模语言来实现，SysML 是目前系统工程领域最新的标准建模语言，对于系统分析中系统的需求、结构、行为、分配和属性约束等描述特别有效。利用 SysML 建模语言可以对作战体系概念模型和数学/逻辑模型的形式化部分进行有效的形式化描述，从而得到作战体系仿真的 PIM。军事运筹人员需要掌握 UML/SysML，并能够修正 CIM/PIM 模型的不足，以及辅助 PSM 阶段模型的建立。

3）数学/逻辑建模

数学/逻辑模型的建立始终是仿真开发的关键环节。PIM 构建的 SysML 模型主要是提供给 PSM 阶段进一步开发的,但这并不影响军事运筹人员对数学模型的构建,提供给分析人员的 SysML 模型可能并不充分,需要进一步精化和抽象。分析人员要将 CIM 模型中需要用数学/逻辑表示的部分用连续/离散的数学公式或严格定义的逻辑规则来表示,其中难以形式化的部分模型需要手工生成代码。

4）PSM 构建

反导预警体系作战仿真平台基于 HLA 体系结构构建,因此实现 PIM 到 PSM for HLA 的转换是模型驱动开发的关键。HLA 仿真系统中的 PSM 是由 PIM 通过一定映射规则,并添加与 HLA 相关的平台信息转换生成的,它是实现代码生成的基础。可以通过设计转换规则与转换框架实现 PIM 到 PSM for HLA 的转换。行为逻辑模型 PIM 采用 SysML 描述,可通过商业化 CASE 软件(如 Enterprise Architect 等)进行可视化建模,并将可视化模型定义自动转化生成相应开发平台的 PSM,比如生成 PSM for. NET。

5）仿真代码生成

生成 PSM 之后,要将模型映射成代码。首先要在 PSM 的基础上根据 HLA 平台的特性对 PSM 加以修改,使之精确化,再利用 MDA 工具或其他定制的 PSM 到代码的转换工具,实现仿真代码自动生成。由于现有的代码转换工具还没有稳健到可以把 PSM 百分之百转换成代码,开发者还需要手工完善生成 PSM 和代码框架。然后在代码框架的基础上,编写仿真逻辑代码,将其插入到 PSM 生成的仿真代码中,实现仿真逻辑。最后在联邦成员的基础上进行仿真集成和测试。

8.1.2　基于"SD－MD"框架的 BMEWOS 建模仿真过程

基于"SD－MD"建模仿真框架的 BMEWOS 建模仿真过程遵从以下五个步骤,如图 8－5 所示。

1. 军事架构分析

这个阶段主要进行 BMEWOS 的体系架构分析。按照作战体系分析框架,以军事战略分析、作战使命分析、作战任务分析、作战能力分析、体系构成分析和作战系统分析的步骤对 BMEWOS 逐层分解,以达到对作战体系的全面认识。

2. 体系概念建模

这个阶段主要进行 BMEWOS 多视图概念模型的分析设计。在军事问题分析的基础上,首先以领域军事专家为主,面向领域知识表达,按照作战体系多视图建模方法,对 BMEWOS 进行基于多视图的概念模型结构化描述,形成 CIM;其

次以技术人员为主,面向系统设计,使用 SysML 对 CIM 进行形式化表达,形成
PIM,从而完成作战体系的概念建模。

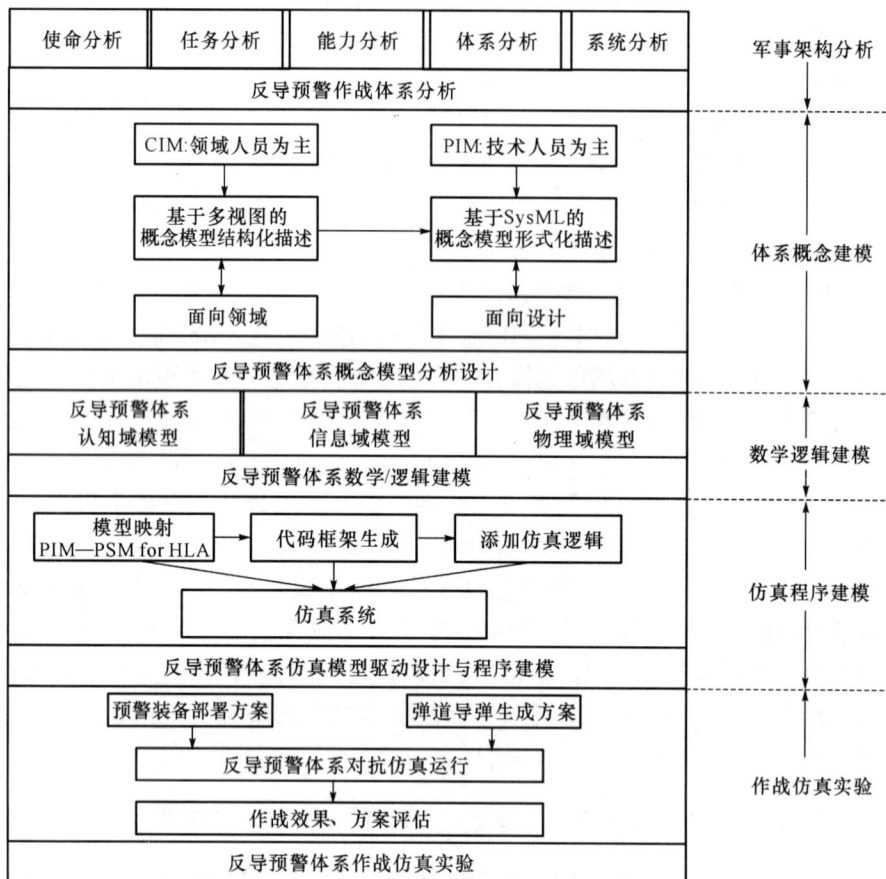

图 8 – 5　基于"SD – MD"框架的 BMEWOS 建模与仿真过程

3. 数学逻辑建模

　　这个阶段主要按照反导预警体系对抗仿真模型体系架构,对反导预警体系
对抗的数学/逻辑模型进行设计。从物理域、信息域和认知域三个信息化战争的
作战域展开对 BMEWOS 的数学/逻辑建模。物理域主要进行预警装备和指挥实
体、战场环境的建模;信息域主要进行反导预警信息系统、信息网络和信息流的
建模;认知域主要进行反导预警情报处理和指挥决策过程的建模。此外,还要完
成体系交互模型和体系效能模型的设计。

222

4. 仿真程序建模

在 HLA 仿真体系架构语境下,采用相应的模型语言定义模型转换模板,使用 MDA 工具,将概念性的 PIM 模型映射成 PSM for HLA 模型,实现平台无关模型向平台相关模型的映射与转换,并利用代码生成工具生成仿真代码,经联邦集成与测试后,形成仿真应用系统。

5. 作战仿真实验

在一定的想定背景下,输入反导预警装备部署方案和弹道导弹攻击方案,利用所建立的基于 HLA 体系结构的反导预警体系作战仿真系统,进行体系作战仿真实验,对得到的作战结果进行分析,对 BMEWOS 的体系效能进行评估,以获得 BMEWOS 结构优化的决策建议。

8.2 反导预警作战仿真原型系统设计

BMEWOS 仿真原型系统以 BMEWOS 与弹道导弹作战体系间的体系对抗为背景,作为进攻方的弹道导弹体系,在大气层外飞行的过程中将进行弹体分离、诱饵释放以及干扰机电子干扰等对抗活动;作为防御方的反导预警体系由天基红外预警卫星、天波超视距雷达、远程相控阵预警雷达、多功能地基雷达以及反导预警指挥控制中心等作战系统组成。原型系统的设计与实现,旨在为前面所建立模型提供仿真运行环境,以验证基于"SD – MD"的 BMEWOS 建模仿真方法和建立的仿真模型的正确性。

8.2.1 系统运行环境

仿真原型系统的开发运行环境如下:
(1) 硬件平台:高性能台式计算机,图形工作站,服务器。
(2) 网络环境:局域以太网。
(3) 操作系统:Windows xp sp3。
(4) 应用程序开发环境:visual studio 2003(2008)。
(5) HLA 规范:HLA V1.3。
(6) RTI 版本:KD – RTI。
(7) OMT 开发工具:DMSO – OMDT。
(8) 联邦成员开发辅助工具:KD – Fed Wizard。
(9) 二维地理信息系统平台:Mapinfo、MapX。
(10) 三维仿真平台:EV – Globe。
(11) 三维辅助建模平台:3Dmax,SketchUp。

8.2.2　系统总体结构

原型系统软件总体结构如图 8-6 所示,其中预警系统对应的仿真邦员有多个。相应的硬件结构如图 8-7 所示,每一个邦员运行在一台独立的计算机工作站上,邦员之间的数据交换在软件层通过 RTI 实现,在物理硬件层则是通过局域网实现。整个仿真联邦可以通过多联邦互联与桥接工具 KD-FBT 与空军作战模拟训练系统桥接,为空军作战模拟训练提供反导预警作战仿真模型支持。

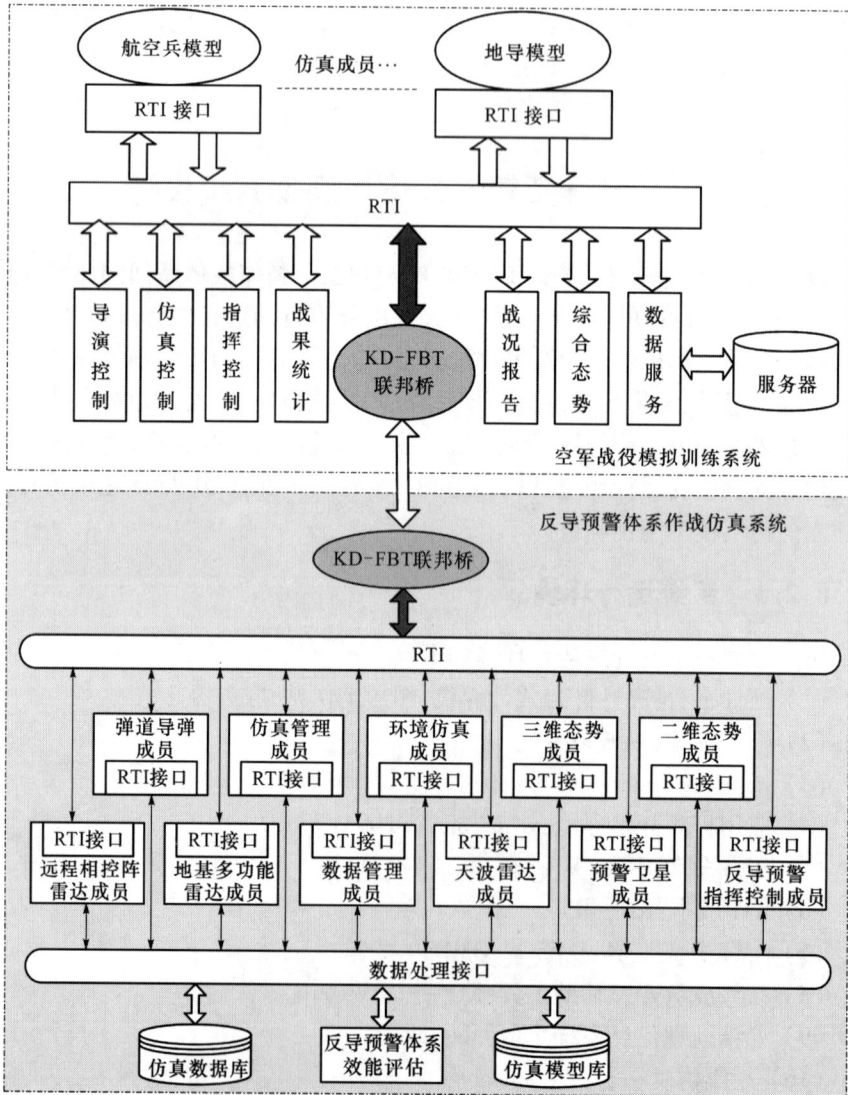

图 8-6　原型系统软件总体结构

224

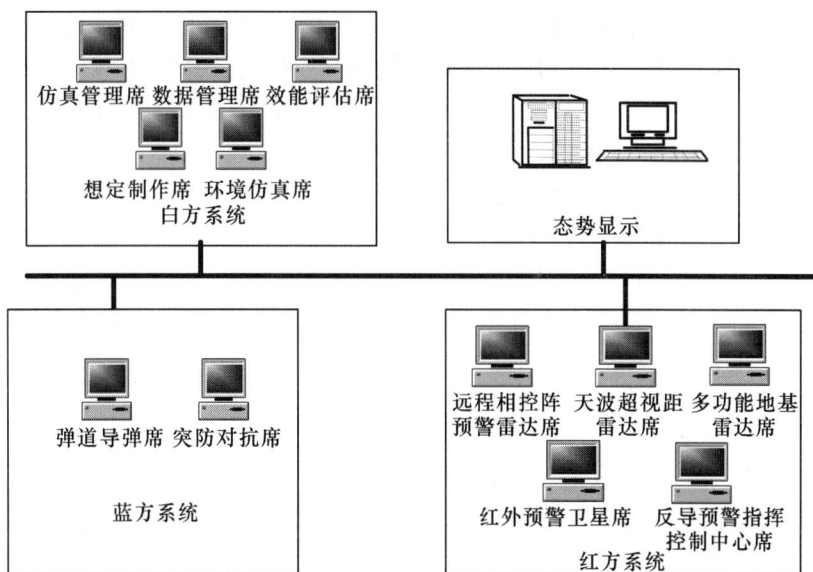

图 8-7 原型系统硬件结构

8.2.3 联邦成员设计

作战体系中的作战节点是实现某一完整功能的单位。这里以作战体系中的作战节点实体为单位划分联邦成员。由此可以列出联邦涉及的所有联邦成员及其实现功能,如表 8-1 所列。需要说明的是,红外预警卫星、天波超视距雷达、远程相控阵预警雷达和多功能地基雷达系统可能会有多个装备,考虑到模型的复杂性,为了提高系统联邦的运行效率,同一系统的多个装备分别作为一个邦员。

表 8-1 主要联邦成员及功能

	联邦成员	实现功能
蓝方	弹道导弹(BMissile)	对弹头、弹体和诱饵等目标的弹道、姿态、目标特性等进行建模仿真
	突防对抗(PCM)	对诱饵释放和电子干扰等对抗过程进行建模仿真
红方	红外预警卫星(IEWS)	对天基红外系统的探测过程进行仿真
	天波超视距雷达(OTHR)	对天波超视距雷达的探测、跟踪过程进行仿真
	远程相控阵预警雷达(PBR)	对远程相控阵雷达的探测、跟踪过程进行仿真
	多功能地基雷达(XBR)	对地基多功能雷达的探测、跟踪、目标识别过程进行仿真
	反导预警指挥控制中心(EWCCC)	对反导预警指挥控制中心的信息处理、指挥控制过程进行仿真
白方	仿真管理(SimManager)	对整个联邦执行进行管理控制

225

此外,仿真联邦中还要有一些辅助功能的联邦成员。其中仿真想定编辑由想定制作子系统完成,可对构成战场环境的各要素进行设置管理,设定作战实验想定等;仿真管理子系统用于仿真进程的管理,对参与仿真的各联邦成员进行管理,分发仿真战情,启动仿真推演,控制仿真进程;效能评估子系统,在仿真实验的基础上,利用建立的评估指标体系进行实验结果的分析评估,并计算量化的评估结果;数据管理子系统主要用于实时记录仿真推演过程中产生的所有数据,存入相应的数据表中,供仿真回放和事后评估;环境仿真子系统用于仿真生成支撑仿真实验的战场环境态势显示子系统用于红、蓝双方综合态势的二、三维显示,态势显示子系统基于地理信息平台,支持整个对抗流程的可视化仿真。

8.2.4 仿真设计

仿真设计主要完成 BMEWOS 仿真原型系统中联邦对象类和交互类设计、发布与订购关系的确定以及仿真运行中各联邦成员时间管理方式的选择等。

1. 联邦对象模型

联邦对象模型由联邦中所使用到的对象类及其属性和交互类及其参数组成。把与顶层块定义 Block 有组成关联的块图或顶层块定义对应的内部块图映射为对象类;把描述块之间信息交互的端口与流映射为交互类。据此,可以进一步明确仿真系统联邦中的对象类和交互类。

1) 联邦中的对象类

对象类包含描述仿真实体状态的属性集,这些属性都具有持续性。本联邦中所用到的对象类包括目标(Target,包括弹头、诱饵和干扰机)、卫星(IEWSatellite,包括高轨、低轨红外预警卫星)、天波超视距雷达(Othradar)、远程相控阵预警雷达(Pbandradar)、多功能地基雷达(Xbandradar)和指挥机构(CommandCenter,包括反导预警指挥控制中心、各预警部队指挥所)。

2) 联邦中的交互类

交互类包含仿真实体某一个动作的参数集,实体动作为瞬间发生的事情,具有非持续性。本联邦所用到的交互类包括预警卫星探测(IEWSDetecting)、预警卫星探测结果(IEWSData)、预警卫星探测结束(IEWSFinish)、雷达开机(RadarPowerOn)、雷达关机(RadarPowerOff)、雷达探测(RadarDetecting)、雷达探测结束(RadarFinish)、雷达探测结果(RadarData)、诱饵施放(BaitDischarge)、干扰(Jamming)、干扰结果(JamData)。

2. 发布与订购关系

仿真运行中所有的交互数据都是以对象类属性或者交互类参数的形式在

226

RTI 中进行传输,每个联邦成员必须公布它计划产生的对象类和交互类,并订购它感兴趣的对象类和交互类,RTI 通过各联邦成员发布和订购的一一对应关系确定数据点对点的传输方向。

1）对象类的发布与订购

HLA 规定联邦成员可以只公布与对象类关联的某些特定属性而不需要公布其所有属性。对象类的订购也是如此。在本仿真中,对象类的发布和订购都针对对象类的所有属性,其对象类的发布与订购描述如表 8 − 2 所列。

表 8 − 2　对象类的发布与订购关系

邦员 对象类	BMissile	PCM	IEWS	OTHR	PBR	XBR	EWCCC
Target	P	P	S	S	S	S	S
IEWSatellite	S	S	P	S	S	S	S
Pbandradar	S	S	S		P	S	S
Xbandradar	S	S	S		S	P	S
Othradar	S	S	S	P			S
CommandCenter	S	S	S	S	S	S	P
注:P 代表发布;S 代表订购							

2）交互类的发布与订购

与对象类的发布和订购不同的是,交互类的参数要么全部被发布与订购,要么就全部不发布与订购。本仿真联邦交互类的发布与订购描述如表 8 − 3 所列。

表 8　3　交互类的发布与订购关系

邦员 对象类	BMissile	PCM	IEWS	OTHR	PBR	XBR	EWCCC
IEWSDetecting	S		P	S	S		S
IEWSData	S		P	S	S		S
IEWSFinish	S		P	S	S		S
RadarPowerOn	S	S	S	S	S	S	P
RadarPowerOff	S	S	S	S	S	S	P
RadarDetecting	S			P	P	P	S
RadarFinish	S	S	S	S	S	S	P
RadarData			P	P	P	P	S

对象类 \ 邦员	BMissile	PCM	IEWS	OTHR	PBR	XBR	EWCCC
BaitDischarge		P	S	S	S	S	S
Jamming		P	S	S	S	S	S
JamData		P	S	S	S	S	S

注：P代表发布；S代表订购

3. 时间管理

分布式仿真中的核心问题是时间管理问题，HLA中时间管理的目的是确保事件能够按正确的次序在各联邦成员上执行。时间管理方式的设置主要包括时间推进机制和消息传递机制的设置。这两者又都与联邦成员的时间管理策略有关。在本仿真系统中，由于需要各成员之间协商进行，因此，除仿真管理联邦外，各联邦成员的时间管理策略都设为既"时间控制"又"时间受限"。

时间前瞻量是对未来前瞻时间内属性实例更新和交互实例发送的预测，即该成员向RTI保证在未来的前瞻时间内不会产生和发送新的事件。时间前瞻量的选择与联邦成员仿真模型的细节密切相关。时间推进方式是控制每一联邦成员沿联邦时间轴推进的机制。HLA时间管理中的时间推进方式分为独立的时间推进和协商的时间推进两大类，其中后者又可以分为步进的时间推进（时间驱动）、基于事件的时间推进（事件驱动）和乐观机制下的时间推进三种[32]。本仿真中各成员所采用的时间管理方式如表8-4所列。

表8-4 各成员所采用的时间管理方式

成员名称	时间控制	时间受限	时间推进机制	时间前瞻量
BMissile	是	是	时间驱动	电磁波单程传播的最短时间
PCM	是	是	时间驱动	电磁波单程传播的最短时间
IEWS	是	是	时间驱动	步长与传输时间的最小值
OTHR	是	是	时间驱动	波束驻留时间的下限
PBR	是	是	时间驱动	波束驻留时间的下限
XBR	是	是	时间驱动	波束驻留时间的下限
EWCCC	是	是	事件驱动	最小的传输延时
SimManage	否	否	独立时间推进	无

8.3　基于原型系统的仿真实验分析

基于原型系统设计方案,实现一个由多联邦成员构成的反导预警体系作战仿真实验原型系统,设定实验想定,利用系统运行结果进行实验分析,验证模型和体系建模仿真方法的有效性。

8.3.1　原型系统实现与运行过程

基于"SD－MD"建模仿真框架,在生成联邦成员代码的基础上,进行联邦的集成和测试,生成仿真应用系统程序,并部署到硬件平台上,实现仿真原型系统。

1. 联邦成员代码生成与联邦集成

按照联邦成员设计中的成员划分,基于"SD－MD"建模仿真框架,基于模型驱动设计过程,可以实现原型系统中主要功能类的联邦成员代码。这些联邦成员包括红外预警卫星、远程相控阵预警雷达、多功能地基雷达、反导预警指控中心等。弹道导弹联邦依据 BMEWOS 仿真模型体系中弹道导弹实体模型实现。此外,依据仿真原型系统设计方案,还要实现一些辅助功能的联邦成员,包括态势显示、仿真管理和数据管理成员等。

所有的联邦成员代码都开发完毕后,把它们集成在一个统一的环境中,在RTI 环境下,进行联邦集成和测试,保证联邦能够按照联邦对象模型(FOM)中的数据正确地进行交互,把通过集成测试后的联邦应用程序部署到 BMEWOS 硬件平台上,形成仿真原型系统。

2. 原型系统运行

仿真运行时,首先要启动 RTI 服务器,系统使用的 RTI 为国防科技大学机电工程与自动化学院自行开发研制的 KD－RTI;然后运行各联邦成员程序,加入联邦运行。联邦成员加入情况如图 8－8 所示。图中白色空白区域显示成员加入情况,累计运行时间表示 RTI 服务器的运行时间。

仿真运行时,各联邦成员通过调用 RTI 的标准服务 RTI－ambassador,完成加入联邦执行、设置时间管理方式、发布/订购对象类和交互类等工作,同时,RTI 通过回调 Federate－ambassador 将订购的对象类属性以及交互类参数传给各成员。仿真按照设置的时间管理方式向前推进,完成成员实体模型运行、对象实例属性值更新和交互实例发送等仿真运行过程,最后得到仿真所需的数据结果。

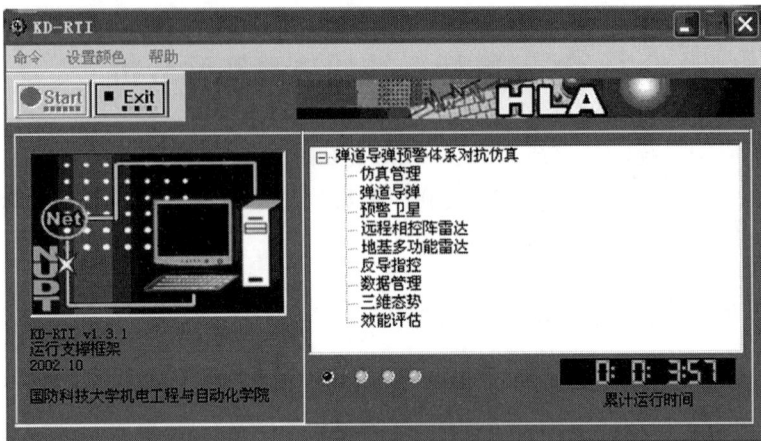

图 8 − 8　KD − RTI 联邦运行图

8.3.2　仿真实验与结果分析

利用实现的仿真原型系统,在一定的实验想定下,进行 BMEWOS 作战仿真实验。参与仿真实验的联邦由红外预警卫星、远程相控阵预警雷达、多功能地基雷达、反导预警指控中心、弹道导弹、态势显示、仿真管理和数据管理等联邦成员组成。

1. 实验想定

假设×国与我发生冲突,×国军队从部署于太平洋中部某海域的核潜艇发射三叉戟 − Ⅱ型弹道导弹攻击我国,攻击目标为我某战略要地。我 BMEWOS 使用红外预警卫星、远程相控阵雷达、地基多功能雷达组成的作战体系与敌对抗。

体系对抗过程描述:首先,红外预警卫星探测到来袭的弹道导弹目标,将目标信息传送给反导预警指挥控制中心,指挥控制中心命令远程相控阵雷达在指定空域搜索、发现、跟踪目标,并将获得的目标信息传给指挥控制中心;当目标将进入地基多功能雷达的探测范围时,指挥控制中心为地基多功能雷达指示搜索空域,完成雷达交接班;然后由地基多功能雷达继续探测、跟踪和识别来袭弹头,获得更精确的跟踪数据传回指挥控制中心,由指挥控制中心进行情报处理和威胁估计,最后将目标信息和任务信息对拦截系统做指示。

2. 仿真想定编辑

仿真想定编辑由仿真管理联邦的想定编辑子系统完成。想定编辑子系统对构成战场对抗环境的各要素进行设置管理,生成作战实验想定。主要完成的功能:装备部署管理;装备性能参数的设置;想定情况编辑,即对仿真时间、导弹攻击参数、装备工作模式等进行设置,生成仿真实验想定。系统的仿真想定编辑界面如图 8 - 9 所示。

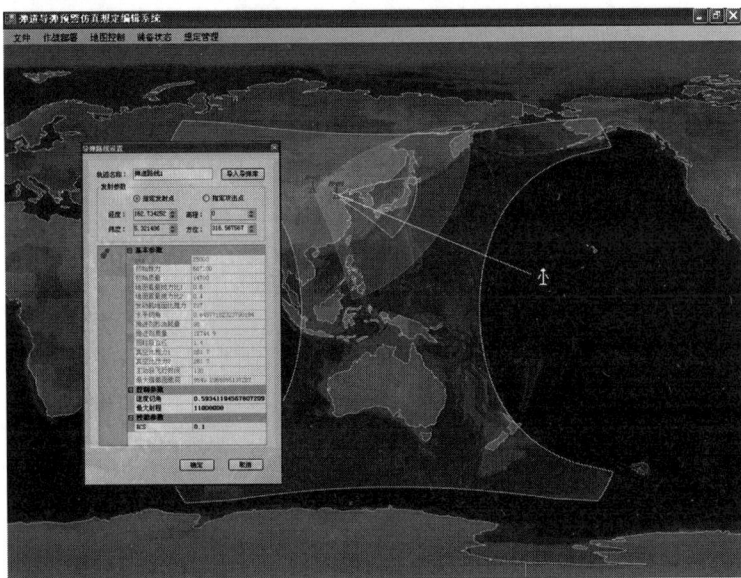

图 8 - 9　系统的仿真实验想定编辑界面

3. 仿真结果

以远程相控阵雷达为例,给出探测仿真结果。远程相控阵雷达对三叉戟 - Ⅱ 弹道导弹的某一次仿真实验得到的探测仿真结果如图 8 - 10 所示,对应的探测情况统计如表 8 - 5 所列。

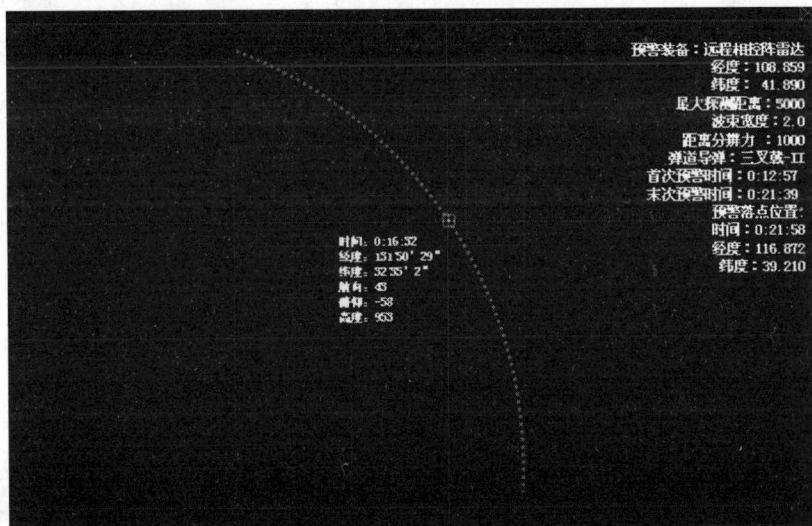

图 8 - 10　远程相控阵雷达对三叉戟 - Ⅱ 弹道导弹的探测仿真结果

表8-5　远程相控阵雷达对三叉戟 - Ⅱ弹道导弹探测情况统计(部分弹道)

序号	探测时间	经度	纬度	航向/(°)	俯仰/(°)	高度/km	距离/km	探测概率
1	0:12:57	140°37′53s	26°22′10″	43	−34	1199	3823	0.91
2	0:13:14	139°58′29″	26°53′44″	43	−35	1191	3732	0.90
3	0:13:32	139°15′58″	27°26′13″	43	−37	1181	3634	0.86
4	0:13:50	138°32′54″	27°58′35″	43	−39	1168	3535	0.91
5	0:14:08	137°49′49″	28°30′25″	43	−42	1153	3435	0.82
6	0:14:26	137°6′7″	29°2′9″	43	−44	1136	3334	0.94
7	0:14:44	136°23′4″	29°32′5″	43	−45	1116	3235	0.87
8	0:15:02	135°38′48″	30°3′54″	43	−47	1095	3133	0.84
9	0:15:20	134°53′54″	30°34′48″	43	−50	1071	3029	0.89
10	0:15:38	134°8′49″	31°5′14″	43	−52	1045	2925	0.83
11	0:15:56	133°23′20″	31°35′22″	43	−54	1017	2820	0.82
12	0:16:14	132°37′1″	32°5′25″	43	−56	986	2714	0.81
13	0:16:32	131°50′29″	32°35′2″	43	−58	953	2607	0.93
14	0:16:50	131°3′46″	33°4′8″	43	−60	918	2500	0.92
15	0:17:08	130°16′13″	33°33′9″	43	−62	881	2392	0.83
…	…	…	…	…	…	…	…	…

预警体系对三叉戟 - Ⅱ弹道导弹的综合探测仿真结果如图8-11所示。图

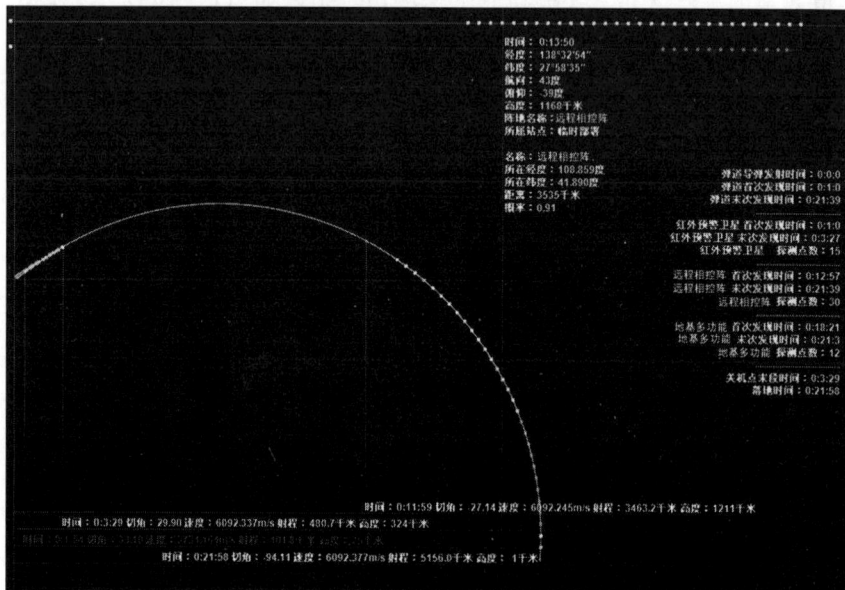

图8-11　综合探测仿真结果

中上方三行由若干点迹构成的横线从上到下依次是红外预警卫星、远程相控阵雷达、地基多功能雷达的探测点迹,中间弧线为弹道,右方输出的文本显示了整个探测过程中,各装备的探测到弹道导弹的首、末发现时间和探测点数等探测情况。

在同一想定下,运行系统进行10次仿真实验,将红外预警卫星、远程相控阵雷达、地基多功能雷达对三叉戟－Ⅱ弹道导弹的探测情况进行统计平均,实验结果数据统计如表8-6所列。

表8-6 弹道导弹探测实验结果数据统计

装备	项目	1	2	3	4	5	6	7	8	9	10	均值
红外预警卫星	首次发现	1min0s	58s	59s	1min1s	58s	1min2s	59s	59s	1min1s	1min0s	
	末次发现	3min27s	3min26s	3min25s	3min25s	3min25s	3min28s	3min24s	3min26s	3min24s	3min25s	
	探测时间	147s	148s	146s	144s	147s	146s	145s	147s	143s	145s	145.80s
	探测点数	15	17	16	17	15	16	18	15	16	17	16.20
远程相控阵雷达	首次发现	12min57s	12min55s	12min58s	12min59s	12min56s	12min56s	12min58s	12min60s	12min57s	12min54s	
	末次发现	21min39s	21min40s	21min41s	21min42s	21min40s	21min38s	21min37s	21min41s	21min43s	21min39s	
	探测时间	522s	525s	523s	523s	524s	522s	519s	521s	526s	525s	523.0s
	探测点数	30	29	32	28	31	30	33	31	28	29	30.10
地基多功能雷达	首次发现	18min21s	18min20s	18min23s	18min22s	18min21s	18min19s	18min21s	18min29s	18min18s	18min17s	
	末次发现	21min3s	21min7s	21min4s	21min6s	21min8s	21min3s	21min4s	21min5s	21min3s		
	探测时间	162s	167s	161s	164s	167s	164s	163s	166s	165s	166s	164.50s
	探测点数	12	13	12	13	14	12	15	13	14	12	13.0

4. 效能评估及实验结论

利用仿真实验结果数据对反导预警体系的预警探测效能进行评估。为了便于计算,对评估指标进行了简化,主要考察探测时间、探测点数、平均探测概率等指标。

1)探测时间

探测时间是指预警探测装备发现弹道导弹并能够连续提供预警情报的时间。探测时间指标反映预警体系对目标掌握的时间效能,可表示为

$$E_1 = \frac{T_P + T_X + T_S - T_{PX} - T_{PS} - T_{XS} - 2T_{PXS}}{T_Z} \quad (8-1)$$

式中:T_P 为远程相控阵雷达(雷达P)的探测时间;T_X 为地基多功能雷达(雷达X)的探测时间;T_S 为预警卫星(卫星S)的探测时间;T_{PX} 为雷达P和雷达X同时探测到目标的时间;T_{PS} 为雷达P和卫星S同时探测到目标的时间;T_{XS} 为雷达X和卫星S同时探测到目标的时间;T_{PXS} 为雷达P、雷达X、卫星S三种探测装备

同时探测到目标的时间;T_Z 为弹道导弹的总飞行时间。

2）探测点数

探测点数是不同探测组合下探测到弹道导弹的数据点数,与装备的性能指标和不同探测模式下的数据率相关,可表示成

$$E_2 = \frac{D_P + D_X + D_S}{D_{max}} \qquad (8-2)$$

式中:D_P 为雷达 P 的平均探测点数;D_X 为雷达 X 的平均探测点数;D_S 为卫星 S 的平均探测点数;D_{max} 为雷达 P + 雷达 X + 卫星 S 探测组合下的最大探测点数。

3）平均探测概率

平均探测概率为不同探测组合下对弹道导弹的探测概率均值。

4）综合探测效能

各探测组合下的综合探测效能采用线性加权方法进行综合。α_i 为指标权重,由层次分析法得到,经分析与计算确定:$\alpha = [\alpha_1, \alpha_2, \alpha_3] = [0.3863, 0.3545, 0.2592]$。则综合探测效能为

$$E = \sum_{i=1}^{3} \alpha_i E_i \qquad (8-3)$$

经仿真实验与计算得到反导预警作战体系在不同探测组合下的探测效能结果,如表 8-7 所列。

表 8-7　不同探测组合下对弹道导弹的探测效能

探测组合	探测时间	探测点数	平均探测概率	综合探测效能
雷达 P	0.5642	0.4426	0.8612	0.5981
雷达 P + 雷达 X(自主搜索模式)	0.7883	0.7332	0.8735	0.7909
雷达 P + 雷达 X(引导搜索模式)	0.8147	0.7785	0.8824	0.8194
雷达 P + 雷达 X + 卫星 S	0.9585	0.9926	0.9056	0.9569

从表 8-7 中可以看出,在只有雷达 P 的情况下,对弹道导弹的探测效能较低;雷达 P + 雷达 X 组合时,雷达 X 采用引导搜索模式(即雷达 P、雷达 X 进行情报交接引导)比其采用自主搜索模式的预警探测效能有所提高;而采用卫星 S + 雷达 P + 雷达 X 部署构成作战体系时,探测效能最高。

仿真实验结果充分说明反导预警体系综合部署,形成空天地一体的预警作战体系时,对弹道导弹的探测能力可以得到有效发挥,同时也验证了本书所构建的模型和提出的建模仿真方法的有效性。

参 考 文 献

[1] 陆伟宁.弹道导弹攻防对抗技术[M].北京:中国宇航出版社,2007.

[2] 薛成位.弹道导弹工程[M].北京:中国宇航出版社,2002.

[3] 军事科学院.中国人民解放军军语(全本)2011版[M].北京:军事科学出版社,2011.

[4] 蓝江桥.战略预警体系概论[M].北京:军事科学出版社,2011.

[5] 邓睿.一体化架构驱动仿真应用的技术框架研究[J].计算机仿真,2007,24(6):34-38.

[6] 赵立军,任昊利,张晓清.军用装备体系结构论证方法[M].北京:国防工业出版社,2010.

[7] Pawlowski Thomas J,Barr Paul C,Ring Steven J. Executable Architecture Methodology for Analysis, FY04 Final Report[R]. MITRE,September,2004.

[8] GMU. System Architectures Laboratory[EB/OL].[2010-09-22]. http://Viking. gmu. edu/index. php.

[9] Object Management Group/Business Process Management Initiative. Business Process Modeling Notation (BPMN) Information [EB/OL]. http://www. bpmn. org/. 2008,07,05.

[10] Mellor S J,Balcer M J. Executable UML:A Foundation for Model-driven Architecture[M]. [S. l.]:Addison Wesley,2007.

[11] 姜军.可执行体系结构及DoDAF的可执行化方法研究[D].长沙:国防科学技术大学,2008.

[12] Levis A H,Wagenhals L W. C⁴ISR Architectures I:Developing a process for architecture design[J]. Journal of Systems Engineering,2000,3(4):225-247.

[13] Staines T S. Intuitive mapping of UML 2 activity diagrams into fundamental modeling concept Petri net diagrams and colored Petri nets [C]//15th Annual IEEE International Conference and Workshop on the Engineering of Computer Based Systems,2008:191-200.

[14] Wang Renzhong,Dagli C H. An executable system architecture approach to discrete events system modeling using SysML in conjunction with colored Petri net[C]//2nd Annual IEEE International Systems Conference,2008:1-8.

[15] 姜军,罗雪山,罗爱民,等.可执行体系结构研究[J].国防科学技术大学学报,2008,30(3):76-80.

[16] 杨峰.面向效能评估的平台级体系对抗仿真跨层次建模方法研究[D].长沙:国防科学技术大学,2003.

[17] Dekker A H. Network topology and military performance[DB/OL].[2009-02-15]. http://www. mssanz. org. au/modsim05/papers/dekker. pdf.

[18] Jeffery R C. An information age combat mode[DB/OL].[2009-02-15]. http://www. dodcc. org/events/ 9th_ICCRTS/CD/papers/166. pdf.

[19] 李德毅,王新政,胡钢锋.网络化战争与复杂网络[J].中国军事科学,2006,19(3):111-119.

[20] 谭东风,张辉.随机交战的无标度网络[C].全国复杂网络学术会议论文集,2006.

[21] 沈寿林,张国宁.基于复杂网络的作战系统结构研究[J].电子测量技术,2007,25(4):155-158.

[22] 金伟新,肖田元.作战体系复杂网络研究[J].复杂系统与复杂性科学,2009,6(4):12-25.

[23] Lester L Lyles. The Road to Ballistic Missile Defense,1983 – 2007[Z]. Strategic Defense Initiative Organization, October 2002.

[24] Steven A Hildreth. Missile defense:the current debate [R]. CRS Report for Congress,February 2002.

[25] 现代防御技术编辑部. 防空导弹体系论文集(第八集)[C]. 2007.

[26] 曲彦双. 反导预警探测系统作战体系结构建模研究[D]. 武汉:空军雷达学院,2010,3.

[27] 邵正途. 区域反 TBM 预警体系建设研究[D]. 武汉:空军雷达学院,2011,6.

[28] 王晖. 基于 UML 的弹道导弹攻防对抗仿真系统建模研究[J]. 系统仿真学报,2006,18(10):2712 – 2716.

[29] 王超,黄树彩. Petri 网在反导作战概念模型验证中的应用[J]. 现代防御技术,2009,37(1):11 – 15.

[30] 谢春燕,李为民. 区域反导组网作战战术信息分发系统军事概念建模研究[J]. 军事运筹与系统工程,2005,9:34 – 39.

[31] 李雪超,张金成. 基于 DoDAF 的多层弹道导弹防御系统模型研究[J]. 指挥控制与仿真,2010,32(5):45 – 48.

[32] 王雪松,肖顺平,冯德军,等. 现代雷达电子战系统建模与仿真[M]. 北京:电子工业出版社,2010.

[33] 王令敏. 基于 HLA 的雷达系统建模与仿真研究[D]. 长沙:国防科学技术大学,2004,11.

[34] 邓辉宇. 导弹突防的三维视景仿真研究与实现[D]. 长沙:国防科学技术大学,2006,11.

[35] 陈聪. 弹道导弹防御指控系统关键技术及其建模仿真研究[D]. 长沙:国防科学技术大学,2010,11.

[36] 孙倩,黄伟. 基于高层体系结构的弹道导弹突防作战仿真实验系统[C]. 中国电子学会系统工程分会第二十三届理论学术研讨会论文集,2004:226 – 230.

[37] 施毅. 弹道导弹突防信息对抗仿真系统设计研究[J]. 系统仿真学报,2009,21(12):3785 – 3789.

[38] 罗小明. 弹道导弹攻防对抗的建模和仿真[M]. 北京:国防工业出版社,2009.

[39] 王书敏,董树军. 创建体系对抗运筹理论的若干思考[J]. 军事运筹与系统工程,2010,24(2):21 – 24.

[40] 张国春. 体系对抗建模与仿真导论[M]. 北京:国防大学出版社,2009.

[41] 王晖,等. 面向体系对抗的一体化联合作战仿真系统研究[C]//中国科协第四届优秀博士生学术年会论文集. 西安:中国科协,2006:895 – 900.

[42] 胡晓峰,罗批,司光亚,等. 战争复杂系统建模与仿真[M]. 北京:国防大学出版社,2005.

[43] U. S. Department of Defense, Modeling and Simulation Master Plan[R]. October 1995. http://www. dmso. mil.

[44] 张明智,胡晓峰,司光亚. 基于 Agent 的体系对抗仿真建模方法研究[J]. 系统仿真学报,2005, 17(11):2785 – 2788.

[45] 金伟新. 体系对抗复杂网络建模与仿真[M]. 北京:电子工业出版社,2010.

[46] 李群,等. 仿真模型可移植性规范及其应用[M]. 北京:电子工业出版社,2010.

[47] 杨峰,王维平. 武器装备作战效能仿真与评估[M]. 北京:电子工业出版社,2010.

[48] 任连生. 基于信息系统的体系作战能力概论(修订版)[M]. 北京:军事科学出版社,2010.

[49] 国防科技大学信息系统与管理学院. 体系结构研究[M]. 北京:军事科学出版社,2011.

[50] 胡晓峰. 作战模拟术语导读[M]. 北京:国防大学出版社,2004.

[51] DOD Architecture Framework Working Group. 美国国防部体系结构框架 2. 0[R]. 总参第六十一研究所,译. 2009,9.

[52] 严正峰,袁国斌. 海军战役作战体系结构有效性分析探索[C]. 军事运筹学会 2006 年学术年会论文

集,2006:27 - 31.

[53] 周勇,谭学平.关于武器装备体系研究的文献综述[J].国防大学教学研究资料,2009,4:16 - 24.

[54] OMG. MDA Guide Version 1.0[EB/OL].(2003 - 05 - 16). http://www. omg. org/mda/.

[55] Kleppe, A. 解析 MDA[M]. 鲍志云,译. 北京:人民邮电出版社,2004.

[56] 余滨,于久程,段采宇,等.基于多视角的装备体系军事需求开发框架模型[J].火力与指挥控制,
2009,34(8):56 - 60.

[57] 罗雪山,罗爱民.军事信息系统体系结构技术[M].北京:国防工业出版社,2010.

[58] 曲爱华,陆敏.解读英国国防部体系结构框架 MoDAF1.2[J].指挥控制与仿真,2010,32(1):
116 - 120.

[59] 陆敏,王国刚,黄湘鹏.解读北约体系结构框架 NAF[J].指挥控制与仿真,2010,32(5):117 - 122.

[60] Délégation Générale pour l'Armement (DGA), AGATE[EB/OL]. http://www. achats. defense. gouv. fr/
article33349.

[61] DoD Architecture Framework Working Group. DoD Architecture Framework Version 1.0, Volume II:Product
Descriptions[R]. The United States:Department of Defense,2004.

[62] 罗佳.基于 DoDAF 的数字化装甲合成营 C^4 ISR 系统体系结构设计方法与研究[D].北京:装甲兵工
程学院,2009,11.

[63] Hause M,Thom F. Modeling High Level Requirements in UML/SysML[C]. INCOSE Symposium 2005,Ro-
chester US,2005.

[64] Object Management GrouP. UML for Systems Engineering RFP[EB/OL].(2003,03,28)[2010,05,15].
http://syseng. omg. org/UML_for_SE_RFP. htm.

[65] Object Management Group. Systems Modeling Language Specification v1.1 [EB/OL].(2008,11,01)
[2010,05,15]. http:www. omg. org/spec/SysML/1.1.

[66] 李雪.基于 SysML 的船厂钢板堆场作业系统建模研究[D].大连:大连理工大学,2010,5.

[67] 康春农,张春娣.基于 MDA 的军事仿真开发方法研究[J].微计算机仿真,2010,26(9):164 - 166.

[68] 蔡万勇,李侠,万山虎.雷达预警探测系统组合建模研究[J].系统仿真学报,2009,21(14):
4507 - 4512.

[69] GJB 7099—2010,作战模拟模型开发通用要求,第1部分:军事概念模型开发要求[S].

[70] Sargent R G. Validation and Verification of Simulation Models. Proceedings of the 2004 Winter Simulation
Coliferenee[C]. IEEE,Piseataway,NJ,17 - 28. 2004.

[71] Dale K Pace. Simulation Conceptual Model Development. Paper 00S - SIW - 033[R],Proceedings of the
spring 2000 Simulation Interoperability Workshop,March 26 - 31,2000,Orlando.

[72] Haddix F. Conceptual Modeling. Presentation at Summer Computer Simulation Conference[C]. July,2000.

[73] 毕义明,刘良,刘伟,等.军事建模与仿真[M].北京:国防工业出版社,2009.

[74] 王杏林,曹晓东.概念建模[M].北京:国防工业出版社,2007.

[75] 谢卫平.概念模型工程研究[J].计算机仿真,2002,20(2):120 - 123.

[76] 张国春,胡晓峰.体系对抗仿真中体系效能分析初探[J].系统仿真学报,2003,15(12):
1698 - 1701.

[77] 刘洁.基于六元抽象的仿真系统概念模型建模方法[C].军事系统工程第二十届学术年会论文集,
2010,6.

[78] 邓睿.面向效能评估的架构驱动仿真方法和关键技术[D].长沙:国防科学技术大学,2008,1.

[79] 黄文清.作战仿真理论与技术[M].北京:国防工业出版社,2011.

[80] 张炜钟,王智学,朱卫星,等.SysML 对 C⁴ISR 系统建模的支持研究[C].江苏省系统工程学会第十一届学术年会,2008:115 - 123.

[81] 张学波,赵立军.基于 SysML 的 TacSat - 3 建模技术研究[J].装备指挥技术学院学报,2009,20(2):92 - 96.

[82] 吴娟.基于 SysML 的 DoDAF 产品设计研究[D].武汉:华中科技大学,2006,5.

[83] 杨娟.基于 SysML 的反卫作战体系可视化模型研究[J].兵工自动化,2010,29(11):27 - 31.

[84] UML2.0 OCL Specification[S].OMG Doeument:ptc/03 - 10 - 14.

[85] 王栋.基于 SysML 的武器装备体系结构建模与仿真方法研究[D].长沙:国防科学技术大学,2009,11.

[86] 叶丰,蔡业泉,邢继娟,等.武器装备体系对抗仿真模型开发关键技术研究[J].军事运筹与系统工程,2008,22(4):62 - 67.

[87] 刘淑芬,赵金红.武器装备仿真模型体系框架的研究及应用[J].吉林大学学报(理学版),2010,48(6):1008 - 1012.

[88] 毕长剑,赵倩,邓桂龙.军事模型体系研究[R].全军军事训练模型服务中心,2008.

[89] 丁红勇.空间系统军事应用仿真模型体系设计[J].系统仿真学报,2009,19(18):4292 - 4294.

[90] 曹裕华,冯书兴,管清波,等.航天器军事应用建模与仿真[M].北京:国防工业出版社,2010.

[91] 王小非.海军作战模拟理论与实践[M].北京:国防工业出版社,2010.

[92] 邵立,李双刚,孙晓泉.导弹预警卫星探测原理及其攻防技术探讨[J].红外技术,2006,1.

[93] 钟建业,魏雯.美国预警卫星探测器及其相关技术[J].中国航天,2005,6.

[94] 浦甲伦,崔乃刚,郭继峰.天基红外预警卫星系统及其探测能力分析[J].现代防御技术,2008,9.

[95] 周文瑜,焦培南,等.超视距雷达技术[M].北京:电子工业出版社,2008.

[96] [美]Merrill I Skolnik.雷达手册.王军,等译.北京:电子工业出版社,2003.

[97] 李钦富,许小剑.相控阵雷达系统仿真模型研究[J].中国电子科学研究院学报,2007,4.

[98] 王晓琦.天波超视距雷达系统仿真[D].南京:南京理工大学,2006,6.

[99] 张毅,杨辉耀,李俊莉.弹道导弹弹道学[M].长沙:国防科学技术大学出版社,1999.

[100] 肖锋.人造地球卫星轨道摄动理论[M].长沙:国防科学技术大学出版社,1995.

[101] 谢道成.弹道导弹突防措施建模与仿真研究[D],长沙:国防科学技术大学,2008,11.

[102] 汪民乐,李勇.弹道导弹突防效能分析[M].北京:国防工业出版社,2010.

[103] 何友,修建娟,张晶炜.雷达数据处理与应用[M].北京:电子工业出版社,2009.

[104] 石章松,刘忠.目标跟踪与数据融合理论及方法[M].北京:国防工业出版社,2010.

[105] 王珩,聂敏,刘若奇,等.信息分发模型研究[J].舰船电子工程,2008,28(6):6 - 9.

[106] Edward L. Waltz,James Llinas. Multisensor Data Fusion[R]. Artech House,1990.

[107] 张鑫.反导预警建模问题研究[D],武汉:空军雷达学院,2010,12.

[108] 胡杰民.反导系统目标综合识别技术研究与仿真[D].长沙:国防科学技术大学,2006,11:11,12.

[109] 李炯,雷虎民,刘兴堂.多传感器目标识别决策融合算法分析[J].战术导弹控制技术,2007(1):35 - 38.

[110] 郭小宾,王壮,胡卫东.基于贝叶斯网络的目标融合识别方法研究[J].系统仿真学报,2005,17(11):2713 - 2716.

[111] 李钦富,郭秀梅.天基红外传感器最大作用距离分析[J].电子科学技术评论,2004(3):53 - 58.

238

[112] 郭秀梅. 星载红外传感器探测距离研究[J]. 电子科学技术评论,2005(3):41 – 43.

[113] 赵久奋,王明海. 预警卫星对导弹预警模型的仿真[J]. 固体火箭技术,2001,24(3):1 – 4.

[114] 柏仲干,周丰,王国玉,等. 弹道中段目标的融合识别[J]. 系统工程与电子技术,2006,28(9):1338 – 1340.

[115] 王明海,康建斌,宋天莉. 预警卫星对战术反导预警的一种模型[J]. 飞行力学,2000,3(18):73 – 76.

[116] 朱华统. 弹道导弹阵地控制测量[M]. 北京:解放军出版社,1993.

[117] 顾铁军. 战术弹道导弹落点预报的一种方法[J]. 战术弹道导弹技术,2002(3):9 – 12.

[118] 饶世钧,姚景顺,高化猛. 浅析战术弹道导弹的探测预警[J]. 战术导弹技术,2003,11(6):54 – 58.

[119] 王献锋,刘健,聂成. 反导防御系统作战单元指挥决策模型[J]. 军事运筹与系统工程,2002,(4):35 – 38.

[120] 马其东,方立恭. 海上区域防空目标威胁评估模型[J]. 现代防御技术,2009,37(1):15 – 19.

[121] 贾建武. 熵权法在炮兵战场目标价值评价中的应用[J]. 武器装备自动化,2008,27(1):19 – 20.

[122] 徐浩军,郭辉. 空中力量体系对抗数学建模与效能评估[M]. 北京:国防工业出版社,2010.

[123] 刘华军,张荣涛,耿党辉. 组网雷达跟踪弹道导弹的交接班模型研究[J]. 现代雷达,2009,31(6):20 – 23.

[124] 张光义,王德纯,华海根,等. 空间探测相控阵雷达[M]. 北京:科学出版社,2001.

[125] 王晓红. 地基雷达在弹道导弹防御系统中的应用探究[C]. 战略预警论坛论文集,2009,10.

[126] 杨文军. Web 服务组装关键技术研究[D]. 北京:清华大学. 2005,10.

[127] 邵正途,朱和平. 基于 SEA 的反导预警系统作战效能分析[J]. 战术导弹技术,2011(3):6 – 10.

[128] 张世琨,张文娟,常欣,等. 基于软件体系结构的可复用构件制作和组装[J]. 软件学报,2001,12(9):1351 – 1359.

[129] 周国树. 现代测绘技术及应用[M]. 北京:中国水力水电出版社,2009.

[130] 黄金才,陈文伟,赵断呈,等. 广义模型服务器的设计与实现[J]. 计算机工程与设计,2001(6).

[131] 魏继才,董文洪,胡晓峰. 智能决策系统中模型服务器的设计与实现[J]. 计算机仿,2003(1).

[132] 张震. 作战仿真模型库系统研究[J]. 计算机工程,2004,7.

[133] 葛艳,黄冬梅,陈明. 基于 Web Services 的模型库系统设计方案[J]. 计算机工程,2007(4).

[134] 彭英武,严建钢,司光亚,等. 分布式环境中模型服务实现中的若干关键技术[J]. 计算机应用,2003,5.

[135] 胡晶晶,赵星,张常有,等. 基于多 Agent 协作的服务选择模型[J]. 北京理工大学学报,2010(1).

[136] 赵情,毕长剑,吉宁. 基于网络的军事模型服务体系结构[J]. 系统仿真学报,2006(8).

[137] 黄继杰,李伯虎,柴旭东. 网格中自适应模型服务的研究[J]. 计算机仿真,2008(4).

[138] 许骏,柳泉波,李玉顺,等. 面向服务的网格计算[M]. 北京:科学出版社,2009.

[139] 李宏权,邓桂龙. 战役训练模型服务体系与技术方法[M]. 北京:国防工业出版社,2012.

[140] 黎建新,李宏权. 联合火力打击导空联合突防研究[M]. 北京:海潮出版社,2012.

[141] 沈宇军,柏彦奇,王向飞. 基于 MDA 的 HLA 仿真系统开发研究[J]. 计算机工程,2006,32(9):67 – 69.

[142] 韩超,黄健,黄柯棣. 利用模型驱动体系架构开发分布仿真系统[J]. 计算机仿真,2004,21(7):93 – 95.

[143] 毕长剑. 一体化联合作战指挥训练系统模型原理与规范[R]. 北京:空军指挥学院,2005,10.